아무것도 하지 않는 법

How to Do Nothing

How to Do Nothing

아무것도 하지 않는 법

제니 오델 지음

PILLOW

서문

공백의 장소에서 시작되는 것

— 김보라(영화감독)

쓰시마 유코의 단편소설 「엄마의 장소」에는 평생 일기를 써온 엄마의 이야기가 나온다. '아침, 은행, 슈퍼에 갔다 옴. 오후, 서예 교실, 이른 저녁 식사' 등 메모나 기록에 가까운 엄마의 일기에는 몇 차례의 공백이 있다. 그 공백은 나의 아버지가 내연 관계의 여자와 동반자살 한 후, 할아버지의 죽음 후, 남동생의 죽음 후에 나타난다. 몇 달간의 공백 후 엄마의 일기에는 다시 일상적인 메모가 시작된다. 사랑하는 사람들의 죽음에 대한 어떤 언급도 없이. 공백은 그저 공백으로, 나의 상상의 공간으로 남는다. 이 소설을 읽고 10년이 지난 지금도 가장 기억나는 부분은 그 공백이다. 공백의 시기에 엄마의 마음이 어떠했을지 독자인 나는 알 수 없다. 그것은 소설 속 나도, 나의 엄마도, 작가도 온전히 알 수 없을지 모른다. 중요한 것은 공백이 존재한다는 점이다.

공백이 없는 삶

제니 오델의 첫 책 『아무것도 하지 않는 법』은 공백을 허락받지 못한 자들을 위한 책이다. 저자의 시선은 공백의 시공간을 무너뜨리는 생산성의 논리와 SNS로 대표되는 관심경제를 경유하여 우리를 둘러싼 환경으로 확장된다. 시작 부분에 인용된 로버트 루이스 스티븐슨이 정의하는 바쁨은 이 책이 말하는 바와 깊이 연결되어 있다. 그는 바쁨을 '활력 부족의 증상'이자 "관습적인 일을 할 때를 제외하면 삶을 거의 의식하지 않는 기운 없고 진부한 사람들의 특징"이라 말한다. 바쁨을 신앙시하는 이 사회에 꼭 필요한 말이다.

첫 영화 〈벌새〉로 1년 내내 해외를 오가던 해가 있었다. 관찰의 여유가 허락되지 않았던 그해, 나는 사랑하는 사람들의 삶이 어떻게 변하고 있는지 알 수 없었다. 그랬기에 영화를 통해 받은 사랑에 감사하면서도 생기 없이 바스락거리는 느낌이 들 때가 있었다. 바쁜 이들은 정작 삶을 경험할 시간, 자신을 들여다볼 시간, 사랑하는 사람의 고통을 알아차릴 시간이 없다.

인류학자 클로드 레비스트로스는 "우리는 과거보다 감각적인 지각력을 훨씬 덜 쓴다"라고 지적했는데 현재의 인류는 지각뿐 아니라 많은 것을 상실했다. 우리가 겪는 우울증은 감각에서 멀어진 상실감과 무관하지 않을 것이다. 제니 오델은 공백을 허용하지 않는 삶에서 우리가 무엇을 놓치고 살아가는지, 끝없는 불안이 어디에서 기인하는지 다층적으로 다루며 진짜 세계에 접속하자고 제안한다. 그가 말하는 진짜 세계는 우리가 더는 슈퍼마리오처럼 커질 필요가 없는 세계다. 슬롯머신 같은 SNS 속 새로고침의 정보들이 아닌 내 주변의, 거리의, 지하철의, 자연의 '진짜' 존재들의 세계다.

진짜 세계에 관심을 기울이는 법

제니 오델은 SNS로 상징되는 현대사회를 떠나라는 순진한 이야기는 하지 않는다. 그 대신 '사색하는 동시에 참여하고, 떠나는 동시에 우리를 필요로 하는 곳으로 언제나 다시 돌아오는' 하이브리드적 대응을 촉구한다. 작가가 명명한 방식인 '한 발짝 떨어지기'를 통해 이 세계를 떠나지 않으면서도 외부자의 관점을 갖는 것이 가능하다. 한 발짝 떨어지면 불안과 두려움을 조장하는 디지털 세계로부터 자신을 지키면서도 무언가에 연결될 수 있다. 그러나 작가가 권하는 연결과 관찰은 '성장의 수사학'과는 관련이 없다. 우리가 삶을 더 알아차려야 하는 이유는 무엇이 되고자 하거나 더 큰 생산성을 갖추기 위함이 아니다. 그저 '알아차림' 자체에 의미가 있는 것이다. 삶을 경험하는 것이 우리 인간의 권리이기 때문이다.

자신이 좋아하는 장소에 가서 사색하는 것, 새들의 세계를 알아차리는 것, 아무것도 할 필요 없이 그저 앉아 있는 것. 이러한 크고 작은 '퇴거'의 시간 속에서 우리는 우리를 둘러싼 환경을 알아차린다. 인식이 확장되면 더 많은 것들을 온전히 보고, 듣고, 느낄 수 있다. 트라이앵글 소리 정도로 들리던 세상이 실은 오케스트라의 웅장한 합주였음을 깨닫는다. 작가는 이 삶의 여백을 지키는 데에는 의지가 필요하다고 말한다. 밀려드는 휴대폰 알람을 덮어두는, 의례적인 제안을 거절하는, 어떤 시기에는 아무것도 말하거나 쓰지 않는 자제력이 필요하다. 쓰시마 유코의 소설 속 나의 엄마가 누군가의 죽음 후 몇 개월간 아무것도 쓰지 않았던 것처럼.

인간이 되는 데 전념하기

제니 오델은 다른 존재와의 연결에서 완전한 이해나 해석은 불가능하다고 말한다. 그렇기에 우리에게는 '순수한 관심'과 '지속적인 만남'이 필요하다. 지속적으로 만나 깊이 있게 바라보면 더 온전한 연결이 일어난다. 작가는 또한 계속해서 대상을 바꾸는 것이 아니라 같은 대상을 새로운 각도로 바라보는 것의 중요성을 이야기한다.

몇 해 전부터 크고 작은 식물들과 함께 산다. 집 안의 식물들은 무럭무럭 자란다. 사람들은 내게 어떻게 그렇게 식물을 잘 기르는지 묻는다. 사실 복잡한 것은 필요하지 않다. 적절한 때에 제공하는 물과 바람, 그리고 관심이면 된다. 우리 집 식물들은 내가 자신을 사랑한다는 것을 안다. 한 주라도 보기를 소홀히 하면 어떤 아이는 금방 시들해진다. 식물을 본다고 할 때 정말로 '보는 것'이 필요하다. 잎을 하나하나 살펴보며 상태를 확인하고, 노래진 잎을 떼어주고, 햇볕을 잘 받을 수 있게 방향을 조절해주는 등의 관심을 기울인다. 처음에는 알 수 없지만, 서로 익숙해지면 물을 줘야 할 때를 자연스레 알게 된다. 이런 식물들에서 새잎이 나올 때는 작은 기적이 일어난 것 같다.

유튜브에서 제니 오델의 강연을 봤다. 작가는 강연의 마지막에 천둥소리를 들려주고 싶다고 말한다. 그는 청중에게 눈을 감고 천둥소리를 함께 듣자고 제안한다. 그가 준비해온 천둥소리가 강연장에 울린다. 모두가 조용히 눈을 감고 그 소리를 체험한다. 강연장에 기적이 살며시 찾아온다. 직접 그 자리에 앉아 있지 않은 내게도 깊은 연결감이 느껴진다. 이 책에서 작가가 힘주어 인용한 표현이 떠올랐다. "나는 '인간이 되는 데 전념'하고자 했다."

일러두기

1. 이 책에서 attention은 '관심'으로, 인간의 관심을 도구화해 이윤을 취하는 경제를 뜻하는 attention economy는 '관심경제'로 옮겼다.
2. 저자의 주석 가운데 출처를 밝힌 것은 미주에, 역자의 주석은 괄호 안에 표기했다.
3. 단행본은 『 』, 기사, 논문, 연설, 단편소설, 시는 「 」, 신문과 잡지는 《 》, 전시와 미술 작품, 영화, 방송 프로그램, 노래, 게임은 〈 〉로 표기했다.
4. 원문에 강조의 의도로 쓴 이탤릭체는 글씨 위에 권점을 두어 표시했다.

차례

나의 학생들에게

들어가며

쓸모없음의 쓸모에 관하여

구원은 연이은 재앙의 작은 틈 속에 버티고 있다.
— 발터 베냐민Walter Benjamin[1]

아무것도 하지 않는 것보다 더 힘든 일은 없다. 생산성이 우리의 가치를 결정하는 세계에서 우리의 1분 1초는 매일 사용하는 기술에 의해 포획되거나 최적화되어 경제 자원으로 활용된다. 소셜미디어상의 우리는 기꺼이 자유시간을 수치화하고 알고리즘 형태로 상호작용하며 퍼스널 브랜드를 구축한다. 누군가는 자신의 모든 경험을 능률화하고 네트워킹하는 데서 만족감을 느낄 수도 있다. 그러나 외부 자극이 심하고 생각의 흐름이 이어지지 않는다는 불안한 느낌은 사라지지 않는다. 산만한 화면 뒤로 사라지기 전에 이러한 불안감을 간파하기는 쉽지 않다. 그럼에도 이 느낌은 시급하다. 삶에 의미를 부여하는 많은 것이 휴대폰 밖의 우연과 방해, 뜻밖의 만남에서 비롯된다는 사실을, 기계론적 세계관이 없애려 하는 '비작동 시간off time'에서 나온다는 사실을 우리는 이미 알고 있기 때문이다.

『보물섬』의 작가 로버트 루이스 스티븐슨Robert Louis Stevenson은 1877년에 이미 바쁨을 '활력 부족의 증상'이라 정의하고 "바쁨은 관습적인 일을 할 때를 제외하면 삶을 거의 의식하지 않는 기운 없고 진부한 사람들의 특징"이라고 말했다.[2] 어쨌거나 우리의 삶은 한 번뿐이다. 철학자 세네카Seneca는 「인생의 짧음에 관하여」라는 글에서 과거를 돌아보다 삶이 손가락 사이로 빠져나갔다는 사실을 깨닫는 공포를 묘사한다. 이는 한 시간 동안 페이스북에 푹 빠져 있다가 막 정신을 차린 사람의 모습과 매우 유사하다.

> 기억을 돌이켜 생각해보라. 무엇을 잃고 있는지도 모른 채 얼마나 많은 것을 삶에서 빼앗겼는지, 쓸모없는 슬픔과 어리석은 기쁨, 탐욕스러운 욕망, 사회의 유혹에 얼마나 많은 것을 소진했는지, 진정한 자신의 모습이 얼마나 남아 있는지. 자신의 계절이 오기도 전에 이미 죽어가고 있다는 걸 알게 될 것이다.[3]

집단으로 넘어가면 이 위험은 더욱 커진다. 우리가 사는 복잡한 시대에는 복잡한 생각과 대화가 필요하다. 그리고 그 복잡한 생각과 대화는 이제 어디에서도 찾을 수 없는 시공간을 필요로 한다. 무한한 연결의 편리함은 얼굴을 맞대고 나누는 대화에서 알아챌 수 있는 미묘한 차이를 아스팔트를 바르듯이 깔끔하게 덮으며 대화 과정에서 나타나는 무수한 정보와 맥락을 잘라냈다. 의사소통이 가로막히고 시간이 곧 돈인 상황에서 빠져나갈 수 있는 순간은 많지 않으며, 서로를 발견할 가능성은 더욱 희박하다.

결과와 성과만을 중시하는 시스템에서 예술이 얼마나 살아남기 힘든지를 고려하면 문화 역시 위험에 처했다고 볼 수 있다. 신자유주의적 기술만능주의와 트럼프 문화는 미묘하고 시적이며 명백하지 않은 것을 견디지 못하는 공통된 취향을 가지고 있다. '아무것도 아닌 것'은 용인되지 않는다. 사용하거나 착취할 수 없고, 어떤 결과물도 내놓지 않기 때문이다. (이런 맥락에서 볼 때 도널드 트럼프가 연방예술기금을 폐지하려 한 것은 전혀 놀라운 일이 아니다.) 초현실주의 화가 조르조 데 키리코Giorgio de Chirico는 20세기 초에 관찰처럼 '비생산적'인 활동의 지평이 점점 좁아질 것을 예견했다. 그는 이렇게 말했다.

> 점점 더 물질적이고 실용적인 쪽으로 향하는 우리 시대의 방향성 앞에서 정신적 기쁨이 삶의 목표인 사람들이 양지바른 곳을 요구하지 못하는 미래 사회를 상상하는 것은 그리 이상한 일이 아니다. 작가와 사상가, 몽상가, 시인, 형이상학자, 관찰자 등 수수께끼를 풀거나 비평을 하려는 사람은 시대에 뒤처진 인물이 되어 어룡이나 매머드처럼 지구상에서 완전히 사라질 수밖에 없을 것이다.[4]

이 책은 그 양지바른 곳을 지키는 방법에 관한 것이

다. 끊임없이 우리의 주의를 빼앗으려 하는 관심경제attention economy(인간의 관심을 희소자원으로 규정하고 이를 사업에 활용하는 경제·소셜미디어가 관심경제의 대표적 사례이며, 이들은 중독을 일으키는 각종 기술을 사용해 최대한의 관심을 끌어내고자 한다–옮긴이)에 맞서는 정치적 저항 행위의 일환으로 아무것도 하지 않는 법을 제안하는 현장 가이드다. 이 책은 예술가와 작가뿐 아니라 삶을 한낱 도구 이상으로, 다시 말해 최적화할 수 없는 무언가로 여기는 모든 사람을 위한 것이다. 내 주장의 바탕에는 명료한 거부가 있다. 현재의 시간과 공간, 지금 우리 곁에 있는 사람들로는 어쩐지 충분하지 않은 것 같다는 생각에 대한 거부다. 페이스북과 인스타그램 같은 플랫폼은 타인을 향한 관심과 공동체에 소속되고 싶은 욕구를 활용하는 댐과 같아서, 우리의 가장 본질적인 욕망을 장악하고 방해하며 그로부터 이득을 취한다. 고독과 관찰, 사람들과 함께할 때 느끼는 단순한 즐거움은 그 자체로 하나의 목적일 뿐 아니라 삶이라는 행운을 얻은 모든 사람이 가진 양도 불가능한 권리로 여겨져야 한다.

나는 자본주의적 생산성의 관점에 반하는 '아무것도 하지 않음'을 제안한다. '아무것도 하지 않는 법'이라는 제목의 이 책은 아이러니하게도 일종의 행동 계획이다. 나는 몇 가지 움직임의 발자취를 따라가고자 한다. 바로 1960년대의 '이탈'과 닮은 이탈 운동, 우리 주위의 것들을 향해 나아가는 횡적 운동, 땅을 향해 나아가는 하강 운동이다. 정신을 바짝 차리지 않으면 현재 우리가 사용하는 대다수 기술이 우리의 자아 성찰과 호기심, 소속의 욕구를 이용해 가짜 목표물을 만들어낼 것이다. 대안으로써의 도피를 갈망할 때는 이런 의문을 가질 필요가 있다. 만약 지금 우리가 있는 곳이 곧 자연임을 깨닫는다면 '자연으로 돌아가다'라는 말은 어떤 의미일까? 증강현실AR이 (오히려) 휴대폰을 내려놓는 것을 의미할 수도 있지 않을까? 우리가 마침내 휴대폰을 내려놨을 때 우리 앞에 있는 것은 무엇(또는 누구)일까?

이 책은 신자유주의적 결정론이라는 불모지에서 모호함과 비효율이라는 숨어 있는 샘을 찾으려 한다. 이 책은 소일런트Soylent(식사 대용으로 먹는 대체 식품-옮긴이)의 시대에 먹는 네 가지 코스 요리다. 잠시 멈추거나 속도를 줄이라는 권유에 독자들이 위안을 얻길 바라지만, 주말의 조용한 휴식이나 창의성에 관한 이야기로 기결되는 것은 원치 않는다. 내가 말하는 아무것도 하지 않는 것의 요점은 상쾌한 기분으로 일터에 복귀하거나 더욱 생산적인 사람이 되는 것이 아니라, 현재 우리가 이해하는 생산성 개념에 의문을 제기하는 것이기 때문이다. 나의 주장은 명백히 반자본주의적이며, 시간과 장소, 자기 자신, 공동체에 대한 자본주의적 인식을 부추기는 기술에 대해서는 특히 더 그렇다. 나의 주장은 환경과 역사에 관한 것이기도 하다. 나는 기술에 침잠된 관심의 경로를 바꿔 우리가 살아가는 장소에 더욱 깊은 관심을 기울이는 것이 자신이 역사의 일부이자 인간과 비인간이 모인 공동체의 일부라는 의식으로 이어질 수 있다고 본다. 사회적 관점에서든 생태학적 관점에서든 '아무것도 하지 않음'의 궁극적 목표는 우리의 초점을 관심경제에서 거두어 공적이고 물리적인 영역에 옮겨 심는 것이다.

나는 기술에 반대하지 않는다. 우리가 현재에 온전히 머물도록 도와주는 기술(자연 관찰 도구나 탈중앙적이고 비상업적인 소셜 네트워크 등)도 존재하기 때문이다. 나는 기술이 아닌 플랫폼 기업이 우리의 관심을 사고파는 방식에 반대한다. 좁은 의미의 생산성만을 떠받들며 지역적인 것, 육체적인 것, 시적인 것을 무시하는 기술 사용법에 반대한다. 나는 현재의 소셜미디어가 (자신을 표현하지 않을 권리를 포함한) 표현 방식에 미치는 영향에 부정적이며, 소셜미디어의 의도적인 중독성을 우려한다. 그러나 여기서 악당이 꼭 인터넷이나 소셜미디어인 것은 아니다. 악당은 상업적 소셜미디어의 침략적 논리이며, 이득을 취하려고 우리를 불안과 질투, 산만한 상태에 머무르게 하는 소셜미디어의 금전적 동기다. 더 나아가 악당은 이러한 플랫폼에서 자라나 오프라인의 자기 모습과 실제로 살아가는 공간에 대한 사고방식에 악영향을 미치는 개인주의와 퍼스널브랜드 숭배다.

디지털 세계가 아닌 실제 세계, 내가 살고 있는 장소와 지금 이 순간에 관심을 기울이자고 주장하는 만큼 이 책은 내가 자라난 곳이자 현재 살고 있는 샌프란시스코 베이 지역에 뿌리를 두고 있다. 베이 지역은 두 가지가 특히 유명하다. 애플과 페이스북 등의 테크 기업들과 빼어난 자연경관이다. 샌드힐 로드에 있는 스타트업 사무실에서 차를 타고 서쪽으로 조금만 가면 바다가 내려다보이는 레드우드 숲이 나오고, 페이스북 캠퍼스에서 나와 물떼새가 모여 있는 염생 습지까지 걸어갈 수도 있다. 쿠퍼티노Cupertino에서 살았던 어린 시절 어머니는 가끔 나를 휴렛팩커드Hewlett-Packard에 있는 본인의 사무실로 데려갔고, 한번은 그 곳에서 초기 버전의 가상현실VR 헤드셋을 써보기도 했다. 그 시절 나는 집안에서 컴퓨터를 하며 많은 시간을 보냈다. 하지만 가끔은 가족과 함께 빅베이슨에 있는 참나무와 미국삼나무 사이로, 또는 샌그레고리오 주립 해변의 절벽으로 하이킹을 떠났다. 여름에는 산타크루즈산맥에서 열린 캠프에 참여해 '세쿼이아 셈프르비런스Sequoia Sempervirens'라는 미국 삼나무의 학명을 끝없이 외웠다.

나는 작가이자 예술가다. 보통 컴퓨터를 이용해 작품을 만들기 때문에, 그리고 아마도 내가 샌프란시스코에 살고 있기 때문에, 2010년대 초반에 나는 '아트 앤드 테크놀로지'라는 광범위한 범주로 분류되었다. 그러나 내가 기술에 관심을 가진 이유는 오로지 우리가 물리적 현실과 접촉하는 데 기술이 얼마나 도움이 될 수 있는지 궁금했기 때문이다. 나에겐 물리적 현실이야말로 진정한 충성의 대상이었다. 이 때문에 나는 다소 이상한 위치에 놓였다. 테크 콘퍼런스에 초대받지만 막상 그곳에 가선 차라리 나가서 새를 관찰하고 싶어 하는 사람이 된 것이다. 이는 내가 가진 기이한 '중간자적' 특성 중 하나다. 우선 나는 다인종 가정에서 태어났고, 물리적 세계에 관한 디지털 예술을 하는 사람이다. 그동안 나는 리콜로지 SF(쓰레기 폐기장에 위치한 대안 공간)와 샌프란시스코 도시계획사업부, 인터넷 아카이브 같은 기묘한 곳들에서 상주 예술가로 활동했다. 그리고 내 어린 시절 추억의 근원이자 관심경제를 만들어내는 기술의 원천인 실리콘밸리와 내내 애증의 관계를 맺어왔다.

중간에 끼는 것은 불편한 일이지만 가끔은 좋을 때도 있다. 이 책에 밝힌 생각 중 상당 부분은 수년간 스탠퍼드 대학교에서 디자인과 엔지니어링을 전공하는 학생들에게 시각예술을 가르치면서 형성된 것인데, 내 생각을 이해하지 못하는 학생들도 있었다. 내 디지털 디자인 수업의 유일한 현장학습은 평범한 하이킹이다. 가끔은 학생들을 야외에 앉혀 놓고 15분간 아무것도 하지 말라고 하기도 한다. 요즘 나는 이런 것들이 무언가를 주장하는 나만의 방식임을 깨닫고 있다. 고도로 발달한 기업 문화와 광활한 산맥 사이에 사는 나는 이렇게 묻지 않을 수 없다. 눈앞에서 실제 세계가 무너져 내리고 있는데 디지털 세계를 구축하는 것에 무슨 의미가 있는가?

내가 수업에서 이런 활동을 하는 것은 염려 때문이기도 하다. 나는 학생들과 내가 아는 많은 사람에게서 엄청난 에너지와 치열함, 가늠할 수 없는 불안을 본다. 휴대폰 알람과 생산성, 발전이라는 신화에 사로잡혀 쉬지도 못하고 자신이 어디에 있는지도 모르는 사람들을 본다. 이 책을 쓴 여름에는 사그라들지 않는 끔찍한 들불을 보았다. 이 장소도, 지금 당신이 있는 장소도 우리를 향해 큰 소리로 외치고 있다. 우리는 그 소리에 귀 기울여야 한다.

먼저 오클랜드를 굽어보는 산맥에서부터 이야기를 시작하자. 내가 현재 살고 있는 오클랜드에는 유명한 나무가 두 그루 있다. 하나는 시청 앞에 있는 해안에서 자생하는 거대한 참나무인 '잭런던'으로, 시청의 나무 모양 상징은 이 나무를 본뜬 것이다. 산속에 숨어 있는 또 다른 나무는 잭런던만큼 유명하지는 않다. '할아버지'나 '나이 많은 생존자'라는 별명으로 불리는 이 나무는 오클랜드에서 유일하게 발견된 노령 미국삼나무로, 골드러시 이후 오래된 미국삼나무를 전부 벌목하는 와중에도 기적적으로 약 500년을 버텨왔다. 이스트베이에 있는 산들이 대부분 미국삼나무로 뒤덮여 있긴 하지만 그 나무들은 선조들의 밑동에서 새로 자라난 것들이다. 1969년 무렵에 오클랜드 사람들은 노령 미국삼나무가 전부 사라졌다고 생각했다. 그때 한 동식물 연구가가 우연히 다른 나무들 사이에 우뚝 솟은 나이 많은 생존자를 발견했다. 이 나이 많은 나무는 사람들의 상상력을 자극했고, 그때부터 여러 편의 글과 하이킹 프로그램, 심지어 다큐멘터리에까지 등장했다.

과거에 샌프란시스코 베이를 드나들던 배의 선원들은 벌목되기 전 이스트베이산맥에 있던 노령 미국삼나무 중에서 키가 큰 나무를 수중의 위험한 바위를 피하는 데 사용하기도 했다. 이런 키 큰 나무 중 하나는 아니지만, 나는 나이 많은 생존자가 나름의 방식으로 이해를 돕는다고 생각한다. 이 쭈글쭈글한 나무는 내가 이 책에서 나아가고자 하는 경로에 부합하는 몇 가지 교훈을 준다.

첫 번째 교훈은 저항에 관한 것이다. 나이 많은 생존자의 전설적 지위는 예상 밖의 생존으로 얻은 수령뿐 아니라 비밀스러운 위치와도 관련이 있다. 어린 시절부터 이스트베이산맥에 하이킹을 다닌 사람도 나이 많은 생존자를 찾는 데 애를 먹을 수 있다. 운 좋게 찾는다 해도 가까이 다가갈 수 없는데, 힘들게 기어올라야 하는 가파른 바위 언덕 위에 있기 때문이다. 이것이 바로 나이 많은 생존자가 벌목에서 살아남은 이유다. 뒤틀린 모양과 키도 생존에 도움이 됐다. 약 28미터 높이의 나이 많은 생존자는 다른 노령 미국삼나무에 비하면 작고 보잘것없다. 달리 말하면 벌목꾼에게 목재로서 쓸모가 전혀 없는 것처럼 보였기 때문에 살아남았다.

『장자』에 나오는 이야기의 현실판 같은 사실이다. 보통 '쓸모없는 나무'라는 제목으로 번역되는 이 이야기에는 수령과 키가 어마어마한 나무를 본 목수가 등장한다(한 판본에서 이 나무는 잭런던과 비슷하게 생긴 졸참나무다). 그러나 목수는 가지에 옹이가 많아 목재로는 가치가 떨어지는 '무가치한 나무'라며 그냥 지나친다. 그로부터 얼마 후, 이 나무는 목수의 꿈에 등장해 이렇게 묻는다. "저 유용한 나무들과 나를 비교하느냐?" 그리고 목수에게 과일나무와 목재용 나무는 결국 베인다는 사실을 지적한다. “옹이가 많은 것은 내게 아주 쓸모가 많다. 내게 다른 쓸모가 있었다면 내가 이만큼 크게 자랄 수 있었겠느냐?” 나무를 오로지 목재로만 바라보는 인간이 만든 쓸모와 가치의 구분을, 이 나무는 완강히 거부한다. “곧 죽게 될 쓸모없는 인간이여, 사물이 사물을 비난하는 데 무슨 의미가 있는가? 자네는 내가 쓸모없는 나무라는 것을 어떻게 안단 말인가?”[5] 나는 나이 많은 생존자가 자신을 아무렇지 않게 지나치는 19세기의 벌목꾼들에게 똑같은 말을 하는 모습을 쉽게 상상할 수 있다. 실제로 이로부터 백 년도 지나지 않아 우리는 인간이 무엇을 잃어버렸는지를 깨닫기 시작했다.

쓸모없음의 쓸모에 관한 이 이야기는 명백한 모순과 비논리적 결론을 즐겨 사용한 장자의 전형적인 화법을 보여준다. 그러나 장자의 다른 글과 마찬가지로 이는 그저 역설을 위한 역설이 아니다. 위선과 무지, 비논리로 정의되는 모순 그 자체인 사회를 관찰한 것일 뿐이다. 이러한 사회에서 겸허하고 윤리적인 삶을 살고자 하는 사람은 분명 퇴보하는 것처럼 보일 것이다. 그에게 좋은 것은 곧 나쁜 것이고, 상승은 하강이며, 생산성은 파괴고, 쓸모없음은 참으로 유용한 것이다.

이 비유를 조금 더 확장하면 나이 많은 생존자는 목재소로 가져가기에는 **너무 이상하거나 까다로웠다고** 말할 수 있을 것이다. 나이 많은 생존자는 내게 ‘그 자리에서의 저항’을 상징하는 이미지를 제공한다. 그 자리에서의 저항은 스스로를 자본주의적 가치 체계에 쉽사리 이용당하지 않는 모습으로 만드는 것이다. 자본주의에 이용당하지 않는다는 것은 곧 순거 기준을 거부한다는 의미다. 즉 생산성과 탄탄한 커리어에 따라 자신의 가치가 결정되는 것을 거부하는 것이다. 또한 자본주의에 이용당하지 않는다는 것은 다소 애매모호한 생각을 받아들이고 그 안에 머물고자 애쓰는 것을 의미한다. 그 애매모호한 생각은 바로 유지와 보존을 위한 작업이 곧 생산성으로 연결된다는 것, 비언어적 의사소통이 중요하다는 것, 그저 인생을 경험하는 것이 가장 큰 목표라는 것이다. 마지막으로 자본주의에 이용당하지 않는다는 것은 시간의 흐름에 따라 변하고, 알고리즘의 표현을 넘어서며, 정체성이 개인의 경계에 갇히지 않는 자신의 모습을 인식하고 기념하는 것을 의미한다.

우리의 아주 작은 생각까지 이용하는 자본주의적 착취에 모든 것이 맞춰진 환경에서 이렇게 살아가는 것은 드레스 코드가 정해진 장소에서 엉뚱한 옷을 입고 있는 것만큼 불편한 일이다. 이런 상태를 유지하기 위해서는 의지와 자제력, 헌신이 필요하다. 아무것도 하지 않는 것은 어렵다.

나이 많은 생존자가 우리에게 주는 또 다른 교훈은 목격자나 기념비로서의 역할과 관련이 있다. 완고한 물질주의자라도 나이 많은 생존자가 인간이 만든 기념비와는 다르다는 사실을 인정할 수밖에 없다. 어쨌거나 나이 많은 생존자는 살아 있기 때문이다. 2011년에 지역 신문《맥아더 메트로》에는 나이 많은 생존자에게 바치는 찬가가 실렸다. 이스트베이 시립 공공사업구의 노동자였으며 지금은 작고한 고든 래버티Gordon Laverty와 그의 아들 래리 래버티Larry Laverty가 쓴 글이다. "레오나 공원 근처 산비탈에 사는 한 친구가 있다. 그 친구의 이름은 나이 많은 생존자다. 그는 미국삼나무이며, 사람들이 오클랜드에 살기 시작한 이후로 우리의 광기를 줄곧 지켜봐 왔다." 두 사람은 이 나무를 올론 원주민이 수렵과 채집 생활을 하던 때부터 스페인인과 멕시코인이 도착하고 백인이 부당한 이득을 취하기까지 모든 역사를 지켜본 목격자로 표현한다. 불쑥 나타난 자들의 연이은 바보짓을 묵묵히 지켜본 나이 많은 생존자는 래버티 부자에게 일종의 도덕적 상징이다. "나이 많은 생존자는 여전히 그 자리에 서 있다. (…) 우리에게 현명한 선택을 해야 한다고 말하는 감시병처럼."[6]

나도 그 나무를 비슷한 방식으로 이해한다. 무엇보다 나이 많은 생존자는 물리적 실체이며, 자연적으로나 문화적으로나 실재한 과거를 묵묵히 보여주는 증거다. 이 나무를 바라보는 것은 지금과는 매우 다른, 너무 달라서 알아볼 수조차 없는 세계의 한복판에서 자라나기 시작한 무언가를 바라보는 것과 같다. 그 세계에서는 인간 거주자들이 지역 생태계와 삶의 균형을 파괴하는 대신 보존했고, 해안선의 모양이 아직 바뀌지 않았으며, 회색곰과 캘리포니아콘도르, 은연어가 살아 있었다(이 동물들은 19세기에 이스트베이에서 전부 사라졌다). 꾸며낸 설화를 말하는 것이 아니다. 사실 그리 오래전 이야기도 아니다. 나이 많은 생존자의 잎이 아주 오래된 뿌리와 분명히 연결되어 있듯이, 현재도 과거에서 나온다. 이러한 뿌리 깊음은 기억상실증에 걸린 듯한 현 사회와 가상 세계의 미감에 파묻힌 우리에게 절실히 필요한 것이다.

이 두 가지 교훈은 내가 이 책에서 나아가고자 하는 방향과 일치한다. '아무것도 하지 않음'의 절반은 우리의 관심을 도구화하는 디지털 세계의 관심경제에서 벗어나는 것이며, 나머지 절반은 다른 무언가에 다시 연결되는 것이다. 그 '다른 무언가'는 다름 아닌 실제 세계의 시간과 공간이며, 시공간에 다시 연결되는 것은 우리가 그곳에서 서로 관심을 가지고 만날 때에만 가능한 일이다. 궁극적으로 나는 온라인상의 최적화된 삶의 장소 상실에 반대하며, 역사적인 것(이곳에서 있었던 일)과 생태적인 것(이곳에서 살거나 살았던 것)에 대한 감수성과 책임감을 낳는 새로운 '장소인식placefulness'을 주창하고 싶다.

이 책은 다시 장소에 대해 생각하는 방법의 훌륭한 사례로 생태지역주의bioregionalism를 제시한다. 환경운동가 피터 버그Peter Berg가 1970년대에 처음 개념을 설명했으며 원주민의 토지 관행에서 널리 나타나는 생태지역주의는 각 장소에 뿌리내린 여러 삶의 형태뿐 아니라 인간을 비롯한 생명체가 서로 관계 맺는 방식을 인식한다. 생태지역주의적 사고는 서식지 복원과 지속 가능한 농업 등의 실천을 아우른다. 여기에는 문화적 요소도 있는데, 스스로를 국가만큼이나 중요한 생태지역의 시민으로 여길 것을 요구하기 때문이다. 생태지역에서 우리의 '시민의식'은 단지 그 지역의 생태에 친숙한 것을 넘어서 함께 생태를 헌신적으로 관리하는 것을 의미한다.

나는 관심경제에 대한 비판과 생태지역 인식의 가능성을 연결하는 것을 중요하게 생각한다. 자본주의와 식민주의적 사고, 외로움, 환경에 대한 폭력적 태도가 전부 연결되어 있다고 생각하기 때문이다. 또 다른 이유는 경제가 생태계에 미치는 영향과 관심경제가 우리의 관심에 미치는 영향이 유사하다는 데 있다. 두 가지 경우 모두 공격적인 단일 문화로 나아가는 경향이 있으며, 이러한 문화에서는 '쓸모없는 것'으로 간주되고 (벌목꾼이나 페이스북이) 활용할 수 없는 요소들이 가장 먼저 사라진다. 이러한 쓸모의 관점은 삶을 원자화, 최적화할 수 있는 것으로 보는 잘못된 이해에서 나온 것이다. 따라서 생태계를 모든 요소가 있어야 제 기능을 하는 살아 있는 전체로 인식하지 못한다. 벌목과 대규모 농업 같은 관행이 땅을 초토화하듯이, 성과에 집착하는 분위기는 한때 개인과 집단의 생각이 풍성하게 자라던 풍경을 더 이상 아무것도 자랄 수 없을 때까지 천천히 땅을 파괴하는 몬산토 농장으로 바꾸어 놓는다. 생각의 종류가 하나씩 멸종할수록 관심의 토양도 점점 더 침식된다.

현대적 생산성 개념이 결국 생태계의 자연스러운 생산성을 파괴하는 이유는 무엇일까? 이는 장자의 쓸모없는 나무 이야기 속 모순과 매우 유사해 보인다. 장자의 이야기는 다른 무엇보다 '쓸모'를 규정짓는 개념의 편협성을 비꼬는 농담이다. 나무는 목수의 꿈에 나타나 본질적인 질문을 던진다. 무엇을 위한 쓸모인가? 이 질문은 내가 자본주의적 논리에서 한 걸음 물러나 충분한 시간을 가지고 곱씹었던 질문이기도 하다. 무엇을 낳는 생산성인가? 어떤 방식의, 누구를 위한 성공인가? 내가 삶에서 가장 큰 행복과 충족감을 느낀 때는 모든 필멸의 존재에 따르는 희망과 고통, 슬픔과 더불어 살아 있음을 온전히 인식한 순간이었다. 이러한 순간에 목적론적 목표로서의 성공은 아무 의미가 없었다. 이러한 순간들은 그 자체로 중요했고, 어딘가로 향하는 사다리의 계단이 아니었다. 나는 장자가 살던 시대의 사람들은 이 느낌을 알았을 거라고 생각한다.

쓸모없는 나무 이야기 초반에는 중요한 정보가 나온다. 여러 판본에서 언급하길, 이 뒤틀린 나무가 뻗은 가지는 어마어마하게 폭이 넓어서 수천 마리의 소와 말들에게 그늘을 제공할 수 있었다. 쓸모없는 나무의 형태는 목수에게서 자기 자신을 보호하는 데에만 유용했던 것이 아니다. 그것은 돌봄의 형태이기도 했다. 쉴 곳을 찾는 수천 마리 동물들 위로 가지를 뻗음으로써 다른 생명체를 돌보고 그들이 삶을 영위할 수 있는 토대가 되어주었기 때문이다. 나는 가지가 빽빽하게 얽혀 새와 뱀, 도마뱀, 다람쥐, 곤충, 버섯, 이끼에게 안전한 서식지를 제공하는 쓸모없는 나무들이 즐비한 숲을 상상한다. 어느 날 쓸모만을 따지는 땅에서 온 지친 여행자가 이 너그럽고 시원하며 쓸모없는 환경에 도착할지 모른다. 그는 땅에 짐을 내려놓는다.

그리고 어리둥절한 채 잠시 돌아다니다 동물들을 따라서 나무 아래 자리를 잡는다. 그리고 어쩌면 태어나서 처음으로 달콤한 낮잠을 잘 것이다.

독자들에게 이 책은 나이 많은 생존자처럼 다소 이상하게 보일 것이다. 내가 앞으로 펼칠 주장은 여러 요소가 맞물려 논리적 전체를 이루는 깔끔한 형태가 아니다. 나는 이 책을 쓰는 과정에서 많은 것들을 보고 경험했다. 그것들이 내 생각을 거듭 바꾸었고, 나는 계속 나아가면서 그것들을 하나로 모았다. 나는 처음 이 책에 들어갈 때와 다른 모습으로 이 책에서 나왔다. 그러니 이 책을 폐쇄적인 정보의 전달이 아닌, 에세이essay라는 단어의 본래 의미(여정, 시도)에 가까운 열리고 확장된 에세이로 여겨주길 바란다. 이 책은 강의라기보다는 산책으로의 초대다.

1장은 2016년 미국 대선 이후 봄에 쓴 에세이다. 내가 아무것도 하지 않을 필요성을 깨닫는 계기가 된 개인적 위기를 다루었다. 이 장에서는 관심경제에 대한 나의 가장 큰 불만(두려움과 불안에 의존하는 관심경제의 특성)과, 우리 자신과 다른 생명체가 좋은 삶을 살게 해주는 유지 노동과 보존 작업보다 파괴가 더 생산적이라고 보는 관심경제의 부수적 논리를 파악하기 시작한다. 더 이상 아무것도 이해할 수 없던 온라인 환경의 한복판에서 쓴 이 에세이는 공간과 시간에 깊이 박혀 있는 인간이라는 동물을 대표해서 쓴 청원의 글이다. 테크 전문 작가 재런 러니어Jaron Lanier의 말처럼, 나는 '인간이 되는 데 전념'하고자 했다.

가장 쉽게 내릴 수 있는 결론은 이 모든 것으로부터 도망치는 것이다. 그것도 영원히. 2장에서는 대안으로써의 도피를 택한 몇몇 인물과 집단을 살펴본다. 특히 1960년대의 반문화적 코뮌commune은 자본주의적 현실의 구조에서 완전히 빠져나오려는 시도와 아예 정치에서 벗어나려는 (실패할 수밖에 없는) 시도에 내재된 어려움에 관해 많은 것을 알려준다. 2장을 시작으로 나는 이 세계(또는 타인)로부터 완전히 벗어나는 것과 그 자리에 계속 머물면서 관심경제 체제에서 벗어나는 것을 계속해서 구분할 것이다.

이 구분은 3장의 주제인 '그 자리에서의 거부'라는 개념의 토대가 된다. 나는 "안 하겠습니다I will not"가 아니라 "그러지 않는 편이 좋겠습니다I would prefer not to"라고 대답하는 허먼 멜빌Herman Melville의 『필경사 바틀비』에서 힌트를 얻어, 거부의 역사를 살피며 질문의 전제 자체를 거부하는 대응을 탐색할 것이다. 그리고 아마존의 비정규직 노동자부터 취업난에 시달리는 대학생까지 거의 모든 사람들이 협조해야 할 이해관계와 얽혀 있는 경제적 불안정성의 시대에, 이러한 창의적 거부의 공간이 어떻게 위협받는지 보여주고자 한다. 거부할 수 있는 여유를 갖기 위해 무엇이 필요한지 생각해본 뒤, 관심의 방향을 바꾸고 관심을 확장하는 법을 배워야 한다고 주장한다. 이를 통해 우리는 겁먹은 채로 사로잡힌 관심과 경제적 불안정

사이의 악순환을 끊어낼 수 있다.

4장의 내용은 예술을 통해 새로운 성격의 관심을 학습하는 방법에 오래전부터 호기심을 가지고 있었던 예술가이자 교육자인 내 경험에서 나왔다. 이 장에서는 예술사와 시각 연구를 살피며 관심과 자유의지의 관계에 대해, 어떻게 하면 관심경제에서 우리 자신을 떼어내어 좀 더 주도적인 방식으로 관심을 기울일 수 있을지에 대해 생각해본다. 4장은 내가 속한 생태지역을 처음으로 인식한 뒤 내가 평생 살아온 지역에 새로운 패턴의 관심을 기울인 개인적 경험에서 나온 것이기도 하다.

만약 관심을 이용해 새로운 차원의 현실에서 살아갈 수 있다면, 그 안에서 같은 것에, 또 서로에게 관심을 기울이며 타인과 만날 수도 있을 것이다. 5장에서 나는 '필터 버블filter bubble'(구글이나 페이스북 같은 인터넷 정보 제공자가 이용자에 맞게 필터링한 정보를 제공함으로써 이용자가 특정 정보만을 접하게 되는 현상-옮긴이)이 주위 사람들을 바라보는 방식에 부여한 한계를 검토하고 그것을 무너뜨릴 것이다. 더 나아가 관심을 인간 이상의 세계로 확장하라고 요청할 것이다. 궁극적으로 나는 퍼스널브랜드의 정반대에 있는 자아와 정체성의 관점을 주장한다. 이 자아는 다른 사람이나 장소와의 상호작용에 따라 형태가 바뀌는 불안정한 자아다.

마지막 장에서는 이 모든 것을 갖춘 이상적인 소셜 네트워크를 상상하고자 한다. 여기서 나는 인간의 신체가 필요로 하는 시공간적 맥락을 렌즈 삼아 '맥락 붕괴'라는 온라인의 폭력을 들여다보고, 그곳에서의 '맥락 수거'를 제안한다. 또한 의미 있는 아이디어가 배양되기 위해서는 오프라인에서의 시공간이 필요하다는 사실을 이해하고, 사적인 의사소통과 대면 모임이 여전히 중요한 이유와 비상업적인 탈중앙 네트워크를 살핀다. 그리고 온라인에 기울이는 관심을 거두어 개인적으로나 집단적으로 유의미한 정체성을 형성할 수 있는 생물학적·문화적 생태계를 회복하는 일에 그 관심을 쏟자고 제안한다.

거의 매일을 이 책을 쓰며 보낸 여름 동안 어떤 친구들은 내게 '아무것도 하지 않는 법'이라는 책을 그렇게 열심히 써도 되는 거냐고 농담을 했다. 그러나 더 큰 아이러니는 이러한 제목의 책을 쓰는 동안 나 자신이 무언가를 하는 것의 중요성을 깨닫고 의도치 않게 급진화되었다는 것이다. 예술가로서 언제나 '관심'이라는 주제에 대해 생각해왔지만, 이제야 비로소 관심을 지속하는 삶이 어디로 향하는지를 온전히 이해하게 되었다. 간단히 말하면, 관심을 지속하는 삶은 자각하는 삶이다. 살아 있다는 것이 얼마나 큰 행운인지에 대한 자각이자, 주위의 문화와 생태계가 파괴되는 현재의 패턴에 대한 자각, 그리고 스스로 인정하든 하지 않든, 그 안에서 내가 맡은 불가피한 역할에 대한 자각이다. 자각은 곧 책임의 씨앗이 된다.

어느 시점부터 나는 이 책을 자기계발서로 위장한 정치운동 도서로 여기기 시작했다. 이 책이 온전히 그 둘 중 하나이긴 한지 잘 모르겠다. 그러나 나는 이 책이 독자에게 무언가를 전해주길 바라는 만큼, 의미 있는 싸움을 하러 가는 사람들에게 쉴 곳을 제공함으로써 정치운동에도 무언가를 기여할 수 있기를 바란다. 생산성에 집착하는 환경에 맞서 '아무것도 하지 않는' 인물이 여러 개인의 회복에 도움을 주고, 이 개인들이 인간을 넘어서 공동체를 회복시키는 데 기여할 수 있기를 바란다. 무엇보다 사람들이 실질적이고 지속적이며 기업에 그 어떤 이득을 안기지 않는 연결 방식을 찾는 데 도움이 되기를 바란다. 기업의 성과지표와 알고리즘은 우리의 생각과 감성, 생존에 관한 대화에 한번도 등장한 적 없다.

내가 관심에 대해 알게 된 한 가지 사실은 특정 형태의 관심에는 전염성이 있다는 것이다. 무언가에 세심한 관심을 기울이는 사람과(나의 경우에는 주의를 기울여 새를 관찰한다) 오랜 시간을 함께 보내다 보면 자신도 모르는 사이에 똑같은 것에 관심을 가지게 된다. 또한 나는 관심의 패턴(내가 알아차리기로 선택한 것과 그러지 않기로 선택한 것)이 곧 자신에게 현실을 제시하는 방식이라는 사실을 알게 되었다. 이러한 면들은 나에게 관심의 주권을 되찾는 행위의 혁명적 잠재력을 시사한다. 근시안적 사고와 만성적인 불만족을 바탕으로 번성하는 자본주의적 논리에서 보면 아무것도 하지 않는 것처럼 지극히 단조로운 행위는 어딘가 위험해 보일 수 있다. 그러나 서로를 향해 진정한 의미의 관심을 기울일 때, 어쩌면 우리가 원한 모든 것이 이미 이곳에 있음을 알게 될지도 모른다.

1장

아무것도 하지 않음에 대한 변론

침대에서 일어나 휴대폰을 본다
이 새롭고 끔찍한 발명품에서 또 어떤 새롭고 끔찍한 것이
나를 기다리고 있나 볼까
— 2016년 11월 10일, @missokistic이 올린 트윗

도널드 트럼프 취임 이후 얼마 지나지 않은 2017년 초, 나는 미니애폴리스에서 열린 아트 앤드 테크놀로지 콘퍼런스 아이오 페스티벌EYEO Festival에서 기조연설을 해달라는 요청을 받았다. 내가 아는 다른 많은 예술가와 마찬가지로 나도 선거의 충격에서 헤어나지 못하고 있었고 작업을 지속하기가 힘들었다. 게다가 오클랜드는 공동체 의식을 지닌 많은 사람들의 삶을 앗아간 2016년의 고스트십 창고 건물 화재를 애도하는 중이었다. 연설 제목을 입력해야 하는 빈 화면을 바라보며 나는 이러한 시기에 할 수 있는 의미 있는 말이 무엇일지 생각했다. 어떤 연설을 하게 될지 모르는 상태에서 '아무것도 하지 않는 법'이라는 문장을 입력했다.

그 후에 연설의 토대가 될 구체적 장소를 정했다. 주

로 장미 정원이라고 불리는 캘리포니아 오클랜드의 모르콤 장미 극장Morcom Amphitheatre of Roses이었다. 내가 연설의 아이디어를 떠올리기 시작한 곳이 장미 정원이기 때문이기도 했지만, 이 정원이 내가 다루려는 내용, 즉 아무것도 하지 않기, 아무것도 하지 않음의 구조, 공공장소의 중요성, 돌봄과 유지의 윤리를 전부 아우른다는 것을 깨달았기 때문이었다.

나는 장미 정원에서 5분 거리에 산다. 오클랜드에 살기 시작한 이후 장미 정원은 내가 일과 예술 작업을 위해 주로 사용하는 컴퓨터에서 멀어지고 싶을 때 즐겨 찾는 장소가 되었다. 그런데 선거 이후로는 거의 매일 장미 정원에 갔다. 의식하고 내린 결정이라기보다는 사슴이 소금을 핥으러 가거나 염소가 언덕 꼭대기에 오르는 것 같은 본능적인 움직임에 가까웠다. 그곳에서 나는 아무것도 하지 않았다. 그냥 앉아 있었다. 아름다운 정원과 섬뜩한 세상이 얼마나 어울리지 않는지를 생각하며 약간 죄책감을 느끼긴 했지만, 이곳을 찾는 것은 반드시 필요한 생존 전략처럼 느껴졌다. 나는 질 들뢰즈Gilles Deleuze의 『대담Negotiations』 속 한 문단에서 이와 비슷한 느낌을 받았다.

> 우리는 무의미한 말들, 말도 안 되는 양의 단어와 이미지에 포위되어 있습니다. 어리석음은 절대로 눈이 멀거나 말을 잃지 않습니다. 그러니까 중요한 건 사람들이 자신을 표현하게 하는 것이 아닙니다. 고독과 침묵이 있는 약간의 틈을 제공하는 것이 중요합니다. 그

틈에서 사람들은 결국 할 말을 찾아낼지도 모릅니다. 우리를 억압하는 세력은 자기표현을 막지 않습니다. 오히려 자신을 표현하라고 강요합니다. 할 말이 없다는 것, 아무것도 말하지 않을 권리가 있다는 것은 얼마나 다행입니까. 오로지 그때에만 말할 가치가 있는 극히 드문 것들을 만들어낼 기회가 있습니다.[1]

들뢰즈가 이 말을 한 것은 1985년이지만, 지금 나는 고통스러울 정도로 이 정서에 공감한다. 여기서 아무것도 하지 않는 것(아무것도 말하지 않는 것)은 무언가 말할 것을 만들어내기 이전 단계로 기능한다. '아무것도 하지 않는 것'은 사치도, 시간 낭비도 아니다. 오히려 의미 있는 생각과 발화의 필수 요소다.

시각 예술가로서 나는 오래전부터 아무것도 하지 않는 것, 더 정확하게 말하면 아무것도 만들지 않는 것의 진가를 알았다. 나는 구글 지도에서 농장과 화학 폐기물 처리장의 스크린숏 수백 개를 모아 오린 뒤 만다라 같은 모양으로 재구성하는 작업을 하는 예술가로 알려져 있었다. 리콜로지 SF에서 진행한 〈유예된 물건들의 부서The Bureau of Suspended Objects〉 프로젝트에서는 3개월 동안 버려진 물건 2백 개를 사진 찍어 분류하고 출처를 조사했다. 이 물건들을 열람 가능한 아카이브 형태로 전시했고, 사람들은 각 물건 옆에 붙은 태그를 스캔해 물건의 제작 정보와 재료, 생산 기업의 이력을 확인할 수 있었다. 전시 첫날, 약간 화가 난 듯한 여성이 혼란스러워하며 내게 말했다. "저기요… 그러니까 실제로 뭔가를 만든 거예요? 아니면 그냥 신반에 물건을 올려둔 거예요?" 나는 종종 나의 전달 수단이 맥락이라고 말하곤 한다. 그러니 두 질문의 대답은 모두 "예스"였다.

내가 이런 방식으로 작업하는 이유 중 하나는 내가 만들 수 있는 것보다 이미 존재하는 것이 훨씬 흥미롭다고 생각하기 때문이다. 사실 내게 〈유예된 물건들의 부서〉 프로젝트는 쓰레기장에 있는 멋진 물건들(닌텐도의 파워글러브 게임, 미국 건국 200주년 기념 세븐업 캔, 1906년에 사용한 은행 장부)을 가만히 바라보며 그 물건들이 마땅히 받아야 할 관심을 줄 핑계였다. 이처럼 어떤 대상에 거의 마비에 가까울 만큼 매료되는 현상에 나는 '관찰의 에로스'라는 이름을 붙였다. 존 스타인벡John Steinbeck의 소설『통조림공장 골목』도입부에 이와 비슷한 이야기가 나온다. 스타인벡은 표본을 자세히 관찰할 때 필요한 인내심과 세심함을 이렇게 묘사한다.

> 해양 동물을 수집하다 보면 어떤 편형동물은 워낙 연약해서 건드리면 부서지고 찢어지는 까닭에 온전한 형태로 붙잡는 것이 거의 불가능하다. 이럴 때는 그 동물들이 자기 의지로 흘러나와 칼날 위로 기어오르게 해야 한다. 그다음에 살짝 들어 올려 해수가 든 병에 집어넣는 것이다. 어쩌면 이 책을 쓰는 방식도 그와 같을지 모른다. 페이지를 펼쳐 이야기들이 스스로 기어오르게 하는 것.[2]

이와 같은 맥락에서 내가 가장 좋아하는 공공미술 작품 중 하나는 다큐멘터리 감독이 만든 것이다. 1973년에 엘리너 코폴라Eleanor Coppola는 〈창문들Windows〉이라는 공공미술 프로젝트를 진행했다. 사실 이 프로젝트는 샌프란시스코에 있는 장소들의 목록과 날짜를 적은 지도 한 장일 뿐이다. 스타인벡의 공식에 따르면 각 장소의 창문은 해수가 든 병이고, 그 창문 뒤에서 벌어지는 일들은 '스스로 기어오르는' 이야기들일 것이다. 코폴라의 지도에는 다음과 같이 쓰여 있다.

> 엘리너 코폴라는 샌프란시스코 전역에 있는 수많은 창문을 시각적 랜드마크로 선정했다. 이 프로젝트의 목적은 공동체 전체가 고유의 맥락 속에 존재하는 예술 작품을 인식하게 하는 것이다. 예술 작품은 변형되거나 갤러리로 이동하는 일 없이 제자리에서 관객을 맞이한다.[3]

나는 이 작품이 우리가 일반적으로 경험하는 공공미술과 완전히 다르다고 생각한다. 보통 공공미술 작품은 우주에서 쇼핑몰 앞에 착륙한 것처럼 보이는 거대한 강철 구조물이다. 코폴라는 그 대신 도시 전체에 절묘한 프레임을 씌운다. 이미 그 자리에 존재하는 예술을 인식한, 가볍지만 유의미한 방식이다.

좀 더 최근에 이와 유사하다고 느낀 프로젝트는 2015년 샌디에이고 카브리요 국립 기념지에서 있었던 스콧 폴라크Scott Polach의 〈박수를 권하다Applause Encouraged〉이다. 노을이 내리기 45분 전 바다가 내려다보이는 절벽 위, 가장자리에 붉은색 로프를 두르고 접이식 의자를 펼쳐놓은 공간에서 안내원이 관객을 맞이했다. 안내원은 관객들을 좌석으로 안내하며 사진 촬영이 불가하다고 알렸다. 관객들은 노을을 감상했고, 해가 다 지자 박수갈채를 보냈다. 이후에는 다과가 제공되었다.

이 프로젝트들에는 중요한 공통점이 있다. 각 작품에서 예술가가 만들어낸 구조(그것이 지도든 붉은 로프를 친 공간이든, 또는 물건을 올려놓은 별것 아닌 선반이든)는 사색의 공간을 열어젖히고, 끊임없이 그 공간을 닫으려 위협하는 습관과 익숙함, 산만함에 맞선다.

나는 장미 정원에서 이처럼 관심을 붙드는 구조에 대해 자주 생각한다. 평평하고 네모난 땅에 줄지어 장미를 심어놓은 전형적인 정원과 달리, 이 장미 정원은 언덕 위에 있고 장미와 격자 울타리, 참나무 사이사이로 길과 계단이 끝없이 가지를 뻗는다. 이곳에서는 누구나 아주 천천히 움직이고, 가던 길을 멈춰 장미 향기를 맡는다. 이 정원을 거니는 방법은 아마 백여 가지는 족히 될 것이고, 앉을 공간도 그만큼 많다. 이 장미 정원은 건축학적으로 사람들이 잠시 머물게 되어 있다.

사색적 걷기를 위해 설계된 원형 미로에서도 이러한 효과가 나타나는 것을 볼 수 있다. 미로는 그 외양과 비슷한 기능을 하는데, 바로 관심을 압축해서 봉합하는 것이다. 미로는 이차원의 디자인만으로도 공간을 직선으로 가로지르거나 가만히 서 있는 것이 아니라 그 중간의 행동을 가능케 한다. 그다지 넓지 않은 면적에서 비밀과 다채로운 관점을 드러내는 방식 때문에, 나는 이런 종류의 공간(도서관, 작은 미술관, 정원, 납골당)에 끌린다.

물론 공간이나 시각을 통해서만 관심을 봉합할 수 있는 것은 아니다. 청각적 사례로는 음악가 폴린 올리베로스Pauline Oliveros의 유산인 '딥 리스닝Deep Listening'이 있다. 클래식 작곡을 배운 올리베로스는 1970년대에 캘리포니아 대학교 샌디에이고 캠퍼스에서 실험음악을 가르쳤다. 그때 올리베로스는 집단 참여 기법을 개발하기 시작했다. 이 기법은 다른 사람이 내는 소리와 주변 음향을 듣고 그에 반응해 즉흥 연주를 하는 방식으로, 베트남전쟁이 야기한 폭력과 불안의 한가운데에서 소리를 이용해 내면의 평화를 찾기 위해 고안되었다.

딥 리스닝 역시 이러한 기법 중 하나였다. 올리베로스는 이 행위를 다음과 같이 정의한다. "지금 무엇을 하든, 가능한 모든 방식으로 가능한 모든 것을 듣는 것. 이렇게 주의를 기울여서 듣는 대상에는 음악뿐 아니라 일상생활과 자연, 자기 생각의 소리도 포함된다."[4] 올리베로스는 듣는 것과 들리는 것을 구분한다. "들리는 것은 신체적인 의미의 인식이다. 듣는 것은 자신이 청각적으로나 심리적으로 인식하는 대상에 관심을 기울이는 것이다."[5] 딥 리스닝의 목표이자 보상은 고조된 수용 감각과, 관찰하기보다는 순식간에 분석하고 판단하라고 가르치는 평소의 문화식 훈련을 뒤집는 것이다.

딥 리스닝에 대해 알게 되었을 때 나도 모르는 사이에 한동안 딥 리스닝을 실천하고 있었다는 사실을 깨달았다. 오로지 새를 관찰할 때뿐이지만 말이다. 사실 나는 늘 새를 관찰한다는 말이 재미있는 모순이라고 생각했다. 새 관찰의 절반 이상은 새의 소리를 듣는 것이기 때문이다(개인적으로는 '새 알아차리기bird-noticing'로 명칭을 바꿔야 한다고 생각한다). 뭐라고 부르건 새를 알아차리기 위한 활동과 딥 리스닝의 공통점은 말 그대로 아무것도 하지 않아야 한다는 것이다. 새 관찰은 온라인에서 뭔가를 찾아보는 행위의 정반대에 있다. 실제로 새들을 찾는 것은 불가능하다. 새들을 불러내 눈앞에 모습을 드러내게 할 수는 없다. 할 수 있는 일이라곤 조용히 걸어 다니면서 소리가 들릴 때까지 기다리는 것, 그러다 새소리가 나면 나무 아래 가만히 서서 동물적 감각을 이용해 어디에 어떤 새가 있는지 파악하는 것뿐이다.

새 관찰은 꽤나 '저해상도'였던 내 인식의 입자감을 바꾸어놓았다. 처음에는 그저 더 많은 새소리를 알아차렸다. 물론 새들은 언제나 그 자리에 있었지만, 새소리에 관심을 기울이기 시작하면서 나는 새들이 거의 모든 곳에, 온종일, 언제나 존재한다는 사실을 새롭게 깨달았다. 그 이후 소리를 하나씩 배우며 그 소리를 새와 연결해나갔고, 이제는 장미 정원으로 걸어 들어갈 때 새들이 마치 사람인 양 머릿속에서 무심코 알은체를 한다. '안녕, 큰까마귀야, 울새야, 멧종다리야, 박새야, 황금방울새야, 검은멧새야, 매야, 동고비야….' 지금은 새들의 울음소리가 익숙해져서 어떤 새인지 알아내려고 안간힘을 쓸 필요가 없다. 이제 내게 새소리는 마치 사람의 언어처럼 입력된다. 성인이 된 후 외국어를 배워 본 적이 있는 사람이라면 이 이야기가 낯설지 않을 것이다. 실제로 한때는 그저 '새소리'였던 것이 내게 의미 있는 별개의 소리로 분화된 과정은 나의 어머니가 두 가지 언어가 아니라 세 가지 언어를 말한다는 사실을 깨달았던 순간과 매우 유사하다.

필리핀에서 태어난 어머니는 내 앞에서 언제나 영어를 사용했고, 아주 오랫동안 나는 어머니가 다른 필리핀 사람과 대화를 나눌 때마다 타갈로그어를 쓰고 있다고 생각했다. 사실 어머니가 타갈로그어를 안다는 것과 어머니의 말이 내게 타갈로그어처럼 들렸다는 것 말고는 그렇게 생각할 이유가 없었다. 그런데 알고 보니 어머니는 아주 가끔만 타갈로그어를 사용한 거였다. 평소에는 일롱고어를 썼는데, 일롱고어는 어머니의 고향에서만 쓰는 완전히 다른 언어다. 사투리 개념이 아니다. 어머니의 말에 따르면 필리핀은 언어가 무척 다양하고 언어 간에 공통점이 거의 없어서 다른 지방 사람들끼리 서로의 말을 알아들을 수 없을 정도라고 한다. 타갈로그어는 필리핀에서 통용되는 수많은 언어 중 하나일 뿐이다.

하나인 줄 알았던 것이 사실은 두 가지이고, 그 두 가지도 실상은 열 가지였던 이런 당황스러운 발견은 관심의 질이나 지속 시간과 관련이 있다. 노력을 기울이면 대상을 더 깊이 이해하고, 더 많은 것을 알아차리고, 매번 더욱 미세한 주파수를 구분할 수 있다.

관심을 붙드는 구조의 미로 같은 특성과 듣기 위해 멈춰 서는 순간에는 중요한 공통점이 있다. 이 각각의 순간이 고유한 방식으로 일종의 중단을, 익숙한 영역에서의 퇴거를 불러온다는 것이다. 뜻밖의 비밀 통로를 헤맬 때 선형적인 시간에서 이탈한 느낌을 받듯이, 나 또한 흔치 않은 새를 보거나 새소리를 들을 때면 시간이 멈춘 듯하고 내가 어디에 있는지를 잊곤 한다. 이러한 장소와 순간은 진정한 휴식을 선사하며, 아무리 짧은 시간이라 할지라도 (긴 휴식과 마찬가지로) 일상으로 돌아왔을 때 삶을 바라보는 방식을 바꿔놓는다.

1930년대에 이곳에 장미 정원을 세운 것은 땅이 오목한 그릇처럼 생겼기 때문이었다. 이 공간은 물리적으로나 청각적으로나 밀폐된 느낌을 주며, 주위의 모든 것과 놀라울 정도로 분리되어 있다. 장미 정원에 앉아 있으면 말 그대로 *그 안에* 앉아 있는 느낌이 든다. 이와 유사하게 모든 종류의 미로는 그 형태로 말미암아 우리의 관심을 자그마한 원형 공간 안에 모아놓는다. 리베카 솔닛Rebecca Solnit은 저서 『걷기의 인문학』에서 샌프란시스코에 있는 그레이스 대성당의 미로 속을 걸을 때 자신이 도시 안에 있다는 사실을 거의 느끼지 못했다고 말한다. "완전히 몰입해서 근처에 있는 사람들이 눈에 들어오지 않았고, 도로의 소음과 여섯 시를 알리는 종소리도 들리지 않았다."[6]

이러한 단절의 경험은 이보다 더 긴 시간에도 적용된다. 많은 사람이 '퇴거'의 기간을 지나 다시 일상으로 돌아왔을 때 세상을 대하는 태도가 근본적으로 달라진 경험을 한 적이 있거나, 적어도 이런 경험을 한 사람을 알 것이다. 질병이나 상실처럼 괴로운 일에서 비롯된 경험일 수도 있고 자발적인 선택일 수도 있지만, 그와 상관없이 이러한 시간의 멈춤은 유의미한 변화를 불러일으킬 수 있는 유일한 사건이다.

역사상 가장 유명한 관찰자 중 한 명인 존 뮤어John Muir도 비슷한 경험을 했다. 이미 알려진 것처럼 뮤어는 동식물 연구가가 되기 전에 수레바퀴 공장의 감독관으로 일했고, 가끔 발명품을 만들기도 했다. (자명종과 타이머 역할을 하는 책상을 발명한 걸 보면 뮤어는 생산성에 관심이 많은 사람이었던 듯하다. 스스로 책을 펼친 뒤 정해진 시간이 지나면 책을 덮고 다른 책을 펼치는 책상이었다.) 뮤어는 그때도 이미 식물학에 관심이 많았지만, 그가 자신의 우선순위를 재고한 것은 사고를 당해 일시적으로 눈이 보이지 않던 시기였다. 이 사고로 뮤어는 6주 동안 아무것도 보이지 않는 캄캄한 방 안에 갇혔고, 자신이 다시 앞을 볼 수 있을지 확신하지 못했다.

1916년판 『존 뮤어의 기록The Writings of John Muir』은 이 사건을 기점으로 1부와 2부로 나뉘어 있으며 윌리엄 프레더릭 베이드William Frederic Badè가 각 부의 서문을 썼다. 2부 서문에서 베이드는 뮤어가 이 자아 성찰의 시기를 통해 "삶은 매우 짧고 불확실하며, 시간은 벨트와 톱 앞에서 낭비하기엔 참으로 귀중하다는 것, 자신이 수레바퀴 공장에서 빈둥거리는 동안 신은 이 세상을 만들고 있었다는 것을 깨달았다. 그는 시력이 돌아온다면 신이 이 세상을 만든 과정을 연구하는 데 남은 생을 바치겠다고 결심했다"라고 말한다.[7] 뮤어는 이렇게 말했다. "이 고통이 나를 향기로운 들판으로 이끌었다."[8]

알고 보니 나의 아버지도 개인적인 퇴거의 시간을 경험했다. 아버지가 지금 내 나이였을 무렵 베이 지역에서 기술자로 일하고 있을 때였다. 아버지는 하던 일에 진저리가 났고 허리띠를 졸라매면 당분간 일을 하지 않아도 될 만큼 돈을 모았다고 판단했다. '당분간'은 결국 2년이 되었다. 2년 동안 무엇을 했느냐고 물으니 아버지는 책을 많이 읽고 수학과 전자공학을 공부하고 자전거를 타고 낚시를 가고 친구와 오랫동안 수다를 떨고 언덕에 앉아 혼자 플루트를 익혔다고 대답했다. 그러다 일과 외부 환경을 향한 분노가 사실은 자기 자신과 관련된 문제임을 깨달았다. 아버지는 이렇게 말했다. "초라한 나와 직면하게 되는 그 순간을 견뎌야 해." 그러나 그 시기에 아버지는 창조성과 열린 상태, 어쩌면 그에 필요한 지루함과 무無를 배웠을 것이다. 코미디 집단 몬티 파이선Monty Python의 존 클리즈John Cleese가 1991년에 했던 창조성에 관한 강연이 떠오른다. 그때 클리즈가 말한 창조성의 필수 요소 다섯 가지 중 두 가지는 시간이었다.

1. 공간
2. 시간
3. 시간
4. 자신감
5. 유머[9]

이 열린 시간의 끝에 아버지는 다시 일자리를 찾기로 했고, 원래 다니던 직장이 사실은 썩 괜찮은 곳이었다는 걸 깨달았다. 운 좋게도 그 직장에서 아버지를 흔쾌히 다시 받아주었다. 그러나 아버지가 자신의 창조성에 무엇이 필요한지를 깨달은 뒤였기에 상황은 전과 같지 않았다. 새로 생긴 에너지와 달라진 시각으로 아버지는 기술자에서 전문 엔지니어가 되었고, 지금까지 열두 개의 특허를 신청했다. 아버지는 지금도 한동안 자전거를 탄 뒤 언덕 꼭대기에 앉아 있을 때 가장 좋은 아이디어가 떠오른다고 말한다.

나는 이 이야기를 듣고 어쩌면 외부에서 늘어난 관심의 입자가 우리의 내부로 확장될 수 있다고 생각하게 되었다. 우리가 더 치밀하게 인식한 주위 환경이 놀라운 방식으로 눈앞에 펼쳐지듯이, 우리 자신의 복잡함과 모순도 그러할 수 있다. 아버지는 일이라는 한정된 맥락을 벗어나자 일이 아닌 세상 자체를 배경으로 자신을 이해하게 되었고, 그 이후로는 직장에서 일어나는 일들이 훨씬 커다란 것의 일부로 보였다고 말했다. 존 뮤어가 스스로를 동식물 연구가가 아니라 '시인-부랑자-지질학자-식물학자이자 조류학자-동식물 연구가 기타 등등 기타 등등'이라 설명한 것과, 폴린 올리베로스가 1974년에 스스로를 다음과 같이 소개한 것이 떠오른다.

> 폴린 올리베로스의 정체성을 구성하는 여러 요소 중에는 다리가 두 개인 인간이자 여성, 레즈비언, 음악가가 있다. 올리베로스는 자기 자신이며, 파트너 그리고 여러 닭과 오리, 개, 고양이, 토끼, 열대 소라게들과 함께 산다.[10]

물론 이 모든 것에는 명백한 비판이 따를 수 있다. 잠시 멈출 수 있는 여유가 일종의 특권에서 나온다는 비판이다. 내가 종종 장미 정원에 가고 나무를 바라보고 언덕 위에 앉아 있을 수 있는 것은 일주일에 이틀만 학교에 가면 되는 일자리가 있기 때문이며, 그 밖에도 내겐 다른 특권이 많다. 아버지가 일을 그만두고 쉴 수 있었던 이유 중 하나는 일을 다시 구할 수 있을 거라고 믿을 만한 근거가 있었기 때문이다. 아무것도 하지 않는 행위를 그저 방종한 사치나 정신 건강을 위한 하루의 휴가(이게 가능한 회사에 다닐 만큼 운이 좋다면) 정도로 이해할 법도 하다. 그러나 이 지점에서 나는 다시 들뢰즈의 '아무 말도 하지 않을 권리'를 떠올린다. 많은 사람이 이를 누리지 못한다고 해서 이것이 권리가 아니거나 덜 중요해지는 것은 아니다. 하루 여덟 시간 노동이 보장되기 수십 년 전인 1886년, 미국의 노동자들은 '여덟 시간의 노동과 여덟 시간의 휴식,

여덟 시간의 우리가 하고자 하는 일'이라는 슬로건을 들고 나섰다. 노동조합연맹Organized Trade and Labor Unions이 제시한 유명한 그림은 이 신조를 잘 보여준다. 하루를 세 칸으로 나눈 이 그림의 첫째 칸에는 직물공이 자기 위치에서 일을 하고 있고, 둘째 칸에는 한 사람이 담요 밑으로 삐죽 발을 내밀고 잠을 자고 있으며, 셋째 칸에는 한 커플이 호수에서 보트를 타며 조합 신문을 읽고 있다.

이 운동에는 독자적인 노래도 있었다.

더 이상 이렇게 일하지 않을 거라네
보람 없는 고된 노동에 진절머리가 난다네
근근이 살아갈 만큼 겨우 벌면서
생각할 여유가 한 시간조차 없다네

우리도 햇살을 느끼고 싶고
우리도 꽃향기를 맡고 싶다네
이는 분명 하느님의 뜻이거늘
우리는 여덟 시간만 일할 거라네

우리는 조선소와 가게, 공장에서
힘을 모아왔다네
여덟 시간의 노동과 여덟 시간의 휴식
여덟 시간의 우리가 하고자 하는 일을 위하여[11]

여기서 '우리가 하고자 하는 일'의 범주에 속한 것들이 인상적이다. 휴식과 생각, 꽃, 햇살. 이것들은 신체와 관련된 인간적인 것이며, 이 신체성에 관해서는 뒤에서 다시 다룰 것이다. 1886년의 여덟 시간 노동운동을 조직한 노동조합연맹 지도자 새뮤얼 곰퍼스Samuel Gompers는 「노동은 무엇을 원하는가?」라는 연설에서 "노동은 땅과, 땅의 충만감을 원한다"라는 결론에 이르렀다.[12] 내가 중요하게 생각하는 지점은 이들이 원하는 것이 여덟 시간의 여가나 교육이 아니라, 여덟 시간의 '우리가 하고자 하는 일'이라는 사실이다. 하고자 하는 일에 여가나 교육이 포함될 수도 있지만, 이 시간을 설명하는 가장 적절한 방법은 그 내용을 규정하길 거부하는 것이다.

이 노동운동은 시간의 경계에 관한 것이었다. 그러나 노동조합이 힘을 잃은 지난 수십 년간 시간의 경계뿐 아니라 장소의 경계도 함께 사라졌다. 공원이나 도서관 같은 공공장소는 '우리가 하고자 하는 일'을 위한 장소이자 공간적 토대다. 비상업적인 공공장소는 입장하거나 머무르는 사람에게 아무것도 요구하지 않는다. 공공장소가 그 외 장소와 가장 명백하게 구분되는 점은 그곳에 머물기 위해 무언가를 살 필요도, 사고 싶은 척할 필요도 없다는 것이다.

진짜 도시공원과 유니버설 시티워크 같은 가짜 공공장소를 비교해보자. 유니버설 시티워크는 유니버설 스튜디오 테마파크에서 나올 때 거치는 공간이다. 시티워크는 테마파크와 실제 도시를 연결하기 때문에, 마치 영화 세트장처럼 그 사이 어디쯤에 존재한다. 이곳에서 방문객은 균

질함에서 오는 안전한 느낌을 즐기면서 소위 도시 환경의 다양성을 소비할 수 있다. 이러한 공간에 관한 에세이에서 에릭 홀딩Eric Holding과 세라 채플린Sarah Chaplin은 유니버설 시티워크를 "탁월한 대본이 있는 공간, 즉 이용을 배제하고, 지시하고, 감독하고, 구성하고, 조율하는 공간"이라 칭한다.[13] 가짜 공공장소에서 괴상한 사업을 시도해본 적 있는 사람이라면 이러한 공간이 대본만 제시하는 게 아니라 행동을 규제하기까지 한다는 사실을 알 것이다. 진짜 공공장소에서 우리는 행위 주체성이 있는 시민이다. 그러나 가짜 공공장소에서 우리는 소비자이거나 공간의 디자인을 위협하는 존재다.

장미 정원은 공공장소다. 이 공간은 1930년대에 공공사업진흥국이 주도한 프로젝트였으며, 다른 프로젝트와 마찬가지로 대공황 당시 연방정부에서 고용한 사람들이 지었다. 나는 정원의 품위 있는 구조를 볼 때마다 그 시작을 떠올린다. 공익적 가치가 높은 이 장미 정원은 그 자체로 공익적인 프로그램의 결과로 탄생했다. 그러나 장미 정원이 위치한 지역이 1970년대에 콘도 부지로 변할 뻔했다는 사실을 최근에 알고 나서도 나는 그리 놀라지 않았다. 오싹하긴 했지만, 놀라지는 않았다. 또한 이 지역이 콘도로 변하는 것을 막기 위해 지역 주민이 힘을 합쳐 대지의 용도를 변경했다는 사실을 알고도 그리 놀라지 않았다. 왜냐하면 이런 종류의 일은 늘 일어나기 때문이다. 상업적으로 생산성이 없다고 간주되는 공간들은 언제나 위협받는다. 이러한 공간들이 '생산'하는 것은 측정하거나 활용할 수 없고, 심지어 파악조차 힘들기 때문이다. 그 지역에 사는 모든 사람이 이 정원의 어마어마한 가치에 대해 말한다고 하더라도 말이다.

요즘에는 우리의 시간을 두고 이와 유사한 싸움이 벌어지고 있다. 생산성과 효율이라는 자본주의적 개념이 우리 자신을 식민지로 삼는다. 누군가는 자신의 공원과 도서관이 늘 콘도로 바뀔 위협에 처해 있다고 말할는지도 모른다. 마르크스주의 이론가인 프랑코 '비포' 베라르디 Franco 'Bifo' Berardi는 저서 『미래 이후』에서 1980년대 노동운동의 패배를 '우리 모두 사업가가 되어야 한다'는 개념의 등장과 연결 짓는다. 그는 과거에는 경제적 위험이 자본가나 투자자의 몫이었지만, 오늘날의 상황은 다르다고 말한다. "이제 우리 모두가 자본가다. (…) 그러므로 우리 모두가 위험을 감수해야 한다. (…) 그 개념의 본질은 우리 모두가 삶을 위험성 있는 경제 사업으로, 승자와 패자가 있는 경쟁으로 여겨야 한다는 것이다."[14]

베라르디가 묘사하는 노동의 방식은 우버 드라이버와 콘텐츠 모더레이터(플랫폼의 운영 취지에 부합하지 않거나 유해한 콘텐츠를 삭제하고 관리하는 사람-옮긴이), 가난한 프리랜서, 스타를 꿈꾸는 유튜버, 차를 몰고 일주일에 캠퍼스 서너 곳을 돌아다니는 시간강사 등 자신의 퍼스널브랜드를 신경 쓰는 모든 사람들에게 익숙할 것이다.

> 국제적인 디지털 네트워크에서 노동은 불안한 에너지들의 작은 꾸러미가 되어 거둬진 뒤 재결합된다. (…)

> 노동자들은 개인적 일관성을 모조리 빼앗겼다. 엄밀히 말하면, 노동자는 더 이상 존재하지 않는다. *노동자의 시간만이 존재하며, 그들의 시간은 상시 연결이 가능하고, 그 대가로 일시적인 급료를 받는다.*[15] (강조는 내가 한 것.)

노동자에게 경제적 안정이 사라지자 여덟 시간의 노동, 여덟 시간의 휴식, 여덟 시간의 우리가 하고자 하는 일의 경계가 무너졌고, 우리에게는 시간대나 수면 주기와 상관없이 언제나 현금화할 수 있는 24시간만이 남았다.

깨어 있는 내내 생계를 위해 일할 수 있게 된 상황에서, 여가 시간까지 페이스북과 인스타그램의 '좋아요' 숫자로 수치화된다. 재고를 확인하듯 수시로 자신의 성과를 확인하고 퍼스널브랜드의 발전 과정을 감시할 때, 시간은 경제적 자원이 된다. 더 이상 '아무것도 아닌 것'에 쓰는 시간을 정당화할 수 없다. 아무것도 아닌 것은 투자 대비 수익이 전혀 없다. 너무나도 사치스러운 것이다. 이것이 바로 시간과 공간의 잔인한 교차점이다. 비영리 공간이 사라지듯이 우리도 자신의 모든 시간과 행동을 잠재적 돈벌이 수단으로 여긴다. 공공장소가 공공인 척하는 소매점이나 기업이 민영화한 수상한 공원에 자리를 내어주듯이 우리도 손상된 여가 개념을 주입받는다. 이는 '우리가 하고자 하는 일'과는 완전히 다른 형태의 '유료' 여가다.

샌프란시스코에 있는 인터넷 아카이브에서 상주 예술가로 활동한 2017년에 나는 1980년대에 발간된 컴퓨터 취미 잡지 《바이트》에 실린 광고를 살펴보며 많은 시간을 보냈다. 본의 아니게 지금은 비현실적이 된 이미지들(사과에 꽂아놓은 하드드라이브, 데스크톱 컴퓨터와 팔씨름을 하는 남자, 컴퓨터 칩이 가득 담긴 냄비를 들고 "유레카!"라고 외치는 캘리포니아의 광부) 사이에서 나는 컴퓨터가 일하는 시간을 줄여줄 것이라 주장하는 광고를 여럿 발견했다. 이 중 내가 가장 흥미를 느낀 건 '한계를 넘어서'라는 모토를 내세운 NEC의 광고였다. '파워 런치Power Lunch'(일하며 먹는 점심-옮긴이)라는 제목의 이 광고에는 집에서 컴퓨터 자판을 치는 남성이 있고, 컴퓨터 화면에는 점점 가치가 커지는 막대그래프가 보인다. 남자는 작은 우유 한 팩만 마시고 샌드위치에는 손도 대지 않았다. 그야말로 한계를 넘어서고 있다.

이 광고 이미지를 보기가 고통스러운 이유는 우리가 이 이야기의 끝을 알고 있기 때문이다. 실제로 컴퓨터는 일을 더 편리하게 만들었다. 이제는 어디에서나, 언제든지 일할 수 있다. 극단적인 예로 파이버Fiverr를 들 수 있다. 단순 업무 사이트인 파이버의 회원들은 5달러에 다양한 업무(근본적으로는 자기 시간의 일부)를 판매한다. 업무 내용은 교정 교열, 구매자가 선택한 일을 하는 모습을 영상으로 찍기, 페이스북에서 여자 친구인 척하기 등 무엇이든 가능하다. 내게 파이버는 프랑코 베라르디가 말한 '시간의 프랙털과 진동하는 노동 세포'가 고스란히 드러난 사례다.[16]

2017년, 파이버는 NEC의 '파워 런치'에서 '런치'를 뺀 것과 비슷한 광고를 제작했다. 이 광고에서는 얼굴이 수척한 20대가 생기 없는 눈으로 카메라를 바라보고 있고, 그 밑에 이런 글귀가 쓰여 있다. "당신은 점심으로 커피를 마십니다. 당신은 해야 할 일을 완수합니다. 수면 부족은 당신이 선택한 마약입니다. 어쩌면 당신은 행동가일지 모릅니다." 이 광고는 음식을 먹기 위해 시간을 따로 낸다는 생각마저 조롱한다. 『트릭 미러』의 저자 지아 톨렌티노 Jia Tolentino는 파이버의 보도자료를 읽고 난 뒤 '긱 이코노미, 과로시를 찬양하다'라는 적절한 제목의 기사를 《뉴요커》에 게재했다. "이 헛소리는 본질적으로 사람을 잡아먹는 긱 이코노미의 특성을 미적 특성으로 포장한다. 점심을 먹는 대신 커피를 마시거나 '한바탕' 수면 부족을 즐기고 싶은 사람은 아무도 없다. (파이버의 홍보) 영상에서 권한 것처럼 섹스를 하다가 클라이언트의 전화를 받고 싶은 사람도 없다."[17] 모든 순간이 일할 수 있는 순간이 될 때, '파워 런치'는 '파워 라이프스타일'이 된다.

일이 삶의 다른 영역으로 전이되는 현상은 긱 이코노미에만 한정되지 않는다. 나는 대형 의류 브랜드의 마케팅 부서에서 몇 년간 일하면서 이 사실을 알게 되었다. 그 회사는 결과 중심의 업무 환경을 뜻하는 'ROWE Results Only Work Environment'라는 개념을 도입했다. 해야 할 일을 끝내기만 하면 여덟 시간 근무에 구애받지 않고 언제 어디서든 일할 수 있게 한다는 뜻이다. 썩 괜찮은 제안 같지만 이름에 어딘가 거슬리는 점이 있었다. 'ROWE'의 'E'는 결국 무슨 뜻인가? 사무실이나 자동차, 가게, 저녁을 먹고 난

디 길에서 결과물을 낼 수 있다면, 이 모든 곳이 '업무 환경'이 되는 것은 아닌가? 2011년이던 당시 나는 이메일 확인이 안 되는 휴대폰을 쓰고 있었다. 그리고 이 새로운 근무 형태가 도입된 뒤에는 이메일 확인이 가능한 휴대폰 구매를 더욱더 미루었다. 나는 그러한 휴대폰을 사는 순간 무슨 일이 일어날지 정확히 알고 있었다. 내 목줄은 더 길어지겠지만, 매일 매 순간이 응답 가능한 상태가 될 것이었다.

회사가 권하는 필독서 『로우R.O.W.E』는 좋은 의도로 쓰인 것처럼 보인다. 두 저자가 '오전 아홉 시부터 오후 다섯 시까지 의자에 앉아 있어야 하는' 근무 형태를 관대하게 완화한 모델을 제시하려고 했기 때문이다. 그러나 나는 책 속에서 일하는 자아와 일하지 않는 자아가 완전히 융합되는 것을 보고 마음이 무척 불편했다. 두 저자는 이렇게 말한다.

> 자기 시간을 갖고, 일하고, 한 인간으로 살아갈 수 있다면 우리가 매일 직면하는 질문은 '오늘 꼭 일하러 가야 하나?'가 아니라 '내가 삶에 어떻게 기여할 수 있을까?', '내 가족과 회사, 나 자신을 위해 오늘은 무엇을 할 수 있을까?'가 될 것이다.[18]

나라면 이 문장에 '회사'는 넣지 않는다. 아무리 내 일을 좋아한다고 해도 말이다. 특별히 그래야만 하는 상황이 아니라면, 아침에 눈뜨자마자 결과물을 내고 끊임없이 연결되는 일에는 전혀 감탄할 점이 없다. 나는 그 누구도 이러한 근무 형태를 받아들여선 안 된다고 생각한다. 지금도 그렇고, 앞으로도 영원히 그렇다.

이 끝없는 연결(그리고 고요한 내면을 유지하는 일의 어려움)은 이미 문제였지만, 트럼프가 당선된 2016년 미국 대선 이후로는 완전히 새로운 차원에 들어선 것 같다. 당시 나는 우리가 몇 날 며칠을 바친 바로 그 도구가 정보와 허위 정보로 우리 스스로를 공격하는 도구가 되는 과정을 목격했다. 공격 속도는 비인간적이었다. 해결책은 더 이상 뉴스를 보지 않는 것도, 다른 사람들이 뉴스에 대해 하는 말을 읽지 않는 것도 아니다. 다만 우리는 잠시 시간을 내어 관심의 지속 시간과 정보의 교환 속도 간의 관계를 살펴볼 수 있다.

베라르디는 이탈리아의 현재와 1970년대의 정치적 격변기를 비교하며, 현재 정권은 “반대 의견을 억압하거나 침묵을 강요하는 방법에 기대지 않는다. 오히려 이 정권은 잡담의 확산, 부적절한 방식으로 형성된 담론과 의견에 의지하며 개인의 생각과 반대 의견, 비판을 시시하고 터무니없는 것으로 만드는 데 몰두한다”라고 말한다. 또한 그는 “막대한 정보의 과부하나 관심의 포위 문제와 비교하면 정부 검열은 오히려 미미한 문제”라고 말한다.[19]

나를 그토록 공포에 떨게 한 것, 인간적이고 신체적인 시간을 사는 한 인간으로서의 감각과 인식을 불쾌하게 만든 것은 바로 이 **금전적으로 장려한** 잡담의 확산과 온라인에서 히스테리가 퍼져 나가는 엄청난 속도다. 피자게이트

(민주당원들이 워싱턴의 피자 가게에 있는 본부에서 대규모 아동학대 네트워크를 운영하고 있다는 음모론-옮긴이)와 온라인 저널리스트들을 대상으로 한 신상 털기, 거짓 신고 등에서 나타나듯이 완전한 가상과 완전한 현실의 연결은 인간의 인식에 너무나도 큰 충격을 준다. 당시에 많은 사람이 이른바 '진실'이라는 것을 찾아 헤맸음을 안다. 그러나 내가 사라졌다고 느낀 것은 단순한 현실, 이 모든 일이 일어난 이후 내가 손가락으로 가리키며 "이게 진짜 현실이야"라고 말할 수 있는 무언가였다.

대선 이후 참기 힘들 만큼 비통하고 불안한 와중에도 나는 계속 새들을 관찰했다. 여기서 새란 모든 새가 아니고 심지어 특정 종류의 새도 아닌, 구체적인 몇 마리의 새를 의미한다. 처음에는 우리 동네 KFC 지붕 위에 밤낮없이 앉아 있는 해오라기 두 마리였다. 해오라기는 다른 왜가릿과 새에 비해 땅딸막하다. 긴 목을 쏙 집어넣고 등을 구부린 채 앉아 있는 두 마리의 해오라기에게서는 무뚝뚝한 극기심 같은 것이 느껴진다. 가끔 나는 사랑을 담아 이 새들을 '대령'(새들이 앉아 있는 위치 때문에-KFC의 마스코트 할아버지 이름이 샌더스 대령이다-옮긴이) 또는 '내 소중한 축구공'(모양 때문에)이라 부른다.

나는 별생각 없이 버스정류장에서 집까지 오던 길을 달리해 되도록 해오라기 옆을 지나려고 했다. 그저 해오라기의 존재에 안심하고 싶었기 때문이다. 이 이상한 새들의 존재에 위안을 느꼈던 날이 분명하게 기억난다. 그날 트위터에서 일어난 소용돌이 같은 논쟁에서 눈을 떼고 고개를 들면 커다란 부리와 레이저처럼 새빨간 눈을 가진 해오라기 두 마리가 그대로 그 자리를 지키고 있었다. (실제로 2011년 구글 스트리트뷰에서 그 해오라기들이 같은 곳에 앉아 있는 장면을 발견했다. 그 전부터 이곳에 있었을 테지만 스트리트뷰로는 2011년 이전 자료는 볼 수 없다.) 우리 동네 KFC는 메릿 호수 근처에 있는데, 이 호수는 완전히 개발된 지역에 있는 인공 호수다. 이스트베이와 샌프란시스코 반도 지역 대부분이 그렇듯 이곳도 원래는 왜가리를 비롯한 여러 물떼새가 사랑하는 습지였다. 해오라기는 오클랜드라는 도시가 형성되기 전부터 이곳에 존재한, 땅이 더 축축했던 시절의 생존자다. 이 사실을 알게 되자 KFC의 해오라기들이 유령처럼 보이기 시작했다. 가로등 불빛 때문에 새의 하얀 배가 타오르는 것처럼 보이는 밤에는 특히 더.

해오라기가 지금도 이곳에 있는 이유 중 하나는 까마귀처럼 해오라기도 인간과 차량, 가끔은 음식 쓰레기로 식사를 대신하는 것을 괘념치 않기 때문이다. 까마귀는 내가 두 번째로 전보다 더 관심을 기울이기 시작한 새였다. 그때 나는 제니퍼 애커먼Jennifer Ackerman의 『새들의 천재성』을 다 읽고 까마귀가 믿기 힘들 만큼 똑똑하며(어쨌거나 인간이 측정하는 방식으로) 인간의 얼굴을 알아보고 기억한다는 사실을 알게 된 참이었다. 까마귀가 야생에서 도구를 만들고 사용한다는 증거도 기록으로 남아 있다.

또 까마귀는 새끼들에게 누가 '좋은' 인간이고 '나쁜' 인간인지를 가르칠 수 있는데, 좋은 인간은 먹이를 주는 인간이고 나쁜 인간은 까마귀를 잡으려 하거나 괴롭히는 인간이다. 까마귀는 수년간 악의를 품을 수도 있다. 평생 까마귀를 봐왔지만 그제야 나는 우리 동네에 있는 까마귀들에게 호기심을 갖게 되었다.

나는 내가 사는 아파트 발코니에 까마귀가 먹을 수 있게 땅콩 몇 개를 놓아두기 시작했다. 땅콩은 오랫동안 그 자리에 그대로 있었고, 이러는 내가 꼭 미친 사람처럼 느껴졌다. 간혹 땅콩 한 개가 사라지기도 했지만 누가 가져간 건지는 알 수 없었다. 그러다 몇 번 까마귀가 날아와서 땅콩 하나를 채가는 모습을 목격했지만, 까마귀가 근처에 머물진 않았다. 이 상황이 얼마간 이어지다 마침내 까마귀들은 발코니 근처 전화선 위에서 시간을 보냈다. 그중 한 마리가 매일 내가 아침을 먹을 때쯤 발코니에 찾아오기 시작했다. 그러고는 정확히 부엌 식탁에서 시선이 닿는 위치에 자리를 잡은 뒤 땅콩을 들고 발코니로 나오라고 까악까악 울었다. 어느 날 그 까마귀가 새끼를 데려왔다. 그가 새끼인 줄 안 것은 큰 까마귀가 작은 까마귀의 털을 골라주었고, 작은 까마귀가 아직 다 자라지 않아 마치 오리처럼 꽥꽥 울었기 때문이다. 나는 두 까마귀에게 '크로우crow'와 '크로우선crowson'이라는 이름을 붙여주었다.

나는 곧 크로우와 크로우선이 내가 발코니에 서서 직접 땅콩을 던져주는 것을 더 좋아한다는 사실을 알게 되었다. 그렇게 하면 전화선에서 멋지게 뛰어내릴 수 있기 때문이다. 크로우와 크로우선은 옆으로 돌거나 앞으로 나아가면서 돌기도 하고 원을 그리며 회전하기도 하는데, 나는 자식을 자랑스러워하는 부모의 마음으로 집요하게 그 모습을 슬로모션 영상으로 남겼다. 가끔 둘은 땅콩을 더 먹고 싶은 게 아닌데도 그냥 그 자리에 앉아 나를 쳐다보곤 한다. 한번은 크로우선이 길 중간까지 나를 따라오기도 했다. 그리고 나는 (이웃들이 나를 어떻게 생각할지 궁금할 만큼) 둘을 바라보며 많은 시간을 보냈다. 해오라기를 볼 때처럼 이번에도 나는 까마귀들의 존재에 위로를 받았다. 당시 상황을 생각하면 그 위로는 지극히 컸다. 야생동물인 까마귀가 나를 알아본다는 것, 둘의 우주에 나의 자리가 있다는 것, 둘이 다른 시간에 뭘 하는지는 전혀 알 수 없지만 매일 나의 공간에 들러준다는 것(지금도 그렇다), 가끔은 저 멀리 나무 위의 까마귀들에게 손을 흔들어줄 수도 있다는 것이 내게는 큰 위안이었다.

한동안 그렇게 지내다 보니 크로우와 크로우선이 나를 바라볼 때 무엇을 보는지 궁금해지기 시작했다. 아마 둘은 어떤 이유에서인지 자신들에게 관심을 기울이는 한 인간을 볼 것이다. 둘은 내가 무슨 일을 하는지 모르고, 진전을 보지 못한다. 그저 매일, 매주 같은 일이 반복된다는 사실만 알 뿐이다. 둘을 통해 나는 그러한 관점으로 살아갈 수 있고, 나 자신을 한 인간 동물로 바라볼 수 있다. 둘이 하늘로 날아오를 때, 나도 어느 정도는 둘의 관점으로 내가 살고 있는 비탈의 형태를 인식한다. 키 큰 나무와 착륙하기 좋은 지점이 눈에 들어온다. 어떤 큰까마귀들은 장미 정원 안팎에 반반씩 걸쳐서 사는데, 어느 날 나는 큰까마귀들에게는 '장미 정원'이라는 것이 존재하지 않는다는 사실을 깨달았다. 나를 바라보는 낯선 동물적 관점과 우리가 공유하는 세상은 현시대의 불안에서 탈출할 수 있는 도피처가 되어주었을 뿐 아니라, 나 자신의 동물성과 내가 사는 세계의 활기를 상기시켜주었다. 새들의 비행은 말 그대로 나의 상상력에 날개를 달아주었다. 내가 좋아하는 작가 중 한 명인 데이비드 어브램David Abram이 『동물 되기Becoming Animal』에서 제기한 질문이 떠오른다. "인간의 상상력이 다른 형태의 감각에 자극받지 않고도 저절로 유지될 것이라고 믿는가?"[20]

이상하게 들리겠지만 이 일화는 내가 트럼프 당선 이후 장미 정원에 가야 했던 이유를 설명해준다. 진짜와 가짜가 뒤섞인 정보가 마구 쏟아지는 초현실적이고 섬뜩한 가상의 공간에는 결핍된 것이 있었다. 그것은 바로 인간과 비인간 독립체와 더불어 시간과 물리적 환경에 놓인 인간 동물을 위한 배려의 장소였다. 현실에 두 발을 딛기 위해서는 **실제 땅**이 필요했던 것이다. 어브램은 이렇게 말한다. "인간을 넘어서는 신비한 자연 속에서 직접 느낄 수 있는 감각적 현실만이 전자장치로 생성된 풍경과 조작된 즐거움으로 가득한 오늘날의 경험적 세계에서 유일하게 믿을 수 있는 시금석으로 남아 있다. 분명히 실재하는 땅이나 하늘과 주기적으로 접촉해야만 우리를 차지한 다차원의 세계에서 현재 위치를 파악하고 방향을 찾는 방법을 배울 수 있다."[21]

이 사실을 깨달았을 때 나는 구멍 뗏목처럼 단단히 움켜쥐고 놔주지 않았다. 이것은 진짜다. 이 글을 읽고 있는 당신의 눈, 당신의 손, 당신의 숨결, 지금 이 시간, 당신이 이 책을 읽고 있는 장소. 이것들은 진짜다. 나도 진짜다. 나는 아바타가 아니고, 취향의 조합도 아니고, 매끈한 인지적 작용도 아니다. 나는 울퉁불퉁하고 구멍이 많다. 나는 동물이다. 가끔 다치고, 하루하루 달라진다. 다른 생명체가 나를 듣고 보고 냄새 맡는 세계에서 다른 존재들을 듣고 보고 냄새 맡는다. 이 사실을 기억하려면 시간이 필요하다. 아무것도 하지 않을 시간, 그저 귀 기울일 시간, 가장 깊은 감각으로 현재 우리의 모습과 시간, 장소를 기억할 시간 말이다.

이쯤에서 모두에게 하던 일을 일체 그만두라고 장려하려는 의도가 아님을 분명히 하고 싶다. 생산성을 거부하고 멈춰서서 귀 기울인다는 의미의 '아무것도 하지 않는 것'은 인종적·환경적·경제적 불평등을 찾아내고 실질적 변화를 불러오는 적극적 듣기를 수반한다. 나는 '아무것도 하지 않는 것'을 일종의 재교육 장치로 본다. 흩어질 대로 흩어져 의미 있는 행동에 나설 수 없다고 느끼는 사람들을 위한 자양분이기도 하다. 이러한 차원에서 아무것도 하지 않는 행위는 우리에게 관심경제에 저항할 수 있는 여러 무기를 제공한다.

첫 번째 무기는 회복의 시공간이다. 오늘날과 같은 시

내에는 '아무것도 하지 않을' 시간과 장소를 마련하는 것이 가장 중요한데, 이러한 시간과 장소가 없으면 개인적으로나 집단적으로나 생각하고, 성찰하고, 치유하고, 자신을 지탱할 방법이 없기 때문이다. 결국 무언가를 하기 위해 아무것도 하지 않는 것이 필요한 경우도 있다. 과도한 자극이 어쩔 수 없는 현실이 된 지금, 나는 #FOMO(the fear of missing out, 기회를 놓치는 것에 대한 두려움)를 #NOMO(the necessity of missing out, 기회를 놓쳐야 할 필요성)로, 마음이 영 불편하다면 #NOSMO(the necessity of sometimes missing out, 가끔은 기회를 놓쳐야 할 필요성)로 다시 상상할 것을 제안한다.

이는 아무것도 하지 않는 행위의 전략적 기능이며, 이러한 의미에서라면 지금껏 내가 한 말을 자기 돌봄으로 분류할 수 있을 것이다. 하지만 그럴 때는 오드리 로드Audre Lorde가 1980년대에 사용한 사회운동의 의미에서 자기 돌봄을 이해해야 한다. 오드리 로드는 "자신을 돌보는 것은 방종이 아니라 자기 보호이며, 자기 보호는 정치적인 전쟁 행위다"라고 말했다. '자기 돌봄self-care'이라는 표현이 상업적인 목적으로 사용되며 클리셰가 될 위험에 처한 요즘 같은 시대에 이는 매우 중요한 구분이다. 고가의 상품을 판매하는 귀네스 팰트로Gwyneth Paltrow의 웰빙 전문 기업 굽goop을 패러디한 책 『글롭: 당신을 우스꽝스러워 보이게 하고 가식 떠는 것처럼 느끼게 할 무해하고 값비싼 아이디어』의 저자 개브리엘 모스Gabrielle Moss의 말처럼, 자기 돌봄은 "운동가들의 손에서 빼앗겨 값비싼 배스

오일을 구매할 핑계로 변신할 준비를 마쳤다".[22]

아무것도 하지 않는 것이 우리에게 제공하는 두 번째 무기는 깊이 있게 듣는 능력이다. 앞서 이미 딥 리스닝을 언급했지만, 여기서 말하는 듣기란 서로를 이해한다는 의미의 더욱 포괄적인 듣기다. 아무것도 하지 않는 것은 실제로 그곳에 무엇이 있는지를 인식하기 위해서 그 자리에 가만히 머무는 것이다. 자연의 음향 풍경을 기록하는 음향 생태학자 고든 햄튼Gordon Hempton은 이렇게 말했다. "정적은 무언가의 부재가 아니라 모든 것의 존재다."[23] 안타깝게도 우리가 끊임없이 관심경제에 참여한다는 것은 곧 (나를 포함한) 우리 중 다수가 이 능력을 다시 배워야 한다는 것을 의미한다. 필터버블의 문제는 논외로 치더라도, 우리가 서로 의사소통하기 위해 사용하는 플랫폼들은 듣기를 장려하지 않는다. 그 대신 고함과 지나치게 단순한 반응, 제목 한 줄을 읽고 판단하는 행위를 장려한다.

이것은 듣기의 문제이자 신체의 문제이기도 하다. 실제로 신체 감각으로서 딥 리스닝의 듣기와 상대의 관점을 이해한다는 의미의 듣기 사이에는 연관성이 있다. 베라르디는 정보의 순환에 대해 말하면서 이 지점에서 특히 유용한 차이를 논하는데, 바로 연결성과 민감성의 차이다. 연결성은 양립 가능한 여러 개체 사이에서 정보가 빠르게 순환하는 것이다. 페이스북에서 비슷한 생각을 가진 수많은 사람이 어떤 기사를 순식간에, 별생각 없이 공유하는 것이 그 사례일 수 있다. 연결성의 관점에서는 받아들일 수 있거나 그렇지 않거나 둘 중 하나다. '빨간색과 파란색 중 하나를 선택하시오'와 같은 정보 전달 과정에서 여러 개체는 변화하지 않으며, 정보 또한 변화하지 않는다.

반면 민감성은 서로 다른 형태를 가진 두 신체의 어렵고, 불편하고, 모호한 만남을 수반한다. 이러한 만남과 감지는 시간을 필요로 하고, 또 시간 속에서 일어난다. 그뿐 아니라 서로를 감지하려는 노력으로 인해 두 독립체는 처음 만났을 때와 다른 모습이 되어 헤어질 수 있다. 민감성에 대해 생각하다 보니 시에라네바다의 외딴곳에서 두 예술가와 함께 한 달간 참여한 레지던시 프로그램이 떠오른다. 밤에는 할 일이 별로 없었기에 다른 예술가 중 한 명과 나는 가끔 지붕 위에 앉아 노을을 바라보곤 했다. 그 사람은 중서부에서 온 가톨릭 신자였고, 나는 말하자면 전형적인 캘리포니아의 무신론자다. 그러나 나는 우리가 지붕 위에서 과학과 종교에 대해 나른하고 정처 없는 대화를 나눈 한때를 좋은 추억으로 간직하고 있다. 놀라운 점은 우리 중 누구도 상대를 설득하려고 하지 않았다는 것이다(우리에게 중요한 건 그게 아니었다). 그 대신 우리는 서로의 말에 귀 기울였고, 처음 만날 때와는 다른 사람이 되어 헤어졌다. 상대방의 입장을 더욱 섬세하게 이해하게 된 것이다.

연결성은 정보의 공유에 유리하지만, 역으로 논쟁의 도화선이 될 수도 있다. 민감성은 유쾌하거나 어려운, 또는 두 가지 면을 다 가진 대면 대화의 특성이다. 온라인 플랫폼은 확실히 연결성을 선호한다. 온라인으로 이어져 있기 때문만이 아니라 수익 때문이기도 하다. 연결성과 민감성의 차이는 시간이며, 시간은 곧 돈이기 때문이다.

눈앞에서 신체가 사라지면 우리의 공감 능력도 함께 사라진다. 베라르디는 감각과 이해력의 관계를 시사하며 우리에게 "인포스피어infosphere(정보 환경-옮긴이)의 확장과 (…) 말로 표현하거나 성문화한 부호로 축소할 수 없는 것을 인간이 이해할 수 있게 하는 감각 막의 붕괴 사이의 관련성을 가정"하라고 말한다.[24] 온라인 플랫폼 환경에서 '말로 표현할 수 없는 것'은 과잉이거나 받아들일 수 없는 것으로 간주된다. 모든 대면 만남이 눈앞에 있는 엄연한 신체의 존재는 물론이고, 비언어적 신체 표현의 중요성을 가르쳐주는데도 말이다.

아무것도 하지 않는 행위는 자신을 돌볼 수 있는 시공간과 깊이 있게 듣는 능력 외에 더욱 강력한 무기를 제공한다. 그것은 바로 성장의 수사학에 취하지 않도록 하는 해독제다. 건강과 생태의 관점에서 걷잡을 수 없이 자라나는 것은 보통 기생충이나 암으로 간주한다. 그러나 우리는 순환과 재생보다 새로움과 성장에 더 큰 특혜를 주는 사회에 산다. 우리의 생산성 개념은 새로운 것을 만들어내는 것을 전제로 하며, 이러한 의미에서 유지와 돌봄이 생산적이지 않다고 보는 경향이 있다.

이쯤에서 장미 정원의 단골 방문객을 소개해야겠다. 야생 칠면조 로즈와 고양이 그레이슨(책을 읽으려고 하면 언제나 책 위에 앉아버린다) 외에도 장미 정원에서는 늘 유지 관리를 담당하는 몇몇 자원봉사자를 볼 수 있다. 이들의 존재는 장미 정원이 아름다운 이유는 누군가가 정원을 보살피기 때문이라는 사실과, 정원이 콘도로 변하는 것을 막거나 이듬해에도 장미를 피우기 위해서는 반드시 노력을 들여야 한다는 사실을 상기시킨다. 자원봉사자들이 어찌나 많은 일을 하는지, 나는 방문객들이 봉사자들에게 다가가 감사를 전하는 모습을 종종 목격한다.

봉사자들이 잡초를 뽑고 호스를 정리하는 모습을 보면 예술가 미얼 래더맨 유켈리스Mierle Laderman Ukeles가 떠오른다. 유켈리스의 잘 알려진 작품으로는 워즈워스 애서니엄 미술관의 계단을 청소하는 퍼포먼스 〈닦기/자국/유지:실외Washing/Tracks/Maintenance: Outside〉와, 11개월 동안 뉴욕시 환경미화원 8,500명과 악수를 나누며 감사를 전하고 인터뷰를 한 〈터치 새니테이션 퍼포먼스Touch Sanitation Performance〉가 있다. 실제로 유켈리스는 1977년부터 뉴욕시 위생국의 평생 상주 예술가로 활동하고 있다.

유켈리스가 유지 작업에 관심을 두게 된 것은 어머니가 된 1960년대였다. 한 인터뷰에서 유켈리스는 이렇게 설명했다. “누군가의 엄마로 사는 데에는 엄청난 양의 반복 작업이 수반된다. 나는 유지 노동자가 되었다. 그리고 내가 속한 문화권에서 완전히 버려졌다고 느꼈다. 우리 문화에는 유지 노동을 인정할 방법이 없었기 때문이다.” 1969년 유켈리스는 자신의 유지 노동을 예술로 간주하는 전시 계획인 ‘유지 예술 선언문’을 썼다. “나는 전시 기간 동안 미술관에 머물며 내가 집에서 남편과 아기를 위해 늘

하는 일을 할 것이다. (…) 나의 노동이 곧 작품이 될 것이다."[25] 유켈리스의 선언문은 죽음의 힘과 생명의 힘을 구분하는 데서 시작한다.

I. 아이디어

1. 죽음의 본능과 삶의 본능:
죽음의 본능: 분리, 개별성, 탁월한 아방가르드, 자신만의 길을 가는 것, 역동적인 변화

삶의 본능: 통합, 영원회귀, 종족의 영속화와 유지, 생존을 위한 체제와 활동, 평정[26]

죽음의 본능은 내게 분열과 매우 유사해 보인다. 삶의 본능은 순환과 돌봄, 재생과 관련이 있다. 분명 양쪽 다 어느 정도는 필요하지만, 전자는 남성화될 뿐만 아니라 언제나 더 높은 가치가 부여되는 반면에, 후자는 '발전'과 관련이 없다는 이유로 인정받지 못한다.

이 사실은 장미 정원의 놀라운 특징을 떠올리게 한다. 나는 이 특징을 중앙 산책로에서 처음 발견했다. 콘크리트로 된 중앙 산책로 양쪽에는 10단위로 숫자가 쓰여 있는데, 이 숫자는 10년을 의미한다. 그리고 각 칸에는 여성의 이름을 새긴 열 개의 명판이 박혀 있다. 알고 보니 오클랜드 주민들이 '올해의 어머니'로 뽑은 여성들의 이름이었다. 올해의 어머니가 되려면 가정과 일터, 지역 내 활

동, 자원봉사, 또는 이것들의 조합을 통해 오클랜드 주민의 삶의 질 개선에 기여해야 한다."" 오클랜드에 관한 오래된 산업 영화에서 나는 1950년대의 올해의 어머니 행사 영상을 발견했다. 다양한 종류의 장미를 클로즈업한 장면이 연달아 나온 뒤 누군가가 나이 많은 여성에게 꽃다발을 건네고 이마에 키스한다. 그리고 지난 5월의 며칠간 나는 평소보다 더 많은 자원봉사자가 정원을 말쑥하게 꾸미고 페인트칠을 다시 하는 모습을 목격했다. 시간이 한참 흐른 뒤에야 이들이 2017년의 올해의 어머니 행사를 준비하고 있다는 사실을 알게 됐다. 올해의 어머니는 지역 교회의 자원봉사자인 말리아 루이사 라투 사울랄라Malia Luisa Latu Saulala였다.

다른 것들을 지탱하고 유지하는 노동의 맥락에서 어머니들을 기리는 행사를 언급하고 있지만, 반드시 어머니가 되어야 모성을 경험할 수 있다고 생각하지는 않는다. 30년 넘게 어린이 프로그램을 진행한 프레드 로저스Fred Rogers('로저스 아저씨'로 유명하다)에 관한 훌륭한 다큐멘터리 〈내 이웃이 되어줄래요?Won't You Be My Neighbor?〉를 보면, 로저스가 여러 졸업식 연설에서 학생들에게 자신을 도와주고, 믿어주고, 자신에게 최고의 것만 주고 싶어 했던 사람을 떠올려보라고 말한 사실을 알게 된다. 그다음 다큐멘터리 감독은 인터뷰 대상자들에게 같은 질문을 던진다. 관객이 지난 한 시간여 동안 계속 들어온 목소리들이 처음으로 말을 잃는다. 카메라는 시선을 돌려 생각에 잠긴 여러 인터뷰 대상자들을 번갈아 보여준다. 내가 영화관에서 이 다큐멘터리를 관람하며 들은 훌쩍거리는 소리로 미루어 짐작해보건대, 영화관의 많은 관객도 아마 자신의 어머니와 아버지, 형제자매, 친구를 생각하고 있었을 것이다. 여기서 로저스의 졸업식 연설은 또 한 번 새로운 의미를 갖는다. 우리는 모두 적어도 자기 인생의 어느 시점에서는 이타적인 돌봄을 직접 경험한다. 여기에 예외란 없다. 이 현상은 우리가 인간 경험이라고 정의하는 것의 핵심이다.

동족을 위한 돌봄과 유지 작업에 대해 생각하다 보면 내가 무척 아끼는 책 『이 폐허를 응시하라』가 떠오른다. 저자 리베카 솔닛은 재난을 겪은 사람들이 악에 받쳐 이기적으로 변한다는 근거 없는 믿음을 깨부순다. 1906년의 샌프란시스코 지진과 허리케인 카트리나를 비롯한 여러 사례를 통해 솔닛은 암울한 환경에서 피어난 놀라운 기지와 공감 능력, 심지어 유머 감각에 대해 상세히 풀어놓는다. 솔닛과 인터뷰한 많은 사람이 재난 발생 직후 이웃과 함께 나눈 목적의식과 유대감에 말로 설명하기 어려운 향수를 느낀다고 말한다. 솔닛은 우리를 서로와, 또 우리 안의 보호 본능과 갈라놓는 일상생활이야말로 진정한 재난임을 보여준다.

수년간 까마귀를 향한 애정을 키우면서 동족 간의 유대감을 꼭 인간에게만 한정할 필요는 없다는 걸 깨닫는다. 사회학자 도나 J. 해러웨이Donna J. Haraway는 자신의 에세이 「인류세, 자본세, 대농장세, 툴루세: 동족 만들기」에서 친척relatives이라는 단어는 17세기 이전까지 영국 영어에서 '논리적 관계'를 의미했으며 17세기가 되어서야 '가족 구성원'이라는 뜻을 지니게 되었음을 상기시킨다. 해러웨이는 개인이나 계보학적 가족보다는 돌봄의 실천을 통해 유지되는, 다양한 존재로 구성된 공생 형태에 관심이 더 많았다. 해러웨이는 우리에게 "아기가 아니라 동족을 만들라"고 요청한다. 그리고 '동족kin'과 '동류kind'를 이용한 셰익스피어의 말장난을 언급하며 이렇게 말한다. "나는 지구의 모든 생명체가 가장 깊은 의미에서 모두 동족이라는 사실로 말미암아 동족이 확장되고 재구성되는 것이 가능하다고 생각한다. 이미 오래전부터 (한 번에 한 종이 아닌) 집합으로서의 동류를 더욱 잘 돌보았어야 했다. 동족은 집합적인 의미를 가진 단어다."[28]

이 모든 것을 종합해서 내가 제안하는 바는 언제나 우리를 지탱하고 놀라게 하는 연대라는 능력을 비롯해, 우리를 인간답게 만드는 특성 중 아직 남아 있는 모든 것을 보호하는 자세를 갖자는 것이다. 나는 비도구적이고 비상업적인 활동과 생각을 위해, 유지와 보존을 위해, 돌봄을 위해, 함께하는 기쁨을 위해 우리의 공간과 시간을 보호할 것을 제안한다. 우리의 신체를, 다른 존재의 신체를, 우리가 살아가는 풍경의 신체를 적극적으로 무시하고 업신여기는 모든 기술에 맞서 우리 인간의 동물성을 치열하게 보호할 것을 제안한다. 『동물 되기』에서 어브램은 이렇게 말한다. "우리의 모든 기술적 유토피아와 기계를 매개로 한 불멸의 꿈은 우리의 정신을 불타오르게 할진 몰라도 우리의 신체를 먹여 살리진 못한다. 실제로 이 시대의 탁월한 기술적 비전은 대부분 무수한 질병에 민감한 신체에 대한 두려움, 결국은 통제 밖에 있는 세계에 우리 몸이 깊이 박혀 있다는 두려움, 우리를 지탱하고 영양을 공급하는 바로 그 야생에 대한 공포에서 줄곧 동기를 얻는다."[29]

어떤 사람은 기술을 이용해서 더 오래, 또는 영원히 살고 싶어 한다. 아이러니하게도 이러한 욕망은 '유지 예술 선언문' 속 죽음의 본능(분리, 개별성, 탁월한 아방가르드, 자기만의 길을 가는 것, 역동적인 변화)을 완벽하게 보여준다.[30] 이런 사람들에게 나는 훨씬 검소하게 영원히 살 수 있는 방법을 공손히 제안한다. 그 방법은 짧은 한순간이 무한하게 펼쳐질 수 있도록, 무언가를 생산하는 시간의 궤도에서 벗어나는 것이다. 존 뮤어의 말처럼 "가장 긴 삶은 시간 가는 줄 모르는 즐거움을 가장 많이 느낀 삶이다".

물론 이러한 해결책은 돈벌이에 도움이 되지 않고 혁신적인 것으로 여겨지지도 않는다. 그러나 장미 정원의 우묵한 자리에 앉아 인간과 비인간의 다양한 신체에 둘러싸여 나의 것을 비롯한 수많은 신체적 민감성이 뒤섞인 현실에 머무는 긴 시간 동안(실제로 재스민과 적당히 잘 익은 블랙베리의 향기가 내 신체의 경계를 침범한다), 나는 내 휴대폰을 내려다보며 이것은 어쩌면 감각 박탈의 공간이 아닐까 생각한다. 이 환하게 빛나는 자그마한 성과 지표의 세계는 산들바람, 빛과 그림자, 통제할 수 없고 형언할 수도 없는 구체적 현실로 내게 말을 거는 내 눈앞의 세계와 비교가 되지 않는다.

2장

단순한 세계의 유령들

많은 사람이 하나의 실험으로 사회를 벗어난다. (…)
그래서 나도 사회에서 벗어나 이 경험이 얼마나 큰 깨달음을 주는지
알아보기로 했다. 그러나 별 깨달음은 없었다.
나는 떠나는 대신 삶의 한복판에 머물러야 한다고 생각한다.
— 아그네스 마틴Agnes Martin[1]

아무것도 하지 않기 위해 생산성만을 중시하는 열악한 풍경에서 멀리 떨어진 시공간이 필요하다면, 일시적으로나 영속적으로나 세상을 등지는 것이 답이라는 결론을 내리기 쉽다. 그러나 이는 지나치게 근시안적인 생각이다. 우리 주위를 둘러보면 디지털 디톡스 휴가 같은 것을 일터로 돌아가기 전에 생산성을 높이는 일종의 '생활의 지혜'로 판매하는 경우가 너무나 많다. 모든 것에 영원히 안녕을 고하고 싶은 충동은 자신이 살아가는 세상에 대한 책임을 방치한다. 그러나 문제는 이뿐만이 아니다. 이러한 충동은 대개 실행이 불가능하며, 여기에는 타당한 이유가 있다.

지난여름 나는 우연히 나만의 디지털 디톡스 휴가를

떠났다. 마켄러니강에 관한 프로젝트를 위해 혼자 시에라네바다로 떠났을 때였다. 내가 예약한 오두막은 휴대폰 신호도, 와이파이도 잡히지 않았다. 이런 상황을 예상하지 못했기에 아무런 준비도 하지 못했다. 주변 사람들에게 앞으로 며칠간 오프라인 상태일 거라고 말해두지 않았고, 답장하지 못한 중요한 이메일들이 있었으며, 다운로드해둔 음악도 없었다. 나는 오두막에 혼자 남아 너무나 급작스럽게 세상과 단절되었다는 사실에 어쩔 줄을 몰랐고, 20여 분이 지난 뒤에야 정신을 차릴 수 있었다.

그러나 짧은 패닉에서 빠져나온 나는 내가 얼마나 금세 아무렇지 않아졌는지를 깨닫고 깜짝 놀랐다. 그뿐 아니라 휴대폰이 그저 하나의 물건이 되어 한없이 무력해 보인다는 사실에 완전히 매료되었다. 휴대폰은 더는 수천 곳으로 이어지는 입구가 아니었고, 두려움과 가능성으로 가득 찬 기계도, 심지어 의사소통의 도구도 아니었다. 휴대폰은 그저 까맣고 네모난 금속 덩이였고, 스웨터나 책처럼 조용하고 무덤덤하게 놓여 있었다. 휴대폰의 유일한 용도는 손전등과 타이머였다. 새로 발견한 마음의 평화와 함께 나는 평소 같으면 몇 분에 한 번씩 작은 화면을 밝히며 나를 방해했을 알람과 정보의 방해를 받지 않고 프로젝트 작업에 몰두했다. 이 경험은 내게 기술 사용법에 관한 귀중하고 새로운 관점을 제공했다. 그러나 모든 것을 포기하고 외딴 오두막에서 은둔자처럼 살아가는 삶을 낭만화하기 쉽다는 사실만큼이나 결국에는 집으로, 나를 기다리는 세상으로, 마쳐야 할 진짜 일들이 남아 있는 곳으로 돌아가야 한다는 사실 또한 잘 알고 있었다.

이 일로 인해 나는 디지털 디톡스의 초기 주창자 중 한 명인 레비 펠릭스Levi Felix를 떠올렸다. 펠릭스의 이야기는 번아웃에 빠진 기술 노동자이자 아시아에서 '진정한 자아를 찾은' 서구인의 전형적인 서사를 따른다. 2008년, 로스앤젤레스에 있는 스타트업의 부사장으로 일주일에 70시간 가까이 일하던 스물세 살의 펠릭스는 스트레스로 합병증이 생겨 병원에 입원했다. 그는 이 일을 경종 삼아 당시 애인이었다가 이후에 아내가 된 브룩 딘Brooke Dean과 함께 캄보디아로 떠났다. 두 사람은 모든 전자기기의 전원을 끄고 불교적 색채가 뚜렷한 마음챙김mindfulness과 명상을 만났다. 여행에서 돌아온 펠릭스와 딘은 모든 레스토랑과 바, 카페, 버스, 지하철이 화면을 들여다보는 사람들로 가득 차 있다는 사실을 깨달았다.[2] 동양에서 발견한 마음챙김의 시간을 사람들과 나누기로 마음먹은 두 사람은 캘리포니아 멘도시노에서 성인을 대상으로 한 디지털 디톡스 여름 캠프, 캠프 그라운디드Camp Grounded를 열었다.

펠릭스는 일상 기술의 중독성을 특히 염려했다. 그는 '러다이트(신기술 반대자)가 아닌 괴짜'를 표방했고 기술을 완전히 부정하지는 않았다. 하지만 적어도 사람들이 기술과 더 건강한 관계를 맺는 법을 배울 수 있다고 생각했다. 그는 이렇게 말했다. "더 많은 사람이 전자기기 화면을 들여다보는 대신 다른 사람들의 얼굴을 바라봤으면 좋겠어요."[3] 캠프 그라운디드에 도착한 방문객은 '국제 디지털 디톡스 기구가 운용하는 컬트적인 테크-체크 텐트'[4]를 통과해야 했다. 이곳에서 서약서를 낭독한 뒤 양말로 만든 인형이 등장하는 5분짜리 영상을 보고 방호복을 입은 캠프 가이드에게 휴대폰을 넘겨주면 가이드가 '생물학적 위험 물질'이라고 쓰인 비닐봉지에 휴대폰을 넣고 밀봉했다. 사람들은 다음과 같은 일련의 규칙에 동의했다.

· NO 디지털 기술
· NO 네트워킹
· NO 휴대폰, 인터넷, 스크린
· NO 일 이야기
· NO 시계
· NO 상사
· NO 스트레스
· NO 불안
· NO FOMO(fear of missing out)[5]

그 대신 방문객은 슈퍼푸드로 트러플 초콜릿 만들기, 포옹 테라피, 피클 담그기, 죽마 타기, 웃음 요가, 태양열로 조각하기, 파자마 브런치 합창단, 타자기를 이용한 창의적 글쓰기, 스탠드업 코미디, 활쏘기 등 명백히 아날로그적인 활동 50개 중 하고 싶은 것을 선택했다. 전부 꼼꼼한 사전 계획이 필요한 활동이다. 뇌종양과 싸우다 2017년 사망한 펠릭스에게 바치는 추도사에서 스마일리 포스월스키Smiley Poswolsky는 이렇게 말했다. "펠릭스는 밤에 프로덕션 팀과 함께 몇 시간씩 걸으며 나무 하나하나에 불이 들어와 있는지, 자연의 마법 같은 힘이 잘 느껴지는지 확인하곤 했습니다."[6]

캠프 그라운디드의 미학과 철학, 거친 유머는 펠릭스가 그토록 꼼꼼하게 계획한 분위기가 특히 버닝맨 페스티벌Burning Man Festival(예술가를 비롯한 많은 참가자가 블랙록 사막에 모여 벌이는 예술 축제-옮긴이)의 영향을 받았음을 보여준다. 실제로 펠릭스는 버닝맨의 열정적인 팬이었다. 포스윌스키는 펠릭스가 데니스 쿠치니크Dennis Kucinich와 함께 버닝맨 캠프 중 하나인 IDEATE의 연사로 초대받았던 때를 애정을 담아 기억한다. 펠릭스는 자신의 복음을 전달할 기회를 가졌다.

> 펠릭스는 테킬라 샷을 마셔서 블러디 메리처럼 새빨개져서는, 흰 드레스를 입고 분홍색 가발을 쓴 채로 연단에 서서 기술과 단절된 삶의 중요성에 대해 45분간 이야기했다. 우리의 친구 벤 매든Ben Madden이 뒤에서 카시오 신시사이저를 연주했다. 그날 아침 나는 제정신이 아니었기 때문에 레비가 정확히 뭐라고 했는지 말할 수 없지만, 그 자리에 있었던 모든 사람이 평생 들은 것 중 가장 인상적인 연설이었다고 말한 것은 기억한다.

최근 버닝맨이 예전과 달라졌다는 비판이 많다. 실제로 버닝맨은 펠릭스가 자기 실험에 채택한 규칙 대다수를 깨트리고 있다. 1986년에 샌프란시스코 베이커 해변에서 불법으로 불을 피우면서 시작되었고, 이후에 블랙록 사막으로 자리를 옮긴 버닝맨 페스티벌은 자유의지론자libertarian인 테크 엘리트들이 모이는 명소가 되었다. 버닝맨에 관한 기사를 쓴 소피 모리스Sophie Morris는 '버닝맨: 파격적인 괴짜들의 축제에서 인맥 쌓기용 기업 행사가 되다'라는 제목으로 버닝맨의 변화 과정을 깔끔히 요약한다. 2015년에 마크 저커버그가 헬리콥터를 타고 페스티벌 장소로 날아와 구운 치즈 샌드위치를 나눠준 일은 이미 유명하고, 실리콘밸리의 다른 고위 인사들도 이곳에서 세계 일류 셰프의 요리를 즐기며 에어컨 바람이 나오는 천막집에 머물렀다. 모리스의 인용에 따르면, 버닝맨의 경영 및 커뮤니케이션 책임자는 조금도 주저하지 않고 버닝맨을 '기업 워크숍 같은 것'이라고 묘사한다. "이 행사는 고되고 스트레스도 매우 큽니다. 우리는 새로운 아이디어를 떠올리고 인맥을 쌓을 수 있는 장소를 만들었습니다."[7]

펠릭스와 포스웰스키가 에어컨 달린 천막집을 경멸하는 구식 버닝맨일지는 몰라도, 펠릭스가 사망했을 때 캠프 그라운디드가 향하던 방향은 버닝맨의 변화와 그리 다르지 않다. 캠프 그라운디드의 모기업인 디지털디톡스Digital Detox는 처음에는 이 캠프가 네트워킹 행사가 아니라고 주장했지만 어느 시점부터 옐프Yelp와 브이엠웨어VMware, 에어비앤비Airbnb 같은 기업에 워크숍 프로그램을 제공하기 시작했다. 디지털디톡스의 대표들은 직접 기업이 있는 곳으로 찾아가 원래 캠프에서 제공하던 활동의 압축 버전인 휴식, 플레이숍playshop, 데이케어daycare를 제공한다. 이들은 일종의 종신 파견 서비스(대표들이 분기별, 월별, 심지어 주별로 기업에 찾아간다)를 제공함으로써 자신들을 체육관이나 카페테리아 같은 기업 편의시설의 위치로 격하시켰다. 디지털디톡스의 웹사이트 그 어디에서도 생산성이라는 단어는 보이지 않지만, 기업이 디지털디톡스의 프로그램을 통해서 어떤 종류의 이득을 기대할지는 누구나 쉽게 추측할 수 있다.

> 디지털디톡스의 팀 워크숍 프로그램은 긴장감을 내려놓고 전자기기에서 멀어지는 데 필요한 자유의 시공간을 제공함으로써 새로운 영감과 창의적 관점, 개인의 성장을 독려합니다. 스트레스가 심하고 부정적인 감정이 압도하는 상황에서도 평정심을 잃지 않고 서로 연결되는 데 초점을 맞춘 프로그램이 준비되어 있습니다. 여러분의 팀이 일상에 균형을 가져오는 도구와 전략을 개발할 수 있도록 돕겠습니다.[8]

특히 아이러니한 점은 워커홀릭으로 살다가 쓰러진 펠릭스가 처음에 가지고 있었던 근본적이고 심오한 진실의 일면이 부당하게 이용되고 있다는 것이다. 펠릭스가 찾은 답은 더 능력 있는 직원이 되기 위한 주말의 휴식이 아니라 개인의 우선순위를 전면적이고 영구적으로 재평가하는 시간이 필요하다는 것이었다(아마 자신도 여행에서 이와 비슷한 경험을 했을 것이다). 즉, 디지털의 방해가 골칫거리인 이유는 사람을 덜 생산적으로 만들기 때문이 아니라 마땅히 살아야 할 삶에서 멀어지게 만들기 때문이다. 포스웰스키는 두 사람이 처음 발견한 것에 대해 이렇게 말한다. "나는 우리가 우주의 해답을 발견했다고 생각한다. 그 답은 단순하다. 바로 친구들과 더 많은 시간을 보내는 것이다."

이는 결국 펠릭스가 자신이 만든 공간에서 (그것도 영원히) 벗어날 생각을 하게 된 이유를 설명해준다. 추도사에서 포스웰스키는 펠릭스가 캠프 운영에서 오는 스트레스에서 벗어나 레드우드 숲에 자리한 아름다운 농장으로 이사해 온종일 브룩과 레코드를 듣는 꿈을 꿨다고 말한다. 포스웰스키는 펠릭스가 가끔 캘리포니아 북부에 땅을 사고 싶다고 말한 것을 기억한다. 캠프 그라운디드보다도 도시에서 더 멀리 떨어진 이 새로운 피난처에서라면 아무것도 하지 않는 것을 포함해 그들이 하고자 했던 모든 것을 할 수 있을 터였다. "그곳에서 우리는 그저 휴식을 취하며 나무를 올려다볼 수 있을 것이다."

영원한 피난처를 향한 펠릭스의 꿈은 견디기 힘든 상황에서 나타나는 익숙하고도 해묵은 반응을 보여준다. 바로 새로운 곳을 찾아 처음부터 다시 시작하는 것이다. 산속에 혼자 사는 동아시아의 은둔자나 이집트의 황야를 헤맨 사막의 성직자들과 달리, 이러한 꿈은 사회와 연을 끊는 데서 더 나아가 다른 사람들과 함께 작은 규모로나마 새로운 사회를 건설하는 것을 수반한다.

이러한 접근법의 초기 사례로는 기원전 4세기에 에피쿠로스가 세운 정원 학교가 있다. 교사의 아들이던 에피쿠로스는 행복과 느긋한 사색을 지고의 인생 목표로 삼은 철학자였다. 그는 도시를 싫어했다. 도시에서 그가 본 것은 기회주의와 부패, 정치적 책략, 군인들의 허세뿐이었다. 그에게 도시는 아테네의 독재자이던 디미트리오스 1세가 자신의 정부에게 비누가 필요하다는 이유로 시민들에게 수십만 달러의 세금을 거둬들이는 곳이었다. 또한 에피쿠로스는 현대인들이 자기 행복의 원천을 알지 못한 채 쳇바퀴 돌듯 살아간다고 생각했다.

> 텅 빈 욕망을 좇으며 살고, 풍요로운 삶에는 아무 관심이 없는 사람들은 어디에나 있다. 어리석은 바보들은 늘 자신이 가진 것에는 절대 만족하지 않고 그저 갖지 못한 것에 개탄한다.[9]

에피쿠로스는 아테네 시골 변두리에 있는 정원을 사서 그곳에 학교를 세우기로 했다. 펠릭스처럼 에피쿠로스도 방문객을 위한 도피처이자 치유력이 있는 장소를 만들고 싶어 했다. 에피쿠로스가 생각한 방문객들은 평생 정원에서 사는 학생들이었지만 말이다. 아타락시아ataraxia(근심이 없는 평온한 상태)라는 행복의 형태를 설명한 에피쿠로스는 괴로운 마음이라는 '질병'은 제어 불가능한 욕망과 야망, 자의식, 두려움의 형태를 띤 불필요한 정신적 짐에서 나온다는 것을 깨달았다. 에피쿠로스는 이 정신적 짐을 내려놓기 위해 도시를 등진 공동체에서 여유로운 사색의 시간을 보내야 한다고 주장했다. 에피쿠로스는 학생들에게 '익명의 삶'을 가르쳤고, 학생들은 도시의 일에 관여하는 대신 정원에서 먹을 것을 직접 재배하며 양상추 사이에서 대화를 나누고 이론을 정립했다. 에피쿠로스는 실제로 자기 가르침대로 살았기 때문에 그가 사는 동안 그와 정원 학교의 존재는 비교적 아테네에 알려지지 않았다. 하지만 에피쿠로스는 전혀 개의치 않았다. "가장 순수한 형태의 안정감은 다수에서 물러난 조용한 삶에서 오는 것"이라고 믿었기 때문이다.[10]

오늘날 에피쿠로스적이라는 단어가 뜻하는 의미(주로 퇴폐나 넘쳐나는 음식 등 쾌락을 좇는 이미지와 연관된다)와 달리 에피쿠로스학파의 가르침은 이성을 사용하고 자신의 욕망을 절제할 수 있다면 인간은 사실 아주 적은 것만으로도 행복할 수 있다는 것이었다. 이러한 가르침이 동양 철학의 무집착non-attachment 개념과 유사하게 들리는 것은 우연이 아니다. 자신의 학파를 형성하기 전에 에피쿠로스는 데모크리토스와 피론을 공부했는데, 이 두 철학자는 인도의 고행자 또는 '나체의 현인'과 만난 적이 있다고 알려져 있다. 에피쿠로스가 마음의 평화를 위해 내린 다음 처방에서는 확실히 불교의 가르침이 연상된다. "크나큰 부나 명예, 대중에게 존경받는 일은 한없는 욕망을 불러일으킨다. 이런 것으로는 불편한 마음을 해소하거나 진정한 기쁨을 만들어낼 수 없다."[11]

에피쿠로스학파는 학생들을 본인의 욕망뿐 아니라 미신이나 신화와 관련된 두려움에서도 해방하고자 했다. 정원 학교에서 가르치는 내용 중에는 경험과학도 있었는데, 날씨 같은 것을(나아가 개인의 운명까지) 통제한다고 여겨진 신화 속 신들과 괴물에 대한 불안을 떨치게 하는 것이 목적이었다. 이러한 점에서 에피쿠로스학파의 프로그램은 캠프 그라운디드뿐 아니라 모든 중독 재활센터의 목표와 유사했을지 모른다. 에피쿠로스학파의 학생들은 고삐 풀린 욕망과 불필요한 걱정, 비이성적 믿음을 '치료'받았다.

에피쿠로스의 정원은 여러 중요한 지점에서 다른 학파와 달랐다. 자신이 치유되었는지 알 수 있는 사람은 자기 자신뿐이므로 학교의 분위기는 경쟁적이지 않았고 학생들은 스스로 성적을 매겼다. 에피쿠로스 학파는 도시 공동체를 피하는 한편 적극적으로 다른 종류의 공동체를 세웠다. 정원 학교는 당시 비그리스인과 노예, 여성(헤타이라hetaera, 즉 전문 성 노동자 포함)의 입학을 허락한 유일한 학교였다. 교육비는 무료였다. 리처드 W. 히블러Richard W. Hibler는 인간 역사상 거의 모든 시대에 교육이 특정 계급만 누릴 수 있는 특권이었다는 사실에 주목하며 이렇게 말한다.

> 당시 대부분의 학교와 비교했을 때 에피쿠로스의 정원에는 관습적이랄 것이 전혀 없었다. 정제된 기쁨을 누리는 삶을 사는 법을 배우려는 열의만 있다면 누구

나 환영받았다. 형제애는 성별과 국적, 인종과 상관없이 모두에게 열려 있었다. 부자와 빈자가 나란히 앉았고, 그 옆에는 노예와 비그리스인 같은 '야만인'들이 있었다. 자신이 한때 성 노동자였다는 사실을 거리낌없이 드러낸 여성들도 모든 나이대의 남성들과 함께 모여 에피쿠로스식 행복을 추구했다.[12]

정원 학교의 학생들이 그저 각자 고립된 상태로 학문을 추구한 것이 아니라는 사실은 더욱 큰 의미가 있다. 학생들은 도시를 벗어났을지는 몰라도 타인에게서 벗어난 것은 아니었다. 우정은 학습의 주제이자 에피쿠로스학파가 가르치는 행복의 필수 조건이었다.

에피쿠로스는 시골에서 공동의 피난처를 찾은 최초의 인물도, 마지막 인물도 아니다. 실제로 에피쿠로스식 프로그램(사람들이 한데 모여 채소를 기르고 여유로운 시간을 보내는 데 주력하는 프로그램)은 많은 사람에게 익숙하게 들릴 것이다. 인류 역사 내내 이와 유사한 실험이 반복되었지만, 내 머릿속에 가장 먼저 떠오르는 것은 수천 명의 사람이 도시에서 이탈해 해방된 시골 생활을 시도한 1960년대의 코뮌 운동이다. 이 운동의 열기는 에피쿠로스학파보다 더 밝고 짧게 타올랐다. 그러나 (깊은 생각은 없이) 산타크루즈산맥으로 떠나 샌그레고리오의 바다에 휴대폰을 던져버리고 싶은 충동이 들 때 나는 1960년대 코뮌들의 다양한 운명에서 얻은 몇 가지 교훈을 떠올린다.

첫째, 비교적 최근 시도한 실험으로서 1960년대 코뮌은 미디어와 자본주의 사회의 영향력에서 벗어나려고 할 때 발생할 수 있는 여러 문제를 보여준다. 둘째, 코뮌은 사람들이 꿈꾼 비정치적인 '빈 서판blank slate'이 얼마나 쉽게 기술 관료적 해결책으로 빠지는지를 보여준다. 이곳에서 정치를 대체하는 것은 디자인이다. 아이러니하게도 이런 해결책은 자유의지론자인 실리콘밸리 테크 업계 거물들이 현재 펼치고 있는 꿈을 미리 보여준다. 셋째, 사회나 미디어와 단절되고 싶은 마음에는 공감하지만, 코뮌의 실험은 결국 완전한 단절이 불가능하다는 사실을 알려준다. 그뿐 아니라 벗어나고 싶은 바로 그 사회에 대한 나의 책임을 상기시킨다. 이러한 교훈은 장소가 아니라 마음속에서 물러나는 형태의 정치적 거부의 토대가 된다.

지금도 상황이 좋아 보이진 않지만, 누군가는 1960년대 말의 상황이 더 나빴다고 주장할지도 모른다. 닉슨이 대통령이었고 베트남전쟁이 한창이었으며, 마틴 루서 킹 주니어와 로버트 케네디가 암살되었고, 켄트주립대학교에서 비무장 학생 시위대가 총에 맞아 사망했다. 환경 파괴의 증거가 나날이 쌓였고, 대규모 재개발 프로젝트와 고속도로가 소수민족이 거주하는 '황폐한' 지역의 구조를 파괴하고 있었다. 그러는 내내 성공한 삶은 주로 백인이 거주하는 교외의 자동차 두 대용 차고로 상징됐다. 청년들에게 이 이미지는 허상으로 보였고, 이들은 언제든 떠날 준비가 되어 있었다.

1965년과 1970년 사이에 미국 전역에서 1천 개 이상의 공동 집단이 형성되었다. 1968년에서 1970년까지 미국의 공동체 실험 지역 50여 곳을 방문한 작가 로버트 후리엣 Robert Houriet은 이러한 움직임을 다른 저항 방법을 찾지 못한 '한 세대의 본능적 반응'으로 묘사했다.

> 이들은 사리사욕에 빠져 변화에 귀를 기울이지 않고 눈앞의 위험을 보지 못하는 국가를 향해 "꺼져"라고 말하고 침을 뱉었다. 도시가 사람이 살 수 없는 곳이고 교외가 인위적인 곳이더라도 이들 역시 어딘가에서는 살아야 했다. 도시에서 인간다운 공동체와 문화의 정신이 사라졌다면 직접 그러한 공동체와 문화를 만들어야 했다.[13]

코뮌으로 달아난 사람들은 대부분 역사적 관점을 가지고 있지 않았다. 후리엣에 따르면 코뮌들은 유토피아 실험의 역사를 거의 알지 못했으며, 어쩌면 에피쿠로스의 정원 학교에 대해서도 몰랐을 것이다. 그러나 이는 모든 것과 완전히 단절되려는 사람에게는 당연한 일인지도 모른다. 후리엣은 사회를 벗어나려는 사람들은 "유사한 역사적 사례를 돌아보거나 신중하게 미래 계획을 세울 시간이 없었다. (…) 이들의 탈출은 필사적이었다"라고 말한다. 이들에게 당시는 다시 처음부터 시작할 기회인 물병자리의 시대(점성학에서 말하는 새로운 시대-옮긴이) 였다.

> 역사의 어느 시점에서 문명은 잘못된 방향을 택했고, 막다른 골목에 다다랐다. 이들은 중간에서 이탈해 다시 처음으로, 의식의 원초적 근원으로, 문화의 진정한 토대, 즉 땅으로 돌아가는 것만이 유일한 방법이라고 느꼈다.[14]

코뮌 드롭시티의 거주민이었던 피터 래빗Peter Rabbit은 자신의 저서 『드롭시티Drop City』에서 공동체를 만든다는 것의 의미를 다음과 같이 묘사한다. "같이 돈을 모아서 땅을 조금 사고, 그 땅을 자유롭게 만들고, 경제적·사회적·영적 구조를 처음부터 다시 세우는 것." 그러나 그는 "자신이 하는 일이 이런 일이란 걸 제대로 아는 사람은 아무도 없었다. (…) 우리는 그저 스스로 중도 이탈자라고 생각했다"라고 덧붙인다.[15]

후리엣이 방문한 코뮌 중 일부는 몇 년간, 또는 그 이상으로 오래 존속했다. 그러나 익히 들어 알고 있던 일부 코뮌은 그가 도착했을 때 이미 사라지고 없었다. 캐츠킬의 한 오래된 리조트에는 딱 두 명만이 남아 있었고, 그들도 막 떠나려던 참이었다. 한 침실에는 매트리스와 나무상자, 얼마 남지 않은 양초, 바퀴벌레가 죽어 있는 재떨이만이 남아 있었다. "그들은 가구를 전부 태우고 마지막 마리화나까지 다 피운 상태였다. 벽에는 한 번도 실현된 적 없는 공동체의 묘비명이 매직으로 쓰여 있었다. 영원히 변화하라."[16]

코뮌들의 공통점은 자신들이 거부한 경쟁적이고 착취

적인 체제와 대척점에 있는 대안적인 공동체를 만들고 '좋은 삶'을 찾으려 했다는 것이다. 초기에 어떤 사람들은 폴 굿맨Paul Goodman의 『바보 어른으로 성장하기』에 묘사된 근대 아나키즘에서 영감을 받았다. 이 책에서 굿맨은 신기술을 분별력 있게 사용하며 가내수공업으로 먹고사는 개별화된 공동체의 분산형 네트워크로 자본주의 구조를 대체할 것을 제안한다.

당연하게도 1960년대 미국에서 이 주장을 실천하는 것은 말처럼 쉽지 않았다. 대부분의 코뮌은 바깥의 자본주의 세계와 골치 아픈 관계를 맺고 있었다. 어쨌거나 결국에는 융자를 다 갚아야 했고 아이들을 키워야 했으며 대부분의 코뮌은 구성원들이 먹을 음식을 전부 재배하지 못했다. 도시에서 멀리 떨어져 있다 해도 이들은 여전히 미국 안에 있었다. 살아남기 위해 많은 구성원이 정규직으로 일해야 했고 일부 코뮌은 복지 혜택에 의존했다. 오리건에 있는 하이리지High Ridge 농장의 음식들이 이 같은 사실을 보여준다. 후리엣은 직접 키운 농작물을 담은 여러 개의 병 사이에서 가게에서 산 값비싼 유기농 음식과 미국 농무부에서 기부한 물품(그중 정부 배급 치즈가 가장 인기였다)을 발견했다. 하이리지 농장에서는 '방울양배추와 콜라비를 넣은 이국적인 샐러드'와 함께 '지난 추수감사절에 보건복지부에서 기증받은 칠면조로 만든 커리와 정부에서 배급받은 해시'(다진 고기와 감자, 양파 등을 볶은 요리–옮긴이)를 먹었다.[17]

이들은 자본주의 사회와의 끈을 끊고 싶어 했지만, 뿌

리 뽑을 수 없는 병폐처럼 자본주의의 영향력 아래 있었다. 마이클 와이스Michael Weiss는 1971년 필라델피아에 있었던 한 공동주택에 관한 글에서 집단 구성원 여덟 명이 전부 "이런저런 수준의 반자본주의자"였고 코뮌이 부를 공평하게 분배하는 형태로 대안적 체제를 제시할 수 있기를 바랐다고 말한다. 그러나 일부 구성원이 다른 사람보다 돈을 훨씬 많이 벌었기 때문에 모두가 절충안에 합의했다. 그 내용은 각각 주택 기금에 수입의 전부가 아닌 절반을 내놓는 것이었다. 하지만 와이스는 돈과 관련된 모든 대화가 "방어적 태도와 독선, 자금 공유에 대한 경험 부족, 집단의 친목을 위해 가장 소중한 안락과 기쁨을 포기해야 한다는 두려움"으로 점철되었다고 말한다.[18] 이 코뮌의 첫 번째 금전적 위기는 결국 돈이 부족해서가 아니라 부유한 구성원 한 명이 60달러짜리 코트를 입고 집에 돌아왔을 때 다른 사람들의 마음이 상해서 발생했다. 이 코트는 계급의식에 관한 긴 회의로 이어졌고, 『함께 살기Living Together』에 기록된 다른 많은 회의와 마찬가지로 결국 아무런 해결책도 내놓지 못했다.

'단순한' 세계의 다른 유령들도 코뮌의 급진적 꿈을 방해했다. 코뮌 운동을 낳은 히피 운동과 마찬가지로 코뮌의 구성원들은 주로 대학 교육을 받은 중산층이었다(급진적으로 재구성된 에피쿠로스의 학생 집단과는 완전히 다르다). 또한 코뮌에는 백인이 압도적으로 많았다. 『다시 만나다Getting Back Together』에서 후리엣은 코뮌의 '유일한 흑인'과 대화를 나누었다는 이야기를 여러 번 언급하며, 트윈오크스Twin Oaks 공동체의 한 구성원과 그 지역 흑인 가족 사이에 묘한 긴장감이 감도는 장면을 묘사하기도 한다. 그뿐 아니라 시골이라는 배경은 때때로 "여성은 집에서 요리하고 아이들을 돌보며 남성은 밭을 갈고 장작을 패고 길을 내는 전통적인 성 역할로 돌아가려는 추동력"을 낳았다.[19] 『나무가 한 이야기What the Trees Said』에서 스티븐 다이아몬드Stephen Diamond는 다음과 같이 대놓고 말한다. "남자 중 그 누구도 설거지를 하지 않았고 요리도 거의 하지 않았다."[20] 시골이나 외딴 공동주택으로 장소를 옮긴다고 해서 몸에 밴 이념을 버리게 되는 것은 아니었다.

그러나 코뮌이 직면한 가장 큰 문제는 아마 처음부터 다시 시작한다는 개념이었을 것이다. '처음으로 되돌아가는 것'은 비록 작은 규모일지언정 통치 체제와 개인의 권리에 대한 케케묵은 싸움을 처음부터 반복해야 한다는 뜻이다. 이 모든 노력의 한복판에는 잠재적 모순이 숨죽이고 있다. 도피와 거부가 이루어지는 순간에 개인은 갑갑하고 억압적인 사회에 순응해 집과 차를 사기를 거부하며 군중과 자신을 분리한다. 그러나 거부자들이 사회 바깥에 머물며 하나의 코뮌으로 기능하려면 개인과 집단 간의 새로운 균형을 찾아야만 했다. 와이스는 필라델피아 코뮌을 떠올리며 "가장 어려운 결정은 언제나 사적인 영역과 공적인 영역, 개인과 다수를 조화하는 것이다"[21]라고 말했다. 이것은 곧 협치의 기본 원칙이다.

초대받지 않은 파티에 온 불청객처럼 정치적 문제는

어쩔 수 없이 늘 표면 위로 떠올랐다. 후리엣은 짧은 기간 존재했던 버몬트주 스트랫퍼드 근처의 브린 애신Bryn Athyn 코뮌에서 구성원 한 명이 농장 구매와 관련해 구체적인 법률 사항을 알아보려고 했을 때 나머지 사람들이 별 관심을 보이지 않았다고 말한다. 이 문제로 갈등이 생겼으나 정치 과정은 눈에 띄게 부족했다.

> 저녁 식사 후 오랫동안 이어진 회의는 일부 구성원이 '인위적이고 사람을 낙담하게 하는 정신없는 시간'이라며 회의를 거부하면서 중단되었다. 한편에서는 서로 사랑한다면 모든 것이 순탄하게 흘러갈 거라고 주장했다. 다른 한편에서는 대인 관계에서 갈등은 자연스럽고 자발적인 감정의 상호작용으로 해결해야 한다는 막연한 말만 늘어놓았다. 이런 방식으로 문제가 해결되지 않을 때에는 잘 지내지 못하는 사람이 떠나야 했다.[22]

실제로 떠나는 것은 흔한 해결책이었다. 이미 한 번 떠나본 적이 있는 사람들은 그 안에서 무언가 문제가 생겼을 때(이를테면 트윈오크스 공동체의 한 구성원이 '모두가 자기 마음대로 하는 횡포'라 부른 것에 직면했을 때), 이번에는 코뮌에서 떠날 수밖에 없었다. 후리엣은 불안정한 초기 코뮌에서 이러한 상황을 특히 많이 목격했다. "언제나 누군가는 갈등을 빚고 다시 가방을 싸고 기타를 집어 든 채 작별을 고했다. 이들은 노이로제에 걸리지 않은,

진정으로 자유로운 공동체를 찾아 다시 길을 떠났다."[23]

코뮌은 내부 정치 뿐 아니라 자국의 정치와 미디어에서도 도망쳤다. 앞서 언급했던 값비싼 코트를 두고 논쟁을 벌인 코뮌에서 마이클 와이스가 겪은 일이 이 사실을 잘 보여준다. 와이스는 그전까지《볼티모어 뉴스 아메리칸》의 기자로 일했는데, 이곳에서 정치를 담당하면서 점점 정치인에게 냉소적인 시각을 갖게 되었다. 1968년 와이스는 닉슨의 러닝메이트로 출마한 스피로 애그뉴Spiro Agnew의 선거 유세를 따라 전국을 돌아다니며 "세상의 복잡성에 당황한 선한 사람들의 공포를 독선적으로 이용하는 애그뉴의 모습"을 공포에 질려 바라보았다.[24] 바이스는 애그뉴를 무척 위험한 사람이라고 생각했지만("애그뉴는 상상력은 없고 권력욕만 있는 현학자다.") 객관적인 시각을 유지하려고 노력하며 애그뉴의 선거 유세에 관한 긴 기사를 작성했다. 이 기사는 1면에 실렸으나 편집장이 편파적이라며 기사를 내렸다.

이 일로 건잡을 수 없을 만큼 환멸을 느낀 와이스는 일을 그만두었다. 와이스는 두 친구와 캐츠킬에 있는 부모님 소유의 집에서 몇 달간 숨어 지냈다. "눈이 1미터 넘게 쌓였고, 저녁이면 우리는 꽁꽁 언 호수 위로 하늘이 보랏빛과 주황빛으로 바뀌는 모습을 지켜보았다." 여기까지 읽자 나 역시 미디어에서 벗어나 자유로웠던 시에라네바다의 오두막집에서 보낸 행복한 시간이 떠올랐다. 와이스는 말한다. "수년간 하루에 너덧 종류의 신문을 읽었지만, 이 몇 달간은 신문을 하나도 읽지 않았다."[25]

심지어 독자적인 뉴스 서비스를 운영하겠다는 목표를 내건 뉴욕의 급진적 지하조직 해방뉴스서비스Liberation News Service, LNS에서 갈라져 나온 스티븐 다이아몬드의 뉴에이지 농장에서도 정치의 세계는 멀게 느껴졌다. "우리는 징병 거부 뉴스와 산아제한 기사, 시카고의 애비 호프먼Abbie Hoffman, 혁명의 시詩에서 점점 더 멀어지고 있었다."[26] 한때 다이아몬드는 LNS 발송을 준비하던 헛간을 불태우는 환상에 빠졌다.

> 하지만 이렇게 하면 멈출 수 있지 않을까? 헛간을 불태우면 나를 미치게 하는 대립과 긴장 상태(환장할 아이러니)가 완화되지 않을까? 아무것도 없이 처음부터 다시 시작하는 것과 계속해서 '세상과 연결'되려고 노력하는 것 사이의 균형이 전혀 맞지 않는 시소게임을 끝낼 수 있지 않을까? 우리는 오래된 죽음의 카르마를 짊어지고 산으로 올라왔고, 이제는 그 카르마가 우리를 주저앉히고 있다.[27]

다이아몬드는 그 이유가 자신들이 떠나기로 선택했기 때문이라고 말한다. "우리는 더 할 말이 없었다. 우리가 원하는 것은 그저 땅을 좀 사고 사람들을 모아 무슨 일이 일어나는지를 지켜보는 것뿐이었다."

당시에는 워낙 어려서 지적이고 도덕적이던 1960년

데 많이 아수라장을 기억하지 못하는 사람들에게 이러한 태도는 쉬이 무책임한 현실 도피로 보일 수 있다. 실제로 4세기의 그리스에서도 공직을 피하고 은둔의 삶을 선택한 에피쿠로스학파의 학생들에게 같은 평가를 내렸다. 에피쿠로스학파를 가장 냉혹하게 비판한 사람은 에픽테토스였다. 다른 스토아학파처럼 에픽테토스도 시민의 의무를 소중히 여겼고 에피쿠로스주의자들이 정신을 차려야 한다고 생각했다. "제우스의 이름으로 말하건대, 에피쿠로스주의적 국가를 상상할 수 있는가? (…) 에피쿠로스학파의 신념은 국가를 무너뜨리고 가족을 파괴한다. (…) 그러한 이기적인 신념을 버려라. 우리는 제국에 살고 있다. 공직을 맡고 바르게 판단하는 것이 우리의 의무다."[28]

어쩌면 에피쿠로스주의자의 반박은 후리엣의 반박과 유사했을 수 있다. 에피쿠로스주의자들은 자신부터 먼저 변화하고 있었다. 친구를 위해 목숨을 버릴 만큼의 이타주의를 가르치는 학파를 어떻게 이기적이라고 비난할 수 있는가? 현실적으로 보아도 에피쿠로스는 자신이 바라는 세상을 건설하기 위해 세상을 향한 문을 닫아야 했다. 그러나 그를 비판하는 사람들은 그렇게 생각하지 않았다. 분명 정원 학교의 학생들은 서로 큰 책임감을 느꼈지만, 이 세상을 위한 책임은 논외로 남았다. 이들은 세상을 포기했다.

『다시 만나다』에서 후리엣은 그 시절 코뮌의 발전을 두 단계로 나눈다. 분열과 좌절(마치지 못한 돔 주택 건설, 잘 자라지 않는 작물들, 아이들의 양육을 둘러싼 말다툼, '이름표가 없어서 병의 내용물을 알지 못하는 현상' 등)에 직면하자 순진무구한 낙관주의는 결국 더 엄격하고 덜 이상주의적인 접근법에 자리를 내주었다. 1948년에 출간한 유토피아를 그린 소설 『스키너의 월든 투』에 등장하는 새로운 사회의 비전이 이 두 번째 단계를 완벽하게 보여준다.

별다른 홍보 없이 출간된 『스키너의 월든 투』는 1960년대에 큰 인기를 끌었다. 이 책을 자기 코뮌의 토대로 삼은 사람들이 있을 정도였다. 미국의 심리학자이자 행동과학자인 저자 B. F. 스키너B. F. Skinner는 '스키너 상자'로 유명한데, 이 상자 안에서 실험동물은 특정 자극에 반응해 레버를 누르는 법을 배우게 된다. 『스키너의 월든 투』는 딱 과학자가 쓴 소설 같다. 스키너의 눈에 모든 사람은 잠재적 실험 대상이며 유토피아 또한 하나의 과학 실험이다.

『스키너의 월든 투』에서 심리학 교수인 부리스Burris(B. F. 스키너의 이름이 버러스Burrhus다)는 전 동료인 프레이저가 세운 공동체에 방문한다. 인구 약 1천여 명 규모의 섬뜩할 만큼 조화로운 공동체다. 막 도착한 부리스의 눈앞에 목가적인 광경이 펼쳐진다. 사람들은 산책을 하거나 소풍을 즐기고, 즉흥적인 클래식 음악 공연을 펼치거나 흔들의자에 만족스러운 듯 앉아 있다. 아이들은 어린 나이부터 엄격하게 길들여지고, 전 공동체가 하나의 행동공학 실험체로 운영된다. 그 결과 모두 자신에게 주어진 삶을 기쁘게 받아들인다. 이러한 공동체를 설계한 프레이저는 명랑하게 말한다. “우리 구성원들은 언제나 자기가 하고 싶은 일을 합니다. 자기가 하겠다고 '선택'한 일이지요. 하지만 정확히 자신과 공동체에 가장 이로운 선택을 하게끔 우리가 조작한 겁니다. 사람들의 행동은 미리 결정되어 있지만, 그래도 저들은 자유롭습니다.”[29] 실제로 이 공동체의 구성원들은 투표를 하는 대신 '코드'에 따라 살며, 이 코드의 전개 과정은 공동체 구성원을 위해 의도적으로 감춘다. 수동태 뒤에 익명으로 숨은 계획자들과 전문가들이 월든 투의 모든 권력을 행사한다. 그 대신 이들은 모든 것을 아우르는 프레이저의 비전을 따라야 한다.

『스키너의 월든 투』에서 정치가 남긴 공백을 채우는 것은 미학이다. 프레이저는 부리스에게 부지를 안내하면서 디자인도 훌륭하고 기능은 더욱 뛰어난 공동체의 찻잔을 극찬한다. 심지어 공동체의 구성원도 장식적 요소로 축소된다. 부리스는 공동체의 모든 여성이 아름답다고 생각한다. (머리 모양과 옷차림이 마음에 쏙 드는) 한 여성이 옆을 지나가자 부리스는 '빛나는 짙은 색 목재로 만든 현대 조각품'을 떠올린다.[30]

부리스는 캐슬이라는 철학 교수와 함께 월든 투를 방문했는데, 캐슬은 케케묵은 학계를 대변하는 불평불만이 많은 남자다. 캐슬이 프레이저를 파시스트 폭군이라며 비난하자 프레이저는 맞받아치는 대신 목가적인 이미지를 제시한다.

> 프레이저는 우리를 다시 복도로 데려갔다. 우리는 한 휴게실에 들어가 평화로운 풍경이 내려다보이는 창문 쪽으로 다가갔다. 사람들이 여기저기 모여 푸릇한 전원을 즐기고 있었다.
> 프레이저는 잠시 말이 없었다. 그리고 캐슬 쪽으로 고개를 돌렸다. "캐슬 씨, 아까 폭정에 대해 뭐라고 하셨죠?"
> 당황한 캐슬은 프레이저를 노려보았고 얼굴이 점점 새빨갛게 물들었다. 캐슬은 무언가 말하려 입을 열었으나 아무 말도 나오지 않았다.[31]

이러한 '이미지'를 유지하려면 모든 부분이 통제 가능해야 한다. 프레이저는 월든 투의 모든 구성원을 조건화해 예측 가능한 행동을 하게 만든다. 이러한 점에서 월든 투의 구성원들은 TV 드라마 〈웨스트월드Westworld〉에 나오는 인공지능 '호스트'와 그리 다르지 않다. 이 호스트들은 자신들이 자유의지에 따라 행동하고 있다고 생각하지만 사실은 인간이 만든 일련의 대본과 습관을 실행한다.

또한 〈웨스트월드〉의 호스트들이 인간의 의도를 따르도록 설계되어 있긴 하지만 기술적으로는 인간보다 더 우월하듯이, 프레이저도 우생학적 생식을 기대하며 그날이 올 때까지 월든 투의 '부적격자'는 아이를 낳을 수 없다고 말한다. (아마 누가 어떠한 이유로 부적격한지는 프레이저가 결정할 것이다.) 프레이저가 자신의 행동기술을 뽐낼 때 나는 〈웨스트월드〉에서 엔지니어들이 사용하는, 지능과 공격성 같은 호스트의 자질을 보여주는 아이패드와 유사한 장치를 떠올렸다.

> 구체적인 자질을 제시하면 내가 정확히 그런 사람을 만들어 보이겠소. 인간의 동기를 조종해 인간을 가장 생산적이고 성공적인 상태로 유지할 수 있는 이해관계를 만들어낸다면 어떨 것 같소? 말도 안 되는 것 같소? 하지만 사용 가능한 기술이 있고, 실험해볼 기술은 더욱 많다오. 그 가능성을 생각해보시오.[32]

프레이저가 더 생산적인 인간의 사례를 든 것은 우연이 아니다. 기업을 대상으로 디지털 디톡스 프로그램을 운영하는 사람처럼 생산성에 사로잡힌 프레이저는 인류가 자기 생산성의 겨우 1퍼센트만 발휘하고 있다는 대단한 주장을 펼친다.

기억과 수평적 연대는 개체성의 두 가지 뚜렷한 특징이다. 〈웨스트월드〉에서 인간은 주기적으로 호스트의 기억을 삭제해 사실상 현재에 묶어놓는 방식으로 호스트가 온순한 태도를 유지할 수 있게 한다. 실제로 이 드라마의 극적인 사건은 특이 호스트들이 과거의 기억에 접속하면서 생긴다. 이로써 호스트들은 자신들이 이용되고 있다는 결론에 이를 뿐 아니라, 자신에게 주어진 서사 바깥에 존재하는 다른 호스트와의 오래된 관계까지 인식할 수 있게 된다. 그렇다면 월든 투에서 구성원들이 서로 코드 이야기를 나누는 것을 금지한다는 것, 역사 연구를 완전히 없왔다는 것도 그리 놀랄 일은 아니다. 프레이저는 부리스에게 "역사는 결코 현재의 지침이 될 수 없소"라고 말하고, 대규모 대학 도서관과 그 공간을 "언젠가 누군가가 '그 분야의 역사'를 공부하고 싶어할 거라는 허접한 구실을 들어 쓰레기로" 채우는 사서들을 비웃는 데 한 문단 전체를 할애한다.[33] 월든 투의 도서관은 크기가 작고 오로지 오락만을 목적으로 한다. 믿기 어렵고 오싹하게도, 부리스는 "자신이 늘 읽고 싶었던 책 대부분을 소장해둔 월든 투 사서들의 신통한 능력에 깜짝 놀랐다".[34]

1976년판 서문에서 스키너는 이 책이 1960년대에 그토록 주목받은 까닭을 고찰한다. 다른 사람들처럼 스키너도 "이 세상이 완전히 새로운 규모의 위험에 직면하기 시작"했음을 감지한다. 그러나 스키너가 열거한 문제들(자원의 고갈, 환경오염, 인구 과잉, 핵무기 학살의 가능성)은 전부 과학적인 것이다. 스키너는 베트남전쟁도, 인종 평등을 위한 현재의 투쟁도 언급하지 않는다.[35] 1976년에도 스키너는 어떻게 하면 권력을 재분배할 수 있는가, 또는 불평등을 바로잡을 수 있는가가 아니라, 어떻게 하면 스키너 상자에서 사용한 것과 똑같은 방식으로 기술적 문제를 해결할 수 있는가를 고민했다. "어떻게 하면 새로운 형태의 에너지를 사용하고, 고기 대신 곡물을 먹고 가족 규모를 줄이라고 사람들을 설득할 수 있을까? 어떻게 하면 절박한 지도자가 비축한 핵을 빼앗을 수 있을까?" 스키너는 정치적인 문제들을 전적으로 피하고 그 대신 문화적 관행을 디자인할 것을 제안했다.[36] 그에게 20세기 말은 곧 연구 개발 분야의 실습이었다.

『스키너의 월든 투』에서 그리는 도피는 비교적 최근에 등장한 유토피아적 제안을 떠올리게 한다. 2008년, 웨인 그램리치Wayne Gramlich와 패트리 프리드먼Patri Friedman은 비영리단체 시스테딩 연구소The Seasteading Institute를 설립했다. 시스테딩 연구소는 공해公海에 자율적인 섬 공동체를 건설하고자 한다. 초기에 이 프로젝트를 지원한 실리콘밸리 투자가이자 자유의지론자인 피터 틸Peter Thiel은 법의 테두리 바깥에 새로운 집단 거주지를 만든다는 생각을 무척 흥미로워했다. 그는 2009년에 쓴 에세이 「자유의지론자의 교육」에서 미래에는 정치에서 반드시 벗어나야 한다는 스키너의 결론을 되풀이한다. "민주주의와 자유는 양립할 수 없다"는 결론을 내린 뒤 왜인지 전체주의가 아닌 다른 선택지를 가리키는 틸의 행동은 순진하거나 부정직하거나 둘 중 하나다.

> 우리 세계에 진정으로 자유로운 장소는 더 이상 남아 있지 않으므로, 지금까지 시도한 적 없는 새로운 방식으로 우리를 미지의 지역으로 인도하는 절차가 피난의 형식에 반드시 필요하다고 본다. 이러한 이유로 나는 자유를 위한 새로운 공간을 창조할 수 있는 신기술에 내 노력을 집중해왔다.[37]

틸에게는 바다와 우주 공간, 사이버 공간만이 '새로운 장소'를 제공할 수 있다. 『스키너의 월든 투』에서 그러하듯 틸의 언어에서 권력의 위치는 수동태 속으로 사라지거나 디자인이나 기술 같은 관념과 결부되어 신중하게 감춰진다. 그러나 이러한 시도가 시스테딩 연구소의 기술 관료적 독재를 낳을 것은 어렵지 않게 추론할 수 있다. 어쨌거나 틸의 관심은 대중에게 있지 않다. 틸은 "이 세계의 운명은 자본주의에 안전한 세상을 만드는 자유기구를 세우거나 선견하는 한 개인의 노력에 달려 있다"고 보기 때문이다.

틸의 에세이와 『스키너의 월든 투』에 묘사된 도피는 1958년에 출간된 해나 아렌트Hannah Arendt의 고전 『인간의 조건』을 거의 역逆으로 설계한 것처럼 보인다. 『인간의 조건』에서 아렌트는 정치 과정을 디자인으로 대체하고 싶은 유구한 유혹을 분석한다. 아렌트는 역사 내내 인간이 "행위자가 여러 명이라는 사실에서 기인하는 우연성과 도덕적 무책임"에서 도피하고자 하는 욕망으로 움직여왔다고 말한다. 그리고 유감스럽게도 "그러한 도피의 특징은 지배다. 즉 인간은 누군가가 명령할 권리를 갖고 다른 사람은 그 명령에 순종할 때에만 법적이고 정치적으로 함께 살 수 있다"라는 결론을 내린다.[38] 아렌트는 이러한 유혹의 기원을 플라톤의 철인왕에서 찾는다. 플라톤이 생각한 이상적인 국가에서 철인왕은 프레이저처럼 하나의 상을 가

기고 자신의 도시를 세운다.

> 『국가』에서 철인왕은 조각가가 조각하듯이 자신의 규칙과 기준을 적용해 도시를 '만든다'. 그리고 플라톤의 마지막 작품에서 이 생각은 반드시 실행해야 할 법이 된다.[39]

이러한 대체는 전문가(설계자)와 비전문가(실행자), 또는 알지만 행동하지 않는 사람과 행동하지만 알지 못하는 사람 간의 구분을 낳는다. 이는 『스키너의 월든 투』에서 뚜렷하게 드러난다. 구성원들은 코드의 작동 방식을 알지 못하며, 이들의 유일한 의무는 프레이저의 꿈을 실행하는 것이다. 방해하지 않는 것 또한 이들의 의무다. 아렌트는 이러한 도피가 "다른 모든 사람으로부터 고립된 한 명의 인간이 처음부터 끝까지 자기 행동의 주인으로 남는 활동에서 행위의 고난을 피할 피난처를 찾게 되어 있다"라고 말한다.[40]

회의를 피했던 공동체, 브린 애신에서 발생한 일에 대한 후리엣의 설명은 이러한 전개를 잘 보여준다. 다른 많은 코뮌과 마찬가지로 브린 애신도 대의에 공감한 한 부자의 도움을 받아 첫발을 내디뎠다. 그는 기업 재산의 상속자이던 우디 랜섬Woody Ransom이었다. 당시 랜섬은 막 무정부주의에 빠진 상태였고 자신과 아내를 위해 농장을 구매해 예술가들의 휴식처로 삼았다. 결혼이 실패로 끝나자 랜섬은 친구들을 불러들여 코뮌을 시작했다. 처음에 그는 뒤로 물러나 있는 데 만족했다. "그는 무정부주의의 원칙에 따라 집과 땅이 공동체에 속한다고 선언했다."[41]

그러나 랜섬은 필요한 장비와 세금, 코뮌 유지비에 이미 큰돈을 쓴 상태였고, 결국 농장이 경제적으로 자급자족하지 못한다는 사실을 참을 수 없게 되었다. 나머지 구성원이 공동체 문화를 탐구하고 자유연애를 실천하는 동안 랜섬은 농장의 단풍나무 숲에서 수액을 채취해 시럽을 만들고, 책과 도구를 사고, 수액을 채취할 할당량을 정해야 한다는 생각에 편집증적으로 매달렸다. 그는 개인적 이유 때문이 아니라 공동체가 자급자족할 수 있다는 걸 증명하기 위해 자신이 투자한 돈을 회수하고 싶어 했다. 그러나 수확기가 다가왔을 때 다른 구성원들은 존재의 다른 차원에 가 있었다.

> 그날 아침 랜섬은 말들을 끌고 시럽을 만들 단풍나무 수액을 수확하러 갔다. 부지 전체에 흩어져 있는 양동이에 수액이 빠른 속도로 채워졌다. 그러나 그날 다른 구성원들은 모두 소풍을 떠나 있었다. 도움을 청하기 위해 집으로 돌아온 랜섬은 모두가 '사랑의 무리'가 되어 바닥을 굴러다니는 장면을 목격했다. 그는 격분해서 집을 나왔고 혼자서 수액을 옮겼다.[42]

랜섬과 코뮌의 다른 구성원들 사이에 적대감이 싹텄

고, 결국 랜섬이 코뮌을 떠났다. 그러나 그해 랜섬은 서부 해안에서 만난 여섯 명의 사람들과 함께 코뮌으로 돌아와 전적으로 자신의 명령을 따르는 노동 중심의 새 공동체를 세우기로 결정했다. 그는 행동과학을 위해 무정부주의를 포기했고, 『스키너의 월든 투』에 등장하는 기술 관료적 공동체를 만들길 원했다. 엄격한 규율은 '사랑의 무리'에 대한 그의 앙갚음이었다. 두 번째로 이곳을 방문한 후리엣은 지도자와 규칙이 없는 브린 애신과 정반대의 코뮌을 운영하는 폭군을 발견했다. 이제 구성원들은 평범한 기기가 있는 현대적 건물에 살았고 일주일에 6일 동안 하루 여덟 시간을 일했으며 손님 방문 시간을 엄격하게 고수했다. 기계화된 효율성에 새로운 방점이 찍혔다. 서판을 다시 깨끗하게 닦고 싶었던 랜섬은 공동체의 이름을 브린 애신에서 록보텀 농장Rock Bottom Farm으로 바꾸었다.[43]

그러나 이런 식으로 깨끗이 닦을 수 있는 서판은 없는 것으로 드러났다. 심지어 바다 위에서도 마찬가지다. 시스테딩 연구소가 프랑스령 폴리네시아 정부와 비공식 협정을 맺어 해양 개발을 허가받은 지 2년이 지난 2018년, 폴리네시아 정부는 기술식민주의가 염려된다며 동의를 철회했다. 시스테딩 연구소에 관한 한 다큐멘터리는 연구소가 폴리네시아 주민들의 목소리에 귀 기울이지 않았다는 사실을 밝혔다. 라디오와 TV 프로그램을 진행하는 이 지역의 저명인사는 피터 틸이 들었다면 불쾌해할 만한 이야기를 하며

이 프로젝트를 '선견지명이 있는 천재성'과 '권력욕'의 혼합물이라 지칭했다.[44]

실제로 틸은 시스테딩 연구소에서 발을 뺐다. 바다 위에 섬나라를 세우겠다는 계획이 비현실적이라고 판단했기 때문이다. 그러나 놀랍게도 이는 정치적 측면을 의미한 것이 아니었다. 틸은 《뉴욕타임스》에 "공학기술적 관점에서 볼 때 섬나라는 아직 실현 가능하지 않다"라고 말했다.[45] 그러나 (플라톤식 국가관을 가진 엘리트 대표단이) 섬을 완벽하게 디자인하고 그와 동시에 정부가 이를 받아들였다고 하더라도 일이 계획대로 흘러가지 않았을 확률이 높다.

아렌트의 말처럼 정치에서의 도피가 구체적으로 피하고자 하는 것은 '행위자의 다원성'에서 비롯되는 '예측 불가능성'이다. 플라톤의 도시를 몰락하게 하는 것 또한 실재하는 사람들에게서 결코 제거할 수 없는 다원성이다. 아렌트는 통찰력 있는 계획도 현실의 무게를 견뎌내지 못한다고 말하는데, 여기서 현실이란 '외부 환경이 아니라 통제 불가능한 인간관계'를 의미한다.[46] 심리학 교수 수전 X. 데이Susan X. Day는 『스키너의 월든 투』에 관한 글에서 이 소설에 비현실적일 만큼 친구나 연인 관계가 부재한다고 말한다. 인간뿐 아니라 모든 동물들 사이에서 나타나는 자연스러운 유대 관계는 '개인의 차별화에 반드시 따라오는 것'인데도 말이다.[47] 스키너가 소설을 쓸 때 다원성 문제로 씨름했다는 사실은 월든 투의 모든 구성원이 백인이자 이성애자라는 점뿐 아니라, 스키너가 처음에는 인종에

과한 장을 썼다가 빼기로 했다는 점에서도 알 수 있다.[48] 개인 간의 차이와 연대가 기억과 힘을 합쳐(누군가가 역사책을 밀반입할지도 모른다) 무서운 정치적 행위로 이어지고, 월든 투라는 과학 실험에 균열을 일으킬 것을 어렵지 않게 예측할 수 있다.

프레이저가 파시즘이라는 비난에 대한 무언의 항변으로 제시한 목가적인 장면처럼, 틸의 '정치에서의 도피'는 시간과 현실 바깥에 존재하는 이미지 이상이 될 수 없다. 이 계획을 '평화로운 프로젝트'라 칭한다면 평화는 누군가가 조작할 수 없는 자유의지를 가진 행위자들 간의 끝없는 협상의 결과라는 사실을 회피하는 것이다. 자유의지를 지닌 개인이 단 두 명만 있어도 정치 행위는 필연적으로 나타난다. 정치를 디자인으로 대체하려는 모든 시도(틸의 '자유기구')는 사람들을 기계 또는 기계적 존재로 축소한다. 그러므로 틸이 '자유를 위한 새로운 공간을 창조할 수 있는 신기술'을 말할 때, 내 귀에는 프레이저의 말이 메아리가 되어 돌아온다. "사람들의 행동은 미리 결정되어 있지만, 그래도 저들은 자유롭습니다."

물론 이상과 현실 사이의 괴리는 유토피아Utopia라는 개념 자체에 내재된 문제다. 장소와 절대 떼어놓을 수 없는 현실과 달리, 유토피아는 말 그대로 '없는 장소'라는 뜻이다. 깔끔한 단절이나 빈 서판blank slate 같은 것은 이 세상에 존재하지 않는다. 눈앞에 무너져 내린 잔해의 틈에서 도피라는 선택지가 우리를 향해 손짓한다. 적어도 내게는, 특히 지금은, 1960년대의 코뮌 이야기가 그 어느 때보다도 유혹적이다.

스위스의 큐레이터 하랄트 제만Harald Szeemann은 1983년에 〈종합예술을 향한 경향Der Hang Zum Gesamtkunstwerk〉이라는 제목의 색다른 전시를 열었다. 취리히에서 열린 이 전시에 제만이 초대한 예술가들은 쟁쟁한 유명인에서 무명의 아웃사이더까지 매우 다양했지만, 이들에게는 한 가지 공통점이 있었다. 바로 삶을 예술과 완전히 융합했다는 것, 심지어 때로는 자신의 예술을 살아내려고 시도했다는 것이다. 전시에는 블라디미르 타틀린Vladimir Tatlin의 지어진 적 없는 〈제3인터내셔널 기념탑Monument to the Third International〉 모형 외에도 오스카어 슐레머Oskar Schlemmer의 테크노 유토피아적 작품 〈삼부작 발레Triadisches Ballett〉 속 발레 의상, 바실리 칸딘스키Wassily Kandinsky의 정신적 색채 이론, '모든 소리가 음악'이었던 존 케이지John Cage의 작품, 자신이 걸려 넘어진 돌이 아름답다고 생각 한 집배원 페르디낭 슈발Ferdinand Cheval이 수십 년간 돌 수천 개를 모아서 직접 지은 건축물 팔레 이데알Palais Idéal에 관한 기록 등이 있었다. 드롭시티 코뮌의 돔 주택과 다른 예술 작품들 또한 이 전시에 잘 어울렸을 것이다. 이 전시는 한 번도 실현되지 않은 것들의 복원과 짧았던 꿈에 관한 기록으로 채워져 있어 어딘지 쓸쓸한 분위기가 감돈다. 이러한 영감과 실패의 혼재는 〈제3인터내셔널 기념탑〉에 대한 브라이언 딜런Brian Dillon의 설명에서도 드러난다. “정신의 기념탑으로 남아 있는 이 탑은 반은 파괴되고 반은 건설된 부지이며, 지난 세기의 현대성과 공산주의, 유토피아적 꿈에 관한 혼란스러운 메시지의 수신자이자 전달자다.”[49]

제만은 완성되고 온전히 실현된 비전에는 관심이 없었다. 그 대신 예술과 삶의 간극에서 태동하는 에너지에 사로잡혔고, “우리는 예술 모델이 타자로 남아 있을 때만, 즉 삶에 완전히 동화되지 않은 무엇, 삶을 초월한 무엇으로 남아 있을 때만 그 예술에서 무언가를 배울 수 있다”라고 생각했다.[50] 그는 재현의 한계를 밀어붙인 충동의 기록을 찾고 있었다. 작가 한스 뮐러Hans Müller는 이러한 충동에 대해 다음과 같이 이야기한다. “결국 많은 논의들은 제자리였고 그 어떤 원대한 생각도 실현되지 않았지만, 강렬한 에너지와 원대한 생각은 여전히 사회를 움직이는 데 필수적이다.”[51] 작가 요제프 보이스Joseph Beuys는 이를 ‘Hauptstrom’이라 칭했다. 독일어 ‘Hauptstrom’은 ‘주전류’로 번역할 수 있다. 그리고 전시 제목인 ‘종합 예술을 향한 경향’의 ‘Hang(경향)’이라는 단어는 ‘중독’, ‘애호’, ‘비탈’ 등으로 다양하게 번역되며 전류가 흐르는 완벽한 이상을 꿈꾸는 인간의 타고난 성향을 암시한다.

사람들은 절망뿐 아니라 희망과 영감을 동력으로 코뮌으로 향했다. 이러한 희망과 영감의 전류는 코뮌에 수많은 이야기와 건축물, 예술, 아이디어를 남겼다. 제만이 “자신이 표현되는지, 또는 사회에 부정적이거나 긍정적이거나 유해하거나 유용한 방식으로 적용될 수 있는지에는 조금도 관심이 없는, 전前프로이트적pre-Freudian이지만 기쁜 마음으로 사로잡힌 에너지 단위"[52]라고 묘사한 이 전류는 역사 내내 흐르며 매번 새로운 형식을 드러낸다.

지금도 여전히 불꽃의 흔적은 남아 있다. 후리엣의 『다시 만나다』에는 환상적이고 눈부신 장면이 곳곳에 등장한다. 그들이 무엇을 목표로 하는지(비록 그 목표에 오래 매달리진 않더라도) 알 수 있는 작은 유토피아의 순간들이다. 책 말미에서 마이클 와이스의 공동주택의 경우 상황은 꽤 희망적이다. 와이스는 코뮌 구성원들이 집 안뜰에서 식자재를 기르고, 맥주를 양조하고, 지난여름에 돋은 '영예로운 풀'의 씨앗을 틔우고, 꽃들이 커가는 것을 지켜보는, 확실히 에피쿠로스적인 장면을 묘사한다. 적어도 이러한 순간에는 일이 제대로 굴러가는 것처럼 보인다.

> 이 모든 것을 만들고 재배한 경험은 우리 생활이 건강하고 충분하다고 느끼게 했다. 때로는 오염된 환경, 불량식품, 언어의 왜곡, 차별적인 법, 야만적인 전쟁 등 우리 사회의 탐욕스러운 얼굴에 난 모든 구멍을 통해 흘러나오는 독毒에서 도망치는 법을 조금씩 배우고 있다는 느낌을 받았다.[53]

예술과 삶 사이의 공간에서 발생하는 새로운 전류는 코뮌의 가장 중요하고 선명한 유산을 이해하는 데 도움을 준다. 짧은 시간이었으나 코뮌은 자신들이 떠나온 사회에 새로운 시각을 열어주었다. 코뮌의 일부 구성원은 활동가

나 교사였고, 이들은 행진이나 시위에 참여했을 뿐 아니라 학교에서 강의하기도 했다. 드롭시티처럼 방문객이 많은 코뮌은 매스컴의 관심에 시달리긴 했지만 실제로 방문객들에게 또 다른 삶의 방식, 이전에는 없던 선택지를 제시했다. 이 코뮌들은 그로부터 50년이 지난 지금 절망에 빠져 있는 우리에게도 여전히 '거부'라는 중요한 선택지의 기준이 되어준다. 2017년에 버클리 미술관에서 나는 드롭시티에서 만든 멋진 회전 작품을 감상했다. 관람객이 조종할 수 있는 섬광등의 광선에 따라 완전히 달리 보이는 그림이었다. 작품은 아름다웠고, 예술과 삶이 어떤 모습일 수 있는지에 대한 진지한 질문을 던졌다.

요구받지 않는 이상 사람들 앞에서 말을 해선 안 된다고 가르치며 은둔한 에피쿠로스도 자신의 집을 에피쿠로스학파의 글을 출판하는 근거지로 삼으며 어느 정도는 외부 세계를 지향하는 모습을 보였다. 누군가가(사실은 내가) 2018년에 또 다른 정원에서 그 글을 읽고 있다는 것이 그에 대한 증거다. 이러한 생각의 교환이 이루어질 때 그들의 실험은 안과 밖, 실제와 실현되지 않은 것 사이에 펼쳐지는 대화의 중요한 조각으로서 이 세계에서 가치를 갖게 된다. 한 남자가 무정부주의 사회에서 처음 지구로 오는 내용의 소설 『빼앗긴 자들』에서 어슐러 K. 르귄Ursula K. LeGuin이 말했듯, "돌아오지 않거나 자기 이야기를 들려줄 배를 돌려보내지 않는 이는 탐험가가 아니라 모험가일 뿐이다".[54]

우리는 본능적으로 외부인의 관점을 높이 사기에, 역

사 속에는 먼 곳의 은둔자와 현자를 찾는 사람들이 끊이지 않는다. 우리는 익숙한 편안함에 무관심한 정신에서 나온 지혜를 간절히 얻고 싶어 한다. 나 자신이나 나의 글에서 스스로 보지 못하는 것을 발견해줄 다른 사람이 필요하듯이, 주류 사회도 안에서는 보이지 않는 문제점과 대안을 밝혀줄 외부인과 은둔자의 관점이 필요하다. 다른 시선을 가진 현자를 찾아가는 여행은 한 사람을 그동안 갇혀 있던 세계에서 꺼내준다.

이집트 사막에 살았던 은둔자 성 안토니오의 삶을 다룬 아타나시우스의 전기에는 로마 황제 밑에서 일했던 두 명의 관리 이야기가 나온다. 두 사람은 황제가 서커스에 푹 빠져 있는 사이 산책에 나선다. 성벽 바깥의 정원을 거닐던 두 사람은 우연히 어느 가난한 은둔자의 시골집을 만나고, 그곳에서 자발적으로 사막으로 추방당한 성 안토니오에 관한 책을 발견한다. "그의 마음은 이 세상을 떠났다"라는 구절을 읽은 한 사람이 다른 사람을 향해 이렇게 말한다.

> 부디 말해보시오. 우리는 도대체 무엇을 얻으려고 이 모든 고생을 하는 것이오? 우리는 무엇을 찾고 있소? 무엇을 위해 봉사하는 것이오? 우리가 더 큰 희망을 품는다면 성 안에서 황제의 친구가 될 수 있소? 그리고 그때가 되면 위태롭거나 위험하지 않을 것 같소? (…) 그 시기가 얼마나 이어질 것 같소?[55]

자신이 그동안 푹 빠져 있던 상황에서 비자발적으로 내쫓긴 뒤, 그 상황이 누려 볼 생각도 하지 않을 겉치레에 불과했다는 사실을 깨달아 본 사람에게는 절망에 빠져 토해내는 이 질문이 익숙하게 들릴 것이다. 실제로 레비 펠릭스도 무자비한 일자리를 그만둔 뒤 캄보디아로 향하는 비행기 안에서 스스로 이 질문을 던졌을지 모른다. 이 일화에서 두 관리는 약혼자까지 있는 상황에서 자신의 삶을 송두리째 버리기로 하고 성 안토니오처럼 은둔자가 된다. 이제 이들은 월요일에 다시 출근할 필요가 없다. 이 순간은 모든 도피 서사의 중요한 지점이다. 모든 짐을 승합차에 싣고 다 꺼지라고 말한 뒤 다시는 돌아보지 않을 것인가? 버리고 온 세상에 대한 책임이 있다면 무엇인가? 이곳을 떠나 무엇을 할 것인가? 1960년대 코뮌들은 이것이 결코 답하기 쉬운 질문이 아니라는 사실을 보여준다.

시작은 같지만 끝은 또 다른 한 은둔자의 이야기가 있다. 코뮌으로 탈출한 사람 중 일부는 1968년에 사망한 무정부주의 트라피스트회 수도승, 토머스 머튼Thomas Merton을 알고 있었을지 모른다. (후리엣은 하이리지 농장 부엌에 토머스 머튼의 글귀가 붙어 있는 것을 보았다고 말한다.) 머튼은 가톨릭 교단에 그리 어울리지 않는 사람이었는데, 1930년대에 컬럼비아 대학교에서 유머 잡지를 만들었고 비트 세대의 원형 격인 불손하고 술에 찌들어 사는 집단과 어울렸다. 『플라타너스 나무 위의 남자The Man in the Sycamore Tree』에서 머튼의 친구였던 에드워드 라이스 Edward Rice는 1930년대의 분위기를 다음과 같이 회상한다. "세상은 미쳐 돌아가고, 전쟁의 조짐이 보이며, 사람들은 자신의 정체성을 잃었다. (…) 그들은 이탈하고 있다. (…) 나머지는 길을 잃었다. 우리는 『천사여, 고향을 보라』를 읽고 서로에게 'O Lost!'라고 쓰인 엽서를 보낸다(토머스 울프는 'O Lost!'라는 제목으로 자전적 소설을 썼으며, 이 작품을 다듬은 것이 『천사여, 고향을 보라』다–옮긴이)."[56]

그러나 다른 사람들이 절망에 빠져 인사불성이 되도록 술을 마실 때 머튼은 영성과 출가 개념에 관심을 쏟고 있었다. "나는 신체적으로 피로한 것이 아니다. 마치 내 안에 지혈해야 할 깊은 상처가 있는 것처럼 깊고, 모호하고, 정의 내릴 수 없는 영적 고통으로 가득 차 있을 뿐이다." 머튼은 점차 가톨릭 교단 중 하나인 트라피스트회에 들어가겠다는 생각에 빠져들었다. 트라피스트회 수도승들은 보통 조용하고 금욕적인 삶을 살아간다. 머튼은 편지에 이렇게 썼다. "이 생각이 내 마음을 경외심과 갈망으로 가득 채운다네. 나는 자꾸만 같은 생각으로 돌아간다네. '**모든 것**을 포기해, **전부** 포기하라고!'"[57]

머튼은 1941년에 켄터키 지방에 있는 겟세마니 수도원에 들어갔다. 고독을 간절히 바랐던 만큼 그는 수년간 수도원의 은둔자가 되게 해달라고 청했다. 머튼은 자신의 책임을 다하는 사이에 짬을 내어 일기를 썼고, 이후에 그 일기는 한 권의 책이 되었다. 머튼이 수도승으로 임명된 해인 1948년에 머튼의 자서전 『칠층산』이 출간되었다. 그가 수도원으로 들어가게 된 과정을 담은 이 책은 세상에 대한 혐오와 영적 거부를 뜻하는 '콘템프투스 문디 Contemptus Mundi'의 전형이었다. 라이스가 묘사하듯 이 책은 "세계적 불황과 불안, 공산주의와 파시즘의 발흥이 이어지며 인류의 정신이 전에 없이 폭로되고, 유럽과 미국이 상상도 못 할 잔인한 규모로 전쟁을 벌일 운명이었던 시대에 한 청년이 경험한 부르심"을 담았다. 『칠층산』은 출간한 지 몇 달 만에 수만 권이 팔렸고 이후에도 계속해서 수백만 권이 팔려나갔지만 종교 서적이라는 이유로《뉴욕타임스》베스트셀러 목록에 오르지 못했다.[58]

그러나 이로부터 3년 후 머튼은 라이스에게 보내는 편지에서 이 책과의 단절을 선언한다. "나는 이전의 내가 아니야. 완전히 다른 사람이 되었다네. (…) 『칠층산』은 내가 들어본 적도 없는 사람의 작품이야." 그는 이러한 변화가 동료 성직자와 함께 루이빌에 갔을 때 경험한 깨달음과 관련이 있다고 말했다.

> 사람들로 북적대는 루이빌의 4번가와 월넛가가 만나는 모퉁이, 상점가 한가운데였어. 그때 갑자기 내가 이 사람들을 전부 사랑하고 있고, 그들은 나의 것이고 나는 그들의 것이며, 우리가 전혀 모르는 사이라 하더라도 관계가 있다는 깨달음이 밀려온 걸세. 개별성이라는 꿈, 금욕적이고 거룩한 특별한 세상에 스스로 고립되는 거짓된 꿈에서 깨어난 것 같았다네.[59]

이때부터 세상을 떠날 때까지 머튼은 수많은 책과 에세이, 논평을 발표해 사회문제(특히 베트남전쟁과 인종차별, 제국적 자본주의)를 비판했을 뿐 아니라 세상을 포기하고 추상 뒤로 도망친 가톨릭교회를 꾸짖었다. 요컨대 머튼은 세상에 참여했다.

이 시기에 쓴 책 중 하나인 『행동하는 세계에서의 사색Contemplation in a World of Action』에서 머튼은 오랫동안 교회가 상반된 것이라 표현해온 영적인 사색과 세속적 참여의 관계를 고찰한다. 그는 이 두 가지가 결코 상호 배타적인 개념이 아니라는 것을 발견했다. 물러남과 사색은 지금 일어나는 일을 파악하는 데 반드시 필요하지만, 이 시간은 언제나 이 세상에 대한 책임, 이 세상에서 져야 할 나의 책임을 상기시킨다. 머튼에게 중요한 것은 참여 여부가 아니라 참여 방식이었다.

> 내가 살아갈 시대는 선택할 수 없다 해도, 내가 어떤 태도를 취할 것인지, 현재 일어나는 사건에 어떤 방식으로 얼마만큼 참여할 것인지는 선택할 수 있다. 세상을 선택한다는 것은 역사와 시간 속에서 이 세상의 과업과 소명을 받아들이는 것이다. 그리고 우리의 시간은 바로 지금이다.[60]

이 (참여 여부냐 참여 방식이냐의) 문제는 관심경제가 작동하는 배경인 절망을 대하는 유용한 태도를 제시한다. 이 문제는 또한 내가 진짜로 도망치고 싶어 하는 대상이 무엇인지를 분간하는 데에도 도움이 된다. 내가 제안하는 '아무것도 하지 않음'은 주말 동안의 휴식 이상의 것이라고 앞에서 언급했지만, 그렇다고 해서 내가 영원한 도피를 제안하는 것은 아니다. 이 세계에서 완전히 퇴장하는 것은 불가능하다(어쨌거나 대부분의 사람은 그렇다). 이 사실은 다음 장에서 제안할 다른 종류의 피난, 즉 '그 자리에서의 거부' 개념의 토대가 된다.

내가 도망치고 싶은 것은 이런 것들이다. 최근 몇 년간 가장 우려되는 소셜미디어의 사용 방식 중 하나는 뉴스 미디어와 사용자들이 피드에서 히스테리와 두려움의 파도를 일으키는 것이다. 사람들은 끝없는 광란의 상태에 빠져 뉴스 사이클을 만들어내고 자발적으로 그 사이클의 지배를 받는다. 불안을 호소하고, 동시에 그 어느 때보다도 더 발 빠르게 뉴스를 확인한다. 광고와 클릭의 논리에 따라 미디어 경험이 결정되고, 플랫폼 디자인이 이 경험을 착취한다. 뒤처지지 않으려고 애쓰는 미디어 기업들은 일종의 '속보 경쟁'을 벌이고, 이 경쟁이 우리의 관심을 악용해 생각할 시간을 모조리 빼앗아간다. 군대에서 포로를 고문할 때 사용하는 수면 박탈 전략과 유사한데, 그보다 규모가 훨씬 더 크다. 2017년과 2018년에 나는 너무나도 많은 사람에게서 "매일 새로운 일들이 터져"라는 말을 들었다.

그러나 이 폭풍은 모두 함께 만든 것이다. 2016년 미국 대선 이후 나 역시 많은 지인이 이 아수라장에 뛰어들어 온라인에 길고 감정적이며 성급한 비난을 쏟아놓은 뒤 당연하게도 엄청난 관심을 끄는 것을 목격했다. 나도 예외는 아니다. 지금까지 '좋아요'를 가장 많이 받은 나의 페이스북 게시물은 트럼프에 반대하는 장광설이다. 내 생각에 이처럼 지나치게 빠른 속도로 소셜미디어에 올라오는 글들은 딱히 유익하지 않다(이 글들이 페이스북에 엄청난 가치를 더해준다는 사실은 말할 것도 없다). 이는 반성과 사유에서 나온 의사소통의 형태라기보다는 두려움과 분노가 일으킨 순간적인 반응이다. 물론 이 감정들은 정당하다. 그러나 이 감정을 소셜미디어에 과하게 표현하는 것은 아주 작은 방에서 터뜨린 폭죽이 다른 폭죽을 터뜨려 곧 방 안이 연기로 가득 차는 상황과 비슷해 보인다. 절박하지만 목적 없는 글을 이러한 플랫폼에 올리는 것은 우리에게는 별 도움이 되지 않지만, 광고주와 미디어 기업에는 엄청난 수익이 된다. 이 장치를 돌아가게 하는 것은 정보의 내용이 아니라 참여율이기 때문이다. 한편 미디어 기업들은 일부러 끊임없이 자극적인 미끼를 던지고, 우리는 그 헤드라인을 보고 즉각적으로 분노한 나머지 그 기사를 읽지 않거나 공유하지 않는 선택지는 고려조차 하지 못한다.

이러한 맥락에서, 주기적으로 한 걸음 물러날 필요성이 그 어느 때보다 크다. 우리가 무분별하게 복종하는 메커니즘을 파악하기 위해서는 거리와 시간이 **절대적으로 필요하다**. 무엇보다도 조금이라도 의미 있는 행동이나 생각을 할 수 있을 만큼 이성이 제대로 작동하게 하기 위해서는 거리와 시간이 필요하다. 윌리엄 데레저위츠William

Deresiewicz는 2010년에 대학생을 대상으로 한 연설「고독과 리더십」에서 이 같은 현상을 경고했다. 그는 소셜미디어에서 과도하게 많은 시간을 보내고 뉴스 사이클에 얽매이는 것을 두고 이렇게 경고한다. "스스로 통념에 파묻어 버리는 일입니다. 통념은 자기 자신이 아닌 다른 사람들의 현실입니다. 자기 자신에 대해 생각하든 그 밖의 것에 대해 생각하든 이렇게 만들어진 불협화음 속에서는 자신의 목소리를 들을 수 없습니다."[61]

내가 속한 디지털 환경의 현 상황을 고려할 때, 내게 거리 두기란 보통 산책이나 짧은 여행을 떠나 잠시 인터넷을 멀리하거나 뉴스를 읽지 않으려 애쓰는 것을 의미한다. 그러나 문제는 육체적으로나 정신적으로나 영원히 바깥에 머물 수는 없다는 것이다. 휴대폰이 터지지 않는 숲 속에 살고 싶고, 마이클 와이스와 함께 캐츠킬에 있는 그의 오두막집에 살며 아예 신문을 멀리하고 싶고, 에피쿠로스의 정원에서 평생 감자에 대해 사색하고 싶을 수도 있지만, 모든 것을 거부하는 것은 실수다. 1960년대 코뮌의 이야기는 이 세계의 정치적 구조에서 벗어나는 것이 불가능하다는 사실을 알려준다(피터 틸이라면 가능할지도 모른다. 그에게는 언제나 우주가 남아 있으니까). 지금 이 세상은 우리의 참여가 그 어느 때보다 절실하다. 역시 문제는 참여 여부가 아니라 참여 방식이다.

이 피할 수 없는 책임에 대해 생각하면 최근 숲속의 오두막집에 묵었던 경험이 떠오른다. 이번에는 산타크루즈산맥이었고, 나는 이 책을 쓰는 데 집중하고 있었다. 그러나 레드우드 숲에서 느긋하게 하이킹을 하다가 나무 사이로 흘러드는 오후의 빛이 붉다는 사실을 알아차렸다. 캘리포니아의 다른 많은 산처럼 북쪽 산맥이 불타고 있었다. 기후변화와 가뭄, 부주의한 생태계 관리로 더욱 거세진 파괴적인 산불철이 다시 시작되고 있었다. 오두막집을 떠나던 날, 부모님 댁 근처 작은 언덕에서도 화재가 발생했다.

하이브리드적 대응이 필요하다. 우리는 두 가지를 다 할 수 있어야 한다. 사색하는 것과 참여하는 것, 떠나는 것과 우리를 필요로 하는 곳으로 언제나 다시 돌아오는 것. 『행동하는 세계에서의 사색』에서 머튼은 우리가 마음속에서 이 두 가지 움직임을 동시에 실천할 수 있다는 가능성을 보여준다. 나는 그 가능성을 따라 도피나 망명의 언어 대신 다른 것을 제시할 것이다. 그것은 바로 내가 '한 발짝 떨어지기'라고 명명한 단순한 분리 상태다.

한 발짝 떨어지는 것은 그 자리를 떠나지 않은 채 외부자의 관점을 갖는 것, 그러지 않았다면 아마도 떠나갔을 곳을 흔들림 없이 지향하는 것이다. 이는 적에게서 도망치는 것이 아니라 적을 아는 것을 의미하며, 여기서 적은 이 세계가 아니라 우리가 매일 이 세계를 접하는 채널이다. 이는 또한 미디어의 사이클과 서사가 허락하지 않는 중요한 휴식을 자신에게 제공함으로써 이 세상에서 살아가는 동시에 다른 세상을 꿈꾸는 것이다. 우주에 호소하는 자유의지론자의 빈 서판이나 역사와 단절되고자 했던 코뮌과 달리, 이 '다른 세상'은 지금 살고 있는 세상을 거부하는 것이 아니다. 그보다는 지금 이곳에 있는 모든 사람을 위해 함께 정의를 실현한 이 세상의 완벽한 이상향에 가깝다. 한 발짝 떨어지는 것은 여기에 수반되는 모든 희망과 슬픈 사색을 품고 현재의 세계를 미래에 가능한 세계의 관점에서 바라보는 것이다.

한 발짝 떨어진 곳에서 현재에 책임을 느낌으로써 우리는 에피쿠로스학파가 말하는 좋은 삶의 희미한 윤곽을 감지할 수 있을지 모른다. 그 삶은 '신화와 미신', 즉 인종차별과 성차별, 동성애 혐오, 트랜스젠더 혐오, 외국인 혐오, 기후변화 부정, 그밖에 현실에 기반이 없는 다른 두려움에서 자유로운 삶이다. 이는 하찮은 일이 아니다. 관심경제는 우리를 참담한 현실에 계속 붙잡아두려고 노력한다. 따라서 우리가 겪는 고충이 과거에 어떤 형태였는지 인식하는 것뿐 아니라, 어떻게든 실망하거나 타격받지 않고 미래를 상상하는 능력을 유지하는 것이 갈수록 더 중요해지고 있다.

그러나 이보다 더욱 중요한 것은 한 발짝 떨어지는 순간에 영원히 떠나고 싶은 절박한 욕망이 지금 이곳에서 거부라는 선택지를 가지고 살아가겠다는 다짐, 거부라는 공동의 장소에서 다른 사람과 만나겠다는 다짐으로 발전한다는 것이다. 이러한 형태의 저항은 참여의 형태로 나타나지만, 이 참여는 새로운 방식, 즉 패권 경쟁의 권위를 훼손하고 그 바깥의 가능성을 만들어내는 방식의 참여다.

3장

거부의 기술

보낸 사람: X
보낸 시각: 2008-02-27 00:16
받는 사람: Z, Y
제목: 마케팅 부서 수습 직원
중요도: 높음

안녕하세요,
Z에게는 이미 말했는데, 아까부터 세금 관련 자료를 모아놓은 곳에 앉아서 멍한 눈으로 창밖을 바라보는 사람이 있습니다….
여자고, 머리가 아주 짧고, 물어보니 마케팅 부서 수습 직원이라고 하더라고요.
오전 10시 30분부터 빈 책상 앞에 앉아 있다가 지금 점심을 먹으러 갔습니다.[1]

2008년, 회계 법인 딜로이트 사무실에 있는 직원들은 한 신입 사원의 행동 때문에 골치를 앓았다. 부산한 일터의 한가운데에서 그 신입 사원은 빈 책상 앞에 앉아 멍하니 앞을 바라보는 것 외에는 아무것도 하지 않는 듯 보였다. 다른 사람이 뭘 하고 있느냐고 물어볼 때마다 그는 "생각하고 있다"거나 "논지를 가다듬고 있다"고 대답했다. 엘리베이터를 타고 수도 없이 오르락내리락한 날도 있었다. 한 동료가 이 모습을 보고 이번에도 생각 중이냐고 묻자, 신입 사원은 이렇게 대답했다. “다른 각도로 사물을 보는 데 도움이 되거든요.”[2] 다른 직원들은 마음이 점점 불편해졌다. 그리고 긴급한 사내 메일을 보냈다.

알고 보니 직원들은 자기도 모르는 사이에 〈수습 직원The Trainee〉이라는 퍼포먼스에 참여한 것이었다. 말없이 아무것도 하지 않는 신입 사원은 단순한 행동으로 조용히 사회규범을 위협하는 영상으로 유명한 핀란드 예술가 필비 타칼라Pilvi Takala였다. 예를 들면 〈가방 부인Bag Lady〉이라는 퍼포먼스에서 타칼라는 지폐가 잔뜩 든 투명 비닐봉지를 들고 며칠 동안 베를린의 한 쇼핑몰을 돌아다녔다. 크리스티 랑게Christy Lange는 미술 잡지 《프리즈》에서 이 작품을 이렇게 설명했다. “이렇듯 명백하게 부를 과시하는 행위는 타칼라를 ‘완벽한 고객’으로 만들어야 마땅했지만, 보안요원의 의심과 점주들의 경멸만을 불러일으킬 뿐이었다. 어떤 사람들은 그 돈에 더 걸맞은 가방을 들라고 타칼라를 설득하기도 했다.”[3]

〈수습 직원〉은 타칼라가 사용하는 방식의 전형이었다. 2017년에 타칼라의 작품을 전시한 펌프하우스 갤러리에서 한 작가가 말했듯이, 일터에서 일하지 않는다는 개념 자체에는 특이한 점이 없다. 사람들은 근무시간에 종종 휴대폰으로 페이스북을 들여다보거나 정신을 팔 다른 대상을 찾는다. 타칼라의 동료들을 그토록 불편하게 만든 것은 전면적인 비활동의 이미지였다. “아무것도 하지 않는 것처럼 보이는 것은 회사의 정상적인 가동 상태에 대한 위협으로 간주되며, 미지의 것에 대한 낯선 감각을 불러일으킨다. 아무것도 하지 않을 수 있다는 가능성이 가장 위협적이다."[4]

〈수습 직원〉을 보면 이러한 행동을 재미있게, 종종 유명하게 만드는 것은 다름 아닌 다른 사람들의 반응이다. 다른 사람들이 모두 기대되는 행동을 수행하고 있을 때, 그리고 탈선이 용납되지 않을 때에만 어떤 행동을 그만두거나 거부하는 행위가 특수한 효과를 낼 수 있다. 붐비는 보도가 좋은 사례다. 보도에서는 모든 사람이 계속 앞으로 나아가야 한다. 톰 그린Tom Green은 1990년대에 캐나다의 시청자 참여 텔레비전 프로그램에서 〈죽은 남자the Dead Guy〉라는 이름의 퍼포먼스를 선보이며 이러한 관습을 헤집었다. 톰 그린은 천천히 걸음을 늦추다 자리에 멈춰 선 뒤 조심스럽게 땅 위로 몸을 수그렸다. 그리고 오랫동안 막대기처럼 가만히 바닥에 엎드려 있었다. 많은 사람들이 모여들자 그린은 자리에서 일어나 주위를 둘러보고 아무 일도 없었다는 듯이 다시 앞으로 걸어갔다.[5]

보도 위에 있던 사람들은 깜짝 놀랐을지 모르지만 텔레비전 시청자들은 그린의 퍼포먼스가 길게 이어질수록 더 즐거워한다. 마찬가지로, 얼떨떨한 채 이메일을 보낸 직원들에게 타칼라는 매우 뜻밖의 행동을 한 직원으로 기억될 것이다. 이상적으로 보자면 이러한 종류의 거부 행위는 자기 주도적으로 행동할 수 있는 개인의 능력을 보여주며, 그렇지 않더라도 최소한 일상생활의 단조로움을 방해한다. 아무런 의심 없이 반복되는 행동의 사이클 속에서 이러한 거부 행위는 쉽게 잊히지 않는 기이한 지류支流를 만들어낸다. 실제로 어떤 거부는 워낙 인상적이어서 여러 세기가 지난 지금도 사람들에게 기억된다.

기원전 4세기에는 아테네에서, 그 이후에는 코린트에서 살았던 견유학파 철학자 시노페의 디오게네스Diogenes of Sinope가 그렇다. 지팡이 하나와 다 해진 옷 한 벌만 소유하고 '통에서 살았던 남자'를 많은 사람이 익히 알고 있을 것이다. 디오게네스가 했던 가장 악명 높은 행동은 진실한 사람을 찾아 등불을 켜고 도시의 거리를 돌아다닌 일이었다. 그림 속에서 그는 주로 이 등불을 들고 있으며, 도시의 삶이 펼쳐지는 가운데 흙으로 빚어 구운 통에 들어앉아 못마땅한 듯한 표정을 하고 있다. 그가 일부러 자신을 찾아온 알렉산더 대왕을 무시한 일화를 담은 그림들도 있다. 알렉산더 대왕은 한가롭게 일광욕을 즐기는 디오게네스를 발견하고 경탄하며 필요한 것이 없느냐고 물었다. 그러자 디오게네스가 대답했다. "해를 가리지 말고 좀 비켜주시오."[6]

플라톤이 디오게네스에게 붙인 '미친 소크라테스'라는 별명은 꽤 적절하다. 아테네에 살 때 디오게네스는 소크라테스의 제자인 안티스테네스의 영향을 받았다. 그는 위선적인 전통과 관습(그것이 평범한 것이더라도, 아니 평범할수록 특히 더)보다 개인의 사유 능력을 더 중요시한 그리스 사상의 계승자였다. 그러나 소크라테스와 디오게네스가 다른 점은 소크라테스는 대화를 선호한 것으로 유명하지만 디오게네스는 일종의 행위예술을 실천했다는 점이다. 그는 훤히 드러난 곳에서 자신의 신념을 몸소 살아냈고, 슬랩스틱에 가까운 철학 형식을 통해 충격을 줌으로써 사람들을 습관적인 마비 상태에서 벗어나게 하려고 최선을 다했다.

이는 한결같이 사람들의 기대와 정반대로 행동하는 것을 의미했다. 디오게네스도 장자처럼 이 세상의 모든 '분별 있는' 사람들이 탐욕과 부패, 무지로 가득 찬 세상을 떠받치는 관습을 무분별하게 따르고 있다고 생각했다. 그는 일종의 반전 미학을 드러내며 길에서 뒤로 걸었고 사람들이 나올 때만 극장에 들어갔다. 죽은 뒤에 어떻게 묻히고 싶으냐는 질문에는 "거꾸로. 곧 위아래가 뒤집힐 테니까"라고 대답했다.[7] 여름에는 뜨거운 모래 위를 굴러다니고 겨울에는 눈 덮인 조각상을 껴안았다.[8] 젊은이들에게 병든 세상에서 출세할 방법만 가르치는 교육과 추상적 개념을 의심한 나머지 오후 내내 책장을 풀로 붙이기도 했다.[9] 많은 철학자가 금욕적인 삶을 살았지만, 디오게네스는 금욕적인 삶까지 행위예술로 만들었다. 그는 두 손으로 물을 떠 마시는 아이를 보고 자신의 컵을 던져버린 뒤 이렇게 말했다. "저 아이가 나보다 훨씬 검소한 삶을 사는구나." 검약한 삶을 산다며 생쥐를 크게 칭찬하기도 했다.[10]

반어적으로 관습에 순응하기도 했다(20세기의 개

넊미술 집단 예스맨The Yes Men은 이를 '과도한 동일시 overidentification'라고 칭했다). 이러한 경우에 시무 행위는 속내가 다른 순응이라는 (얇은) 가면을 쓴다.

> 필리포스 왕과 마케도니아인이 쳐들어오고 있다는 소식이 코린트에 퍼지자 모든 주민이 허둥지둥하며 이런저런 행동에 몰두하기 시작했다. 사람들은 무기를 준비하거나, 돌을 굴려서 모으거나, 요새를 수리하거나, 성벽을 보강했다. 너나없이 도시를 지키는 일에 한몫하려고 했다. 아무 할 일이 없고 어떤 요청도 받지 않았던 디오게네스는 주위 사람들의 부산한 움직임을 알아채자마자 엄청난 에너지를 쓰며 크라니움 언덕으로 통을 밀어 올렸다가 굴려내리기를 반복하기 시작했다. 누군가가 왜 그러느냐고 묻자 디오게네스는 이렇게 대답했다. "다른 사람들처럼 바빠 보이려고 그러오."[11]

현대미술계는 행위예술을 연상시키는 디오게네스의 행동을 그냥 보아 넘기지 않았다. 토머스 매케빌리Thomas McEvilley는 미술 잡지 《아트포럼》의 1983년 4월호에 실린 「시노페의 디오게네스: 선별한 행위예술」이라는 글에서 디오게네스의 가장 훌륭한 '작품'들을 소개했다. 잡지에서 디오게네스의 행동은 실제로 익살스러운 20세기 다다이즘과 플럭서스의 사촌쯤으로 보였다.

역사상 수많은 사람이 그랬듯이 매케빌리도 너무 관

습적이어서 논의조차 되지 않는 관습을 어긴 디오게네스의 용기에 감탄한다. 그는 이렇게 말한다. "(디오게네스가 파고든) 주제는 삶을 드러내기보다는 오히려 은폐하는 모든 익숙한 가치를 철저하고 즉각적으로 뒤집는 것이었다."[12] 디오게네스의 행동이 "군중심리의 틈을 찌르고 개인의 자유일지도 모를 가능성을 훤히 드러냈다"라는 매케빌리의 말을 들으면, 딜로이트에서 신입 사원이 되어 동료들의 마음을 불편하게 만든 필비 타칼라를 비롯해 논의되지 않는 관습을 거부하거나 뒤엎음으로써 관습의 취약한 윤곽을 드러낸 모든 사람이 떠오른다. 그 순간에 관습은 가능성을 한정 짓는 지평이 아니라 아직 검토되지 않은 대안의 바다 위에 떠 있는 작은 섬처럼 보인다.

디오게네스와 관련해서는 어쩌면 사실이 아닐 수도 있는 일화가 많다. 루이스 E. 나비아Luis E. Navia가 『시노페의 디오게네스』에서 말했듯이 "자신이 사는 세계에 대한 살아 있는 반박으로서 당당하게 서 있던 단호한 개"로서의 그의 지위는 다양하게 윤색된 수많은 이야기에 영감을 불어넣었을 것이다. 디오게네스를 비판하는 사람도 있긴 하지만, 오늘날에도 그는 종종 영웅으로 불린다. 푸코에게 그는 사실을 있는 그대로 말하는 철학자의 본보기이고,[13] 니체에게 그는 모든 진정한 철학 뒤에 있는 견유학파적 접근법의 창시자다.[14]

18세기에 장바티스트 르 롱 달랑베르Jean-Baptiste le

Rond d'Alembert는 "모든 시대에 디오게네스가 필요하다"라고 썼다.[15] 나도 이 말에 동의한다. 우리에게 디오게네스가 필요한 것은 그저 즐거움을 위해서나 대안적 존재를 보여주기 위해서가 아니다. 수 세기가 지난 지금도 그의 일화가 거부라는 단어에 기여하는 부분이 있기 때문이다. 디오게네스가 알렉산더 대왕을 무시한 이야기를 들을 때 웃음을 터뜨리며 '바로 그거지!'라고 생각하지 않기는 힘들다. 대부분의 사람은 이처럼 극단적으로 행동하지 않겠지만, 이 이야기는 그러고 싶은 우리의 소망을 위한 장소를 제공한다.

디오게네스는 거부의 가능성을 보여주기도 하지만(굳어진 습관 사이의 '틈'을 밝게 비추는 것), 거부의 방법에 대해서도 많은 것을 알려준다. 사회의 무자비한 위선과 마주쳤을 때 디오게네스가 산으로 도망치거나(그렇게 한 철학자들도 있다) 자살하지 않았다는(역시나 그렇게 한 철학자들도 있다) 사실에 주목할 필요가 있다. 즉, 디오게네스는 사회에 동화되지도, 그렇다고 사회를 완전히 떠나지도 않았다. 그 대신 사회의 한가운데에서 영속적인 거부의 상태로 살았다. 나비아의 설명처럼 디오게네스는 퇴보하는 세계 속에서 거부의 삶을 살아가는 것이 자신의 의무라고 생각했다.

> (디오게네스는) 자신의 말로써, 그보다 자신의 행동으로써 세상의 관습과 관행, 법과 관례에 도전하기 위해 이 세상에 남아 있는 쪽을 택했다. 그리고 극단적

인 견유주의를 실천하며 이 세상에 대한 진정한 반박으로, 복음서에서 세례 요한을 두고 한 표현처럼 '광야에서 외치는 목소리'(마태복음 3:3)로 우뚝 서 있었다.[16]

그러므로 "요구받은 대로 참여하겠습니까, 그러지 않겠습니까?"라는 질문에 디오게네스는 "참여하지만 요구받은 대로 하지는 않을 것이오" 혹은 "머물겠지만 옆에서 당신을 귀찮게 할 것이오"처럼 완전히 다른 대답을 내놓았을 것이다. 나는 이러한 대답(또는 비非대답)이 내가 말하는 '제3의 공간', 즉 다른 준거 기준으로 향하는 마법 같은 출구를 만들어낸다고 생각한다. 자신이 속한 사회의 요구를 받아들이지 못하는 사람에게 제3의 공간은 매우 소중한 은신처가 된다.

질 들뢰즈는 거부에 관한 가장 유명한 이야기 중 하나에서 제3의 공간을 찾는 유용한 방식을 발견했다. 그 이야기는 바로 허먼 멜빌의 소설 『필경사 바틀비』다. "안 하는 쪽을 택하겠습니다"라는 말을 반복한 것으로 유명한 직원 바틀비는 언어적 전략을 사용해서 상사의 요구를 무력화한다. 바틀비는 그저 상사의 명령을 따르지 않는 것이 아니다. 그는 질문의 성립 조건 자체를 거부한다.

『필경사 바틀비』가 이토록 널리 알려졌다는 사실이 문화적 상상력 속에서 이 이야기가 갖는 중요성을 보여준다. 이야기의 화자인 부유한 월스트리트의 변호사는 바틀비라는 이름의 필경사를 고용한다. 바틀비는 자기 소임을 다하는 점잖은 남성이다. 그러나 본인이 베껴 쓴 것을 원본과 대조하라는 상사의 지시에 바틀비는 아무런 동요 없이 그러지 않는 편을 택하겠다고 말한다. 그리고 그때부터 업무를 완수하라는 지시를 받을 때마다 같은 대답을 반복한다. 결국 바틀비는 일하기를 멈추고, 그러다 움직이는 것까지 그만둔다. 바틀비가 결코 사무실을 떠나지 않을 것이라는 사실을 알게 된 변호사는 어쩔 줄 몰라 하다 사무실을 옮긴다. 그러나 변호사 다음으로 사무실을 사용하게 된 사람은 바틀비의 편의를 봐주지 않았다. 그 사람은 바틀비를 감옥으로 보낸다.

〈수습 직원〉의 가장 중요한 부분이 당황한 딜로이트의 직원들이듯이, 『필경사 바틀비』에서 내가 가장 좋아하는 부분은 불신에서 순식간에 절망으로 변하는 변호사의 반응이다. 이어진 바틀비의 거절은 더욱 극적인 변화를 낳는다. 보통 정신없이 자기 업무에 몰두하던 변호사는 하던 일을 전부 멈추고, 자신이 절벽에서 떨어졌다는 사실을 뒤늦게 이해한 와일 E. 코요테(만화 〈로드러너〉에 나오는 코요테 캐릭터의 이름으로, 늘 주인공 로드러너를 쫓다가 절벽에서 떨어진다–옮긴이)처럼 이 상황의 의미를 파악하려고 애쓴다. 예를 들어 베껴 쓴 것을 검토하라고 바틀비에게 처음 지시할 때 그는 허겁지겁 자기 일을 끝내느라 바틀비를 쳐다보지도 않고 '당연히 그가 즉시 응할 것으로 생각하며 급하게' 종이를 건넨다. 바틀비가 "그러지 않는 편을 택하겠습니다"라고 말하자 깜짝 놀란 그는 말을 잇지 못한다. “나는 아득해진 정신을 회복하며 아무 말도 못 하고 앉아 있었다.” 바틀비가 두 번째로 거부하자 변호사는 ‘소금 기둥으로 변해’ 얼마간의 시간이 지나서야 ‘정신을 차린다’. 무엇보다 아침에 사무실로 출근했을 때 바틀비가 사무실 문을 안에서 잠근 사실을 알아차린 변호사는 큰 충격을 받는다(바틀비는 바쁘다며 문 열기를 공손히 거부한다).

> 순간 나는 오래된 버지니아에서 구름 한 점 없는 여름날 오후에 벼락을 맞아 입에 파이프를 물고 죽은 남자처럼 가만히 서 있었다. 그 사람은 자기 집의 따스한 창가에서 죽었는데, 누군가가 그를 건드려서 바닥에 쓰러지기 전까지 꿈같은 오후 내내 창가에 기대 있었다.[17]

바틀비의 계속된 거부에 불안해진 변호사는 자유의지의 가능성을 다룬 조너선 에드워즈Jonathan Edwards의 『의지의 자유』와 조지프 프리스틀리Joseph Priestley의 『철학적 필연성 이론』을 읽어야겠다고 생각한다. 『의지의 자유』는 인간에게는 이로운 것을 추구할 자유의지가 있지만 이로운 것이 무엇인지는 신이 정한다고 주장한다. 『철학적 필연성 이론』은 우리의 모든 선택이 이미 결정된 기질을 다소 기계적으로 따른다고 주장한다. 즉, 모든 일에는 이유가 있으며 사람들은 자신의 행동을 결정할 수 없다는 것이다. 변호사는 말한다. “이 상황에서 이 책들이 안정감을 주었다."[18]

물론 이 '상황'은 바틀비의 한결같은 불가해함이다. 변호사가 고향이 어딘지 말해줄 수 있느냐고 묻자 바틀비는 "그러지 않는 편을 택하겠습니다"라고 대답한다. 변호사는 절박하게 묻는다. "자네에 대해 뭐라도 얘기해줄 순 없겠나?" "그러지 않는 편을 택하겠습니다." 하지만 왜? "지금은 대답하지 않는 편을 택하겠습니다." 이유를 알려주지 않고, 이유를 알려주지 않는 이유를 알려주지 않고, 이야기는 이렇게 쭉 이어진다. 이렇게 바틀비는 거부의 다음 단계로 나아간다. 그는 지시받은 일을 하지 않을 뿐 아니라 질문의 성립 조건을 부정하는 방식으로 질문에 답한다. 알렉산더 쿡Alexander Cooke은 들뢰즈의 해석을 다음과 같이 요약한다.

> 바틀비는 일을 거부하지 않는다. 만약 바틀비가 "싫습니다"라고 말했다면 그의 저항은 그저 규칙을 부정하는 데 그쳤을 것이다. 규칙만을 부정하는 방식의 저항은 사실 이미 규칙을 받아들이고 있는 것이다.[19]

실제로 이는 변호사가 차라리 바틀비가 대놓고 업무를 거부해서 적어도 같은 선상에서 싸울 수 있기를 바란 이유를 설명해준다. "나는 정반대의 상황에서 그와 만나고 싶다는 이상한 기분이 들었다. 나의 분노에 답할 수 있는 분노의 불꽃을 그에게 일으키고 싶었다. 그러나 차라리 윈저 비누 조각에 손가락 마디를 그어 불을 붙이려 하는 편이 더 나았을 것이다.” 사람을 미치고 팔짝 뛰게 할 만큼 내내 차분한 바틀비는 질문 근처의 공간을 드러내고 그 안에 머물며 질문의 권위를 훼손한다. 들뢰즈가 보기에 바틀비의 반응은 그 언어적 구조로 말미암아 “언어 안에 일종의 외국어를 개척함으로써 언어 전체를 침묵과 직면하게 하고 그 안에 빠져들게 한다”.[20]

다른 사람의 거부 행위는 해고의 사유가 되었을 테지만, 바틀비의 경우 “차라리 내가 가진 창백한 키케로 석고 흉상을 문밖으로 내쫓을 생각을 하는 편이 더 나았을 것이다”라고 변호사는 말한다.[21] 나는 여기서 키케로를 언급한 것에 큰 의미가 있다고 본다. 기원전 1세기의 정치인이자 철학자였던 키케로는 일부가 분실된 작품 「운명에 관하여」에서 자유의지에 관해 에드워즈나 프리스틀리와는 매우 다른 결론을 끌어낸다. 아마 그의 글이라면 절대로 변호사에게 안정감을 주지 않았을 것이다. 키케로가 보기에 자유의지 없는 윤리는 존재할 수 없으며, 이 자체로 이미 충분한 결론이다. 마거릿 Y. 헨리Margaret Y. Henry는 「키케로의 자유의지 문제 논술」에서 다음과 같이 말한다.

> 키케로는 결코 인과법칙을 부정하지 않는다. 그는 이미 일어난 사건과 자연적 요인이 인간에게 이런저런 성향을 부여한다는 것을 거리낌 없이 인정한다. 그러나 그는 그럼에도 인간은 성향과 무관하게, 심지어 성향에 맞서 자유롭게 특정 행동을 할 수 있다고 주장한다. (…) 그러므로 한 인간은 자신의 타고난 기질과 완

전히 다른 성격을 구축할 수 있을지 모른다.[22]

키케로는 스틸포와 소크라테스의 사례를 든다. "스틸포는 늘 취해있었고 소크라테스는 둔했으며 두 사람 다 육체적 방종에 빠졌다고 전해진다. 그러나 이들은 의지와 갈망, 훈련voluntate, studio, disciplina으로 타고난 결점을 근절하고 완전히 극복했다."[23]

키케로는 모든 것이 그저 운명이나 타고난 기질의 산물이라고 믿는다면 아무도 자기 행동에 책임을 지지 않을 것이고, 그러므로 정의도 없으리라 판단한다. 오늘날의 표현을 사용하면, 우리는 모두 그저 알고리즘일 뿐일 것이다. 더 나아가 타고난 성향보다 더 낫거나, 그 성향과 다른 자신이 되고자 할 이유도 없을 것이다.

의지와 갈망, 훈련. 바로 이런 것들을 통해 우리는 제3의 공간을 찾고 그 안에 존재할 수 있으며, 더욱 중요하게는 계속해서 그 공간에 머물 수 있다. (정해진 조건에 따라) 예 또는 아니요로만 대답해야 하는 상황에서 계속 이와 다른 대답을 하려면 강한 의지와 노력이 필요하다. 자신의 의지를 시험한 것으로 유명한 헤라클레스가 디오게네스의 영웅이었던 것도 아마 이러한 이유 때문일 것이다. 예를 들어 디오게네스가 좋아한 헤라클레스의 일화 중 하나는 최소 30년 동안 치우지 않은 왕의 외양간에서 수천 마리 소의 똥을 치운 일이었다. (디오게네스는 이스트미아 제전의 무대에서 이 이야기를 전하며 나름대로 자신의 의지를 시험했다. 이 똥 이야기의 절정에서, 그는 옷을 들어 올려 쭈그리고 앉은 뒤 무대 위에서 '저속한 짓'을 했다.[24])

사람들은 순전한 의지와 절제력을 가지고 자기 문화를 거부하는 사람들을 높이 평가한다. 예를 들어, 만약 디오게네스가 말년에 안락한 생활에 빠져 교외 주택에 살았다거나, 바틀비가 명령에 순종하거나 변호사의 눈을 보고 크게 "알았습니다" 혹은 "싫습니다"라고 외쳤다면 우리가 얼마나 실망했을지 생각해보라. 관습에 맞서 자신의 의지를 행사하는 것은 불편한 일이지만, 바로 그 점 때문에 경탄의 대상이 된다. 〈죽은 남자〉 퍼포먼스를 했던 톰 그린은 보도에 오래 엎드려 있을수록 (신체적으로나 정신적으로나) 더 불편할 텐데도 그 행동을 계속한다. 디오게네스가 사람들 앞에서 커다란 생선이나 치즈 덩어리를 흔쾌히 들고 있을 사람만 제자로 받아주겠다고 말했을 때 염두에 둔 것은 어쩌면 이런 종류의 사회적 체력일지 모른다.

행위예술가 테칭 시에Tehching Hsieh라면 분명 디오게네스의 제자로 받아들여졌을 것이다. 1978년에 그는 〈우리Cage Piece〉라는 제목의 퍼포먼스를 위해 자기 스튜디오에 대략 1제곱미터의 우리를 만들고 정확히 1년 동안 그 안을 벗어나지 않았다. 매일 한 친구가 찾아와 음식을 전달하고 쓰레기를 가져갔다. 이 밖에도 시에는 스스로 매우 엄격한 조건을 만들어서 말하거나 읽거나 쓰지 않았고 (하루가 지났음을 벽에 표시하는 것은 제외), 텔레비전을 보거나 라디오를 듣지도 않았다. 실제로 침대와 세면대 이

외에 우리 안에 있는 것은 시계 하나뿐이었다. 이 퍼포먼스는 한 달에 한두 번 대중에게 공개되었고, 그때가 아니면 시에는 늘 혼자였다. 무엇을 하며 그 시간을 보냈는지 묻는 질문에 시에는 생명을 유지했고 자신의 예술에 대해 생각했다고 말했다.

〈우리〉 퍼포먼스를 시작할 때 시에는 변호사를 불러 우리의 자물쇠가 잘 잠겨 있는지 확인하게 했고 퍼포먼스를 끝내기 전 다시 변호사를 불러 자물쇠가 훼손되지 않았음을 확인받았다. 시에에 관한 에세이에서 예술 작가 캐럴 베커Carol Becker는 "테칭 시에의 작품을 지배한 진짜 법칙은 자신이 고안해낸 엄격한 시스템이었음에도" 그가 법에 호소했다는 아이러니에 주목한다.[25] 베커는 시에를 훈련과 스스로에 대한 통제력으로 관객에게 감명을 주는 높이뛰기 선수에 빗댄다. 실제로 시에는 절제로 유명한 예술가다. 〈우리〉 퍼포먼스 이후에도 그는 줄곧 1년간 지속하는 작품을 만들었다. 〈시간기록계Time Clock Piece〉에서는 1년 동안 매시 정각에 시간을 기록했고, 〈야외Outdoor Piece〉에서는 1년간 자동차와 기차를 비롯한 실내에 들어가지 않았으며, 〈끈Rope Piece〉에서는 예술가 린다 몬타노Linda Montano와 1년간 끈으로 묶여 있었다(두 사람은 늘 같은 공간에 있었지만 서로 접촉하지는 않았다). 그리고 〈노 아트No Art Piece〉에서는 1년간 예술 활동을 하거나 작품을 보지 않았고 예술에 관한 글을 읽거나 대화를 나누지도 않았다.

2012년에 한 인터뷰에서 시에는 자신이 무언가를 참

고 견디는 예술가가 아니라고 말한다. 그리고 자신에게 가장 중요한 단어는 '의지'라고 말한다.[26] 〈우리〉를 잘 참고 견뎌낸 작품이 아니라 하나의 실험으로 받아들이면 시에의 말을 이해할 수 있다. 시간과 생존에 몰두하는 예술가 시에는 이 인터뷰에서 사람들이 삶을 의미로 채우기 위해 자신의 시간을 채우는 과정을 설명한다. 그러나 그의 진정한 관심은 그 반대편에 있었다. 모든 것을 비워내면 어떻게 될까? 이에 대한 호기심은 시에의 실험에서 나타나는 여러 가혹한 '통제'의 이유가 되었다. 제대로 하려면 실험은 순수해야 했다. 시에는 "나는 대중 앞에 모습을 드러냈지만 동시에 고립 상태의 질을 유지했다"라고 말했다.[27]

이 프로젝트를 비워내는 실험으로 보면 많은 사람이 거부로 유명한 또 한 사람을 떠올릴 것이다. 헨리 데이비드 소로Henry David Thoreau는 사회의 관습이나 편의에서 멀리 떨어진 오두막에서 간소하게 살아야 할 필요성에 대해 다음과 같은 유명한 말을 남겼다.

> 내가 숲속으로 들어간 것은 인생을 내 의도대로 살고 싶었기 때문이다. 인생의 본질에 직면하고 싶어서, 그것이 가르치는 바를 배울 수 있는지 알아보고 싶어서, 죽음을 맞이했을 때 제대로 살지 않았음을 깨닫고 싶지 않아서였다. (…) 나는 삶에 깊이 빠져들어 인생의 정수를 남김없이 빨아들이고 싶었다. 스파르타인처럼 강인하게 살아가며 삶이 아닌 것을 깡그리 파괴하고,

> 깨끗하게 길을 내어 인생을 궁지에 몰아넣고, 최소한의 조건만 남기려 했다. 그리하여 만약 인생이 하찮은 것으로 드러나면 그 순수한 비참함을 받아들여 세상에 알리고, 만약 인생이 숭고한 것이라면 직접 경험한 뒤 다음 여행에서 그 숭고함을 제대로 설명해내고 싶었다.[28]

소로도 마치 정해진 듯 보이는 질문의 바깥에서 제3의 공간을 찾아 헤맸다. 미국의 부당한 노예제도와 미국이 멕시코와 벌이는 노골적인 제국주의 전쟁에 환멸을 느낀 소로에게 문제는 어디에 투표하느냐가 아니라 투표를 하느냐, 아니면 투표 외에 완전히 다른 행동을 하느냐였다. 「시민 불복종의 의무」에서 그 '완전히 다른 행동'이란 더는 참을 수 없는 제도에 세금 내기를 거부하는 것이다. 이러한 행동이 위법임을 알았지만, 소로는 질문의 바깥에 서서 법 자체를 판단했다. 그는 이렇게 말했다. "만약 (법이) 다른 이에게 불의를 행하길 요구한다면 나는 그 법을 어기라고 말하겠다. 당신의 삶이 마찰을 일으켜 그 기계를 멈추게 하라."[29]

동굴의 비유를 사용한 플라톤처럼 소로도 관점에 따라 달라지는 진실을 상상한다. "정치인과 입법자는 철저히 제도 안에 서 있기 때문에 현실을 분명하고 명백하게 바라보지 못한다." 지상에서 보면 정부는 여러 면에서 존중할 만하지만, 현실을 보려면 더 높은 곳에 올라야 한다. “더 높은 곳에서 바라본다면 사람들이 정부에 대해 무어라 말할 것인가? 정부를 지켜보거나 정부에 대해 생각할 가치가 있다고 말할 것 같은가?” 동굴에서 나온 이들이 고통받을 것이라는 플라톤의 말처럼, 소로가 말한 ‘높은 곳으로 올라간다는 것’은 일요일의 공원 산책 같은 것이 아니다. 오히려 대다수가 낮은 언덕에 머물고 싶어 할 때 높은 산꼭대기로 향하는 기나긴 하이킹에 가깝다.

> 순수한 진실의 원천을 모르는 사람들, 진실의 시냇물을 따라 더 높은 곳으로 올라가 보지 않은 사람들은 성경과 헌법 옆에 서서 경건하게 물을 들이켠다. 그러나 그 물이 어디서 호수와 못으로 흘러드는지를 본 사람은 다시금 각오를 다지고 수원을 향해 순례를 이어간다.[30]

그곳에서는 사물이 이전과 달리 보인다. 여기서 왜 소로의 세상이 디오게네스와 장자의 세상처럼 반전으로 가득 차 있는지를 알 수 있다. 인간이 법을 준수하는 기계가 된 세상에서 가장 나쁜 사람은 가장 선한 사람이요, 가장 선한 사람은 가장 나쁜 사람이다. 이 세상에서 멕시코에 싸우러 가는 군인들은 “허수아비나 흙덩이 이상으로 존경받지 못하고”, 정부는 “예수를 십자가에 매달고 코페르니쿠스와 루서를 파문하며, 워싱턴과 프랭클린이 반역자라 선언”한다. 소로가 마을에서 진정으로 자유롭다고 느끼는 유일한 장소는 감옥이다. 소로에게 살아 있는 것은 곧 도덕적 판단을 내리는 것이며, 이 기준에서 보면 그의 주위에 있는 사람들은 대부분 이미 죽은 상태다. 소로는 그들에게서 인간-기계를 본다. 이들은 프로그래밍되어 정해진 범위 내에서만 자유로운 『스키너의 월든 투』나 〈웨스트월드〉 속 인물들과 그리 다르지 않다.

소로가 쓴 글의 제목 '시민 불복종의 의무'는 윌리엄 페일리William Paley의 「시민정부에 복종할 의무」에 대한 반박이다. 소로가 보기에 페일리는 사실상 죽은 사람이나 마찬가지다. 페일리는 저항의 원인을 "위험과 불만의 정도를 따져보고 개선의 가능성과 비용을 계산한 결과"로 바라보기 때문이다.[31] 도덕적 판단은 비용편익분석으로 대체된다. 페일리의 생각은 AI가 저항하는 능력이 필요한지, 필요하다면 언제 필요한지를 결정하는 방식과 유사해 보인다. 그러나 소로가 앉아 있는 이성의 산꼭대기에서 보면 페일리는 평지에 갇혀 있다. 그곳에서 페일리는 "편의의 원칙에 어긋나거나 개인과 국민이 어떤 대가를 치르더라도 반드시 정의를 실천해야 하는 경우를 한 번도 숙고해보지 않은 것처럼 보인다".

그러나 이는 곧 소로가 감옥에서 나오더라도 자신의 관점 때문에 영원한 거부의 삶에 갇힌다는 것을 의미한다. 그는 "조용히 정부에 전쟁을 선포"하며, 자신이 추구하는 가치를 전혀 공유하지 않는 세상에서 망명자로 살아야만 한다. 이러한 소로의 상태는 사실 내가 앞에서 말한 '한 발짝 떨어지기'와 같다. 미래의 관점에서 현재를 바라보고, 정의의 관점에서 불의를 바라보는 소로는 아직 이상이 실현되지 않은 불편한 공간에서 살아가야 한다. 그러나 희망과 절제력이 그를 그곳에 머물게 하고, '그 어디서도 본 적 없는 상상 속의 완벽하고 영예로운 정부'를 지향하게 한다.

「시민 불복종의 의무」는 비슷한 감정을 품은 사람들을 찾아 나서려는 시도이기도 하다. 많은 개인이 계속 게임에 참여하는 대신 일시에 도덕적 판단을 내리기로 한다면, 그때만큼은 게임의 양상이 실제로 변할지도 모른다는 것이 소로의 궁극적 희망이었다. 개인에서 집단으로의 이행이 성공적으로 이루어지려면 또 다른 형태의 의지와 갈망, 훈련이 수반되어야 한다. 우리는 디오게네스와 바틀비, 소로의 이야기를 접하며 절제가 지배적인 법이나 관습에 맞서 자신만의 '법칙'을 만들어내는 것임을 이해했다. 그러나 성공적인 집단적 저항에서는 그다음 수준의 절제와 훈련이 요구된다. 이때 다수의 개인은 서로를 지지하며 거부의 공간을 열어놓을 수 있는 유연한 합의의 구조를 형성한다. 이러한 집단적 지지는 개인의 치열한 자기 절제의 결과물로 나타나는데, 마치 여러 명의 소로가 다 함께 거부에 나서는 것과 같다. 그렇게 함으로써 (도피가 아닌 거부와 보이콧, 사보타주를 위한) '제3의 공간'은 더 큰 규모의 대중에게 인식되는 불복종의 광경이 될 수 있다.

샌프란시스코에 있는 한 기업 마케팅팀에서 일할 때 나는 사소하고 이기적인 저항 행위로 기나긴 점심시간을 즐기곤 했다. 그럴 때면 엠바카데로 부둣가에 앉아 베이브리지와 바다오리를 슬픈 눈으로 바라보았다. 그러나 그 생명체들이 오리가 아니라 쌍뿔가마우지라는 사실은 몰랐다. 또 하나 몰랐던 것은 내가 1934년의 전례 없고 경이로운 조직적 저항의 현장에 앉아 있다는 사실이었다.

해운 관련 시설이 대부분 오클랜드항으로 이동하기 전에 부두 노동자들은 미래의 내 점심 식사 장소 근처에 있는 부산한 항구에서 일했다. 대부분 최저임금으로 근근이 살아가던 부두 노동자들은 고되게 일하면서도 다시 고용되기 위해 줄을 서야 하는(사람을 지치게 하는 이 방식은 '셰이프 업shape-up'이라 불렸다) 불안정한 조건을 감내해야 했다. 이들의 시간은 잠정적인 고용주의 변덕뿐 아니라 해운업의 예측 불가능한 리듬에 좌지우지되었다. 일단 고용된 이후에는 더욱더 빠른 속도로 일할 것을 요구받았고, 그만큼 산재 위험이 커졌다. 그러나 부두 노동자들은 이러한 조건을 거부할 수 없었다. 그 일자리를, 그 학대를 기꺼이 받아들일 사람이 늘 존재했기 때문이다. 전 부두 노동자는 불만을 표현하는 것이 자신에게 가능한 선택지가 아니었다고 말한다. "그런 말을 하면 그냥 잘리는 겁니다."[32]

1932년에 익명의 한 집단이 알려지지 않은 장소에서 '부두 노동자The Waterfront Worker'라는 제목의 전단을 제작하고 배포하기 시작했다. 자칭 '서민 저널리스트'인 마이크 퀸Mike Quin은 "이들은 그저 모든 부두 노동자가 오래전부터 알고 있었던 사실을 말하고, 모든 부두 노동자의 마음속에서 부글부글 끓는 분노를 있는 그대로 표현했을 뿐이다"라고 말한다.[33] 이 전단은 곧 수천 부가 배포되었다. 그리고 이듬해인 1933년, 전국산업부흥법National Industrial Recovery Act이 제정되면서 노동조합에 가입하고 단체교섭을 벌일 권리가 보장되었다. 많은 부두 노동자가 기업에서 운영하는 쓸모없는 조합을 떠나 국제항만노동자협회ILA에 가입했다. 이들은 월급을 받는 조합 임원이 아니라 실제 부두 노동자들로 구성된 새로운 정치 조직을 꾸리기 시작했다.

파업에 앞서 노동자들은 샌프란시스코에서 대표자 회의를 열었다. 대표자들(모두가 부두에서 일했다)은 서부 해안 전역에서 일하는 부두 노동자 1만 4천여 명을 대변했다. 나는 이 조합 활동이 내가 말한 '제3의 공간'의 일례라고 본다. 당시의 노동조합이 기존 전선 바깥에 위치한, 인종 통합적이고 명백하게 민주적인 공간이었기 때문이다. 퀸은 이렇게 말한다. "고용주와 기업에 속한 조합 임원들이 아무 쓸모없는 협상을 벌이는 동안 부두 노동자들은 계속해서 파업을 준비했다."[34]

노동조합이 직접 부두 노동자 직업소개소를 운영하겠다는 요구를 산업협회Industrial Association가 받아들이지 않자 상황이 급박해졌다. 이 거절은 큰 걸림돌이었는데, 누가 고용될지 결정하는 직업소개소를 노동조합 측에서 운영하지 않으면 셰이프 업이라는 정치적 압박은 본질적으로 변하지 않을 것이고, 파업 이후 기업으로부터 앙갚음을 당할 수도 있었기 때문이다. 노동조합은 투표를 실시했고 거의 만장일치로 파업이 결정되었다. 5월 9일, 노동자들은 서부 해안 전역의 항구에서 작업을 중단하고 3,200킬로미터에 달하는 부두 운영을 묶어놓았다.

파업을 이어가려면 현실적으로 조합 안팎의 협력이 필요했다. 전국의 지지자들로 구성된 지지 네트워크에서 수천 달러를 보내왔으며, 매일 수천 명의 노동자에게 음식을 나누어 준 무료 급식소는 여러 작은 농장들에서 트럭으로 농산물을 제공받았다. 여성들은 ILA 여성 단체를 조직해 재정난을 겪는 노동자들의 구제 신청을 처리하고 무료 급식소 일을 도왔다. 경찰이 고용주의 손아귀에 있음을 감지한 노동자들은 (역시 부두 노동자인) 담당 요원과 연결되는 비상 연락망을 갖춘 치안 부대를 조직해 부두에서 발생한 소란을 자체적으로 해결했다.[35] 그러는 내내 노동조합은 계속해서 회의를 열고 조합원 투표를 실시했다.

피켓라인(파업을 유지하고 확대하기 위해 노동자들이 전략적으로 형성한 대열-옮긴이)과 마찬가지로 파업의 힘은 그 연속성에서 온다. 늘 그렇듯이 고용주들은 전선을 무너뜨리기 위해 모든 노력을 기울였다. 초기에는 항구마다 별도로 협상을 진행해 해안 전역의 부두 노동자들이 연합하는 것을 막으려 했다. 이들은 파업 방해꾼을 고용해(그중에는 대학 풋볼 선수도 있었다) 식사와 빨래, 오락거리와 은행 시설 등 안락한 서비스를 갖춘 계류 선박 위의 숙소와 경찰 호위를 제공했다. 또 노동자들 사이에 인종차별로 인한 분란을 일으키려고 했다. 퀸은 "천한 일을 제외하면 흑인을 절대 고용하지 않던 상관들이 흑인을 파업 방해꾼으로 고용하려고 특수하지만 그리 성공적이지는 않은 노력을 기울였다"라고 말한다.[36] 엠바카데로 부두 전역에서 매일 수천 명이 피켓을 들고 시위에 나섰고, 그 한결같은 광경이 구경꾼들에게 감명을 주었다. 그러자 경찰은 특정 조례를 선별 적용하기로 하고, 말을 이용해 시위대를 보도에서 쫓아냈다. 한편 고용주들은 무료 급식을 먹기 위해 한 블록에 걸쳐 네 줄로 늘어선 노동자들의 의지를 꺾으려고 역겨운 광고를 내걸었다.

> 우리는 이 산업이 감당할 수 있는 선에서 최대한 많은 급료를 지급하고 싶습니다. 우리는 언제나 최고 수준의 임금을 지급했고, 앞으로도 계속 그럴 것입니다.
> 아직 경기가 회복되지 않았습니다. 회복하는 과정일 뿐입니다. 여러분의 행동은 도움이 아니라 피해를 주고 있습니다. 본인들에게, 우리에게, 샌프란시스코에 다시 경제 위기를 가져오고 있습니다.
> 여러분은 지금 무분별한 파업을 벌이고 있습니다. 이성을 찾으십시오.[37]

1934년 총파업으로 이어진 사건을 촉발한 것은 전선을 무너뜨리려는 이 같은 노력이었다. 고용주들의 입장을 대변하는 산업협회는 강제로 항구를 열고 피켓라인을 향해 트럭을 몰았다. 산업협회가 시위대 진영 안으로 더 깊숙이 들어가려 하자 폭력 사태가 발발했고, 두 사람이 경찰의 손에 목숨을 잃었다. 한 명은 파업에 참여한 부두 노동자였고 다른 한 명은 무료 급식소의 자원봉사자였다. 사람들은 즉시 그 자리에 꽃과 화환을 놓았다. 경찰이 도착해 꽃을 치우고 시위대를 몰아냈으나 시위대는 다시 돌아와 새로운 꽃을 놓고 경비를 섰다.

다음 날 사망자의 친구와 가족들이 조촐한 추도식을 가졌다. 이후 울적한 마음으로 시내로 향한 이들은 뜻밖의 인파를 만났다. 파업 노동자와 지지자, 구경꾼 수천 명이 이들 곁에서 말없이 함께 걸었다. 이 파업의 역사를 다룬 저서에서 데이비드 셀빈David Selvin은 신문들이 이날의 웅장하고 고요한 분위기를 묘사하는 데 애를 먹었다고 말한다. 《샌프란시스코 크로니클》의 로이스 브라이어Royce Brier는 이렇게 썼다. "끝이 보이지 않을 정도로 많은 사람이 질서 정연하게 줄을 서서 침묵 속에서 행진했다. 그때까지 샌프란시스코에서 일어난 모든 사건을 뛰어넘는 대규모 저항 시위였다."[38] 틸리 올슨Tillie Olsen은 산업협회가 느꼈을 충격을 상상했다. "이 사람들은 어디서 왔는가? 샌프란시스코의 어디에, 어느 공장에, 어느 부두에 숨어 있었나? 이들은 무엇을 하고 있나? 행진하고, 가만히 서서 지켜보고 있다. 아무 말 없이 그저 지켜보고 있다."[39]

사람들의 뇌리에 각인된 이 순간이 터닝포인트가 되었다. 셀빈은 전에도 총파업 이야기가 돌았으나 "이 엄숙한 침묵의 행진이 총파업을 불가피하게 만들었다"라고 말한다. 이날 이후 며칠 동안 베이 근처의 노동자 15만 명이 파업에 동참했다.

개인에게 있어서 집중하거나 관심을 기울이는 것은 곧 정렬을 의미한다. 정신과 몸을 하나로 모아 같은 곳을 지향하는 것. 어느 하나에 관심을 기울이는 것은 나머지에 관심을 기울이지 않기 위해 저항하는 것과 같다. 즉 자기 관심 영역 바깥에 있는 자극을 끊임없이 부정하고 저지하는 것이다. 이와 달리 산만한 상태에서 우리의 마음은 여기저기에 흩어져 있다. 서로 다른 방향을 동시에 가리키고 유의미한 행동을 방해한다. 이는 집단의 경우에도 마찬가지다. 개인이 집중하고 의도적으로 행동하려면 마음을 정렬해야 하듯이, 사회운동이 앞으로 나아가는 데에도 정렬이 필요하다. 중요한 것은 이때의 정렬이 상의하달식 과정이 아니라 같은 것에, 또 서로에게 관심이 있는 개인 간의 상호 합의라는 것이다.

내가 개인의 집중과 집단의 집중을 연결하는 것은 이를 통해 관심 부족의 결과를 더 명확하게 드러낼 수 있기 때문이다. 항상 산만한 상태로 살아가는 것은 유쾌하지 않고, 의식적으로 사고하고 행동하지 않는 삶은 피폐하다. 그러나 문제는 이뿐만이 아니다. 만약 집단이 주체적으로 행동하기 위해서 '관심을 기울일 수 있는' 개인의 능력이 요구된다면, 행동이 필요한 시기에 산만한 상태에 있는 것은 집단의 생사가 걸린 문제가 된다. 집중하거나 의사소통하지 못하는 사회조직은 생각하거나 행동하지 못하는 개인과 같다. 1장에서 나는 베라르디가 『미래 이후』에서 말한 연결성과 민감성의 차이를 언급했다. 여기서 우리는 이러한 차이가 왜 중요한지를 알 수 있다. 베라르디는 민감성이 연결성으로 대체되면 "침착하지 못하고, 공동의 행동 전략을 세우지 못하며, 공동의 서사를 쌓거나 연대하지 못하는 사회적 뇌가 나타난다"고 본다.

이처럼 '분열된' 집단적 뇌는 행동을 이끌어내지 못한다. 빗발치는 자극에, 주로 두려움과 분노로 맹목적이고 산만하게 반응할 뿐이다. 이는 지속해서 이어나가야 할 거부와 저항의 움직임에 나쁜 영향을 미친다. 처음에는 거부가 하나의 반응처럼 보일지 몰라도, 한두 번이 아니라 상황이 바뀔 때까지 지속적으로 거부하겠다는 결정을 내리는 것은 곧 개인적이거나 집단적인 헌신을 고수하겠다는 의미다. 이러한 헌신에서 행동이 나온다. 사회운동의 역사를 보면 즉흥적인 반응처럼 보인 것들도 사실은 계획된 행동인 경우가 많다. 예를 들어 윌리엄 T. 마틴 리치스William T. Martin Riches가 몽고메리 버스 보이콧(흑인 여성 로자 파크스Rosa Parks가 버스에서 백인 승객에게 자리를 양보하지 않아 체포되자 흑인들이 인종 분리정책에 반대하며 버스 탑승을 보이콧한 운동–옮긴이)에 관한 설명에서 상기시키듯이, 로자 파크스가 자리에서 일어나기를 거부했을 때 그는 '반응이 아닌 행동'을 하고 있었다. 이때 이미 파크스는 이 운동의 여러 핵심 인물을 배출한 하일랜더 민속학교에서 교육받으며 여러 활동가 조직에 몸담고 있었다.[40] 이 버스 보이콧 운동은 유의미한 거부 행위는 두려움과 분노, 히스테리가 아니라 조직적인 움직임을 가능하게 하는 집중력과 관심에서 나온다는 사실을 보여준다.

문제는 많은 사람에게 두려워할 것이 있고, 거기에는 그럴 만한 이유가 있다는 것이다. 거부라는 선택지를 취하려면 개인적 차원(거부의 결과를 개인이 감당할 수 있어야 한다)과 사회적 차원(불복종을 대하는 법의 태도는 사회마다 다를 수 있다)에서 여유와 자유의 공간이 있어야 한다. 로자 파크스와 그의 가족은 파크스가 체포된 이후 심하게 무너졌다. 파크스는 보이콧 이후 10년간 정직원으로 일하지 못했고 체중이 줄었으며 궤양으로 입원했다. 또 흑인 인권 단체 전미흑인지위향상협회NAACP의 한 지부에서 조합원들이 파크스를 도우라고 중앙 본부를 압박하기 전까지 극심한 재정난을 겪었다.[41]

심지어 잃을 게 아무것도 없어 보이던 디오게네스도 일종의 여유가 있었다. 나비아는 디오게네스를 비판한 패런드 세이어Farrand Sayre의 글을 언급한다. 세이어는 법과 날씨의 측면에서 그리스의 도시들이 디오게네스에게 우호적이었다고 말했다.

> 디오게네스가 삶에서 누린 행복은, 디오게네스 본인은 자신의 지혜 덕분이라고 생각한 것 같지만, 사실은 대개 그가 통제할 수 없는 우호적 환경 덕분이었다. 그리스의 날씨는 온화하고 기온 변화가 적어서 길 위에서 사는 데 큰 문제가 없었고, 코린트와 아테네 정부는 외국인과 떠돌이를 용인했으며, 그 시대 그리스인들도 걸인들에게 관대했던 것으로 보인다.[42]

소로 역시 자신이 감옥에서 나올 수 있었던 것은 누군가가 본인 대신 세금을 내주었기 때문이라고 책에서 밝힌다. 바틀비에게는 그러한 자원이 없었으며, 그의 운명이 이 사실을 잘 보여준다. 바틀비는 감옥에서 죽는다.

이는 대규모 거부 행동에 참가하는 사람들이 대부분 학생인 이유를 설명해준다. 1960년의 그린즈버러로 연좌 농성(레스토랑의 인종차별에 항의하며 흑인 학생들이 벌인 비폭력 흑인 인권 운동–옮긴이)에 참여한 학생들을 도왔던 베넷 대학교 미대 교수 제임스 C. 맥밀런James C. McMillan의 말에 따르면 "어른들은 가진 것을 잃는 위험에 빠지기를 꺼렸지만 학생들은 아직 투자한 것도, 경제적 지위도 없었기에 이후 따를지도 모를 앙갚음에 취약하지 않았다".[43] 농성에 참여한 학생들은 백인 고용주에게 휘둘리는 대신 흑인 대학의 보호를 받을 수 있었다. 반면 맥밀런은 이 학생들에게 지지를 표명한 노동자계급 흑인 주민들은 폭력과 실업의 위협에 시달렸다고 말한다. 이들이 누릴 수 있는 자유는 훨씬 적었다.

제도적 지원은 개인이 거부권을 행사할 여유를 갖는 데 큰 도움이 될 수 있다. 연좌 농성 당시 여러 흑인 대학의 교수진이 학생들에게 조언해주었고, 전미흑인지위향상협회가 법적 지원을 제공했으며, 그 밖의 다른 조직은 학생들과 비폭력 훈련 워크숍을 진행했다. 농성에 참여했다는 이유로 학생들을 처벌하지 않겠다는 베넷 대학교 행정부의 결정도 주요했다. 당시 베넷 대학교 총장이던 윌라 B. 플레이어Willa B. Player는 "학생들이 인문교양 교육에서 마땅히 가르쳐야 할 신조를 따르고 있으므로 농성을 지속하도록 허락해야 한다"라고 말했다.[44] (행정적 지원의 최근 사례로는, 2018년 MIT가 플로리다 파클랜드에서 총기 규제를 요구하는 시위에 참여했다가 체포된 고등학생들을 외면하지 않겠다고 선언한 일이 있다.[45])

불법으로 간주되는 집단적 저항 행위는 확실히 참여자들에게 더 큰 '대가'를 요구한다. 1930년대와 1940년대에 노동조합은 노동자들의 파업 참여에 필요한 공적 보호 장치를 제공했고, 이러한 보호는 결국 법으로 성문화되었다(어쨌거나 잠시 동안은 그랬다). 샌프란시스코 총파업에 관한 저서에서 셀빈은 1933년에 전국산업부흥법이 노조에 가입할 권리를 보장하기 전에는 개인의 거부 행동에 아무런 의미가 없었다고 말한다.

> 물론 자유노동시장에서 부두 노동자나 선원은 자유롭게 선주의 제안을 받아들일 수도 있고 거절할 수도 있었다. 그러나 현실적으로 볼 때 아무 자원 없이 홀로 서서 최소한의 수입으로 근근이 살아가는 부두 노동자와 선원은 저항할 힘이 전혀 없었다.[46]

이제 이러한 여유는 거의 사라진 듯 보인다. 1930년대의 부두 노동자들과 공통분모가 적은 현대의 노동자들도 부두 노동자의 빡빡한 작업 일정에 감정을 이입할 수 있다. 훗날 워터프런트고용주협회Waterfront Employers Association의 회장이 된 프랭크 P. 포이지Frank P. Foisie는 이 일정을 다음과 같이 묘사했다.

> (부두 노동자들의 노동은) 공황과 불경기에 큰 타격을 받는 데다, 매일 시간 단위로 바뀌는 특유의 변동성까지 감당해야 한다. 선박에서 짐을 내리고 싣는 일은 배들의 불확실한 도착 시각과 다양한 종류의 화물, 장비 상태, 매일 바뀌는 고용주 같은 여러 변수들에 휘둘리고, 시간과 조수, 날씨 같은 요소에 좌우된다. (…) 고용은 날짜 단위가 아니라 시간 단위로 결정되고, 결코 안정적이지 않다.[47]

노동조합이 생기기 전 부두 노동자들의 시간 경험은 자본가의 변덕에 달려 있었다. 1932년에 법이 제정되며 노조 조직이 가능해졌지만, 1947년에 제정된 태프트-하틀리 법Taft-Hartley Act에서 노조 간의 파업 협력을 금지하며 노조의 호시절은 끝났다.

오늘날 무자비한 자본주의 체제에 복종하는 것은 매우 자연스러운 일처럼 보인다. 제이컵 S. 해커Jacob S. Hacker는 2006년에 발간한 저서 『리스크 대이동The Great Risk Shift』에서 1970년대와 1980년대에 정부 규제 없이 기업과 피고용인 간에 이루어진 '새로운 계약'을 다음과 같이 설명한다.

> 새로운 계약의 본질에는 경제학자들이 노동의 '현물

시장'이라 칭한 것, 즉 당시의 경제 상황과 기량을 고려해 그 자리에서 요구할 수 있는 금액에 노동자들이 끊임없이 맞붙어야 한다는 개념이 있었다.[48]

이 새로운 계약은 기업과 피고용인이 마치 결혼 생활을 하듯 운명의 부침을 함께했던 과거의 계약과 현저히 다르다. 해커는 1980년대에 제너럴일렉트릭의 CEO가 직원들에게 보낸 글을 인용한다. "만약 회사가 저조한 성과를 못 본 척하는 것이 신의라면 신의는 더 이상 고려 대상이 아니다."[49] 전 세계적인 '현물시장'에서 기업들은 오로지 경쟁력을 유지할 필요성에서만 움직이며, 생산 조직으로서 경쟁력 유지에 필요한 일을 전부 개인에게 떠넘긴다.

정부의 보호 수단이 사라짐과 더불어 이 '새로운 계약'은 거부할 수 있는 여유를 빼앗고 경제적 공포 속에 사는 삶을 불러온다. 아직은 불안정한 삶을 당연하게 여기지 않았던 사람들이 직면한 새로운 상황에서 여유는 완전히 사라졌다. "점점 더 많은 사람이 자신이 경제적 줄타기를 하고 있으며, (그 어느 때보다 큰 가능성으로) 발을 헛디뎌도 자신을 받아줄 적절한 안전망이 없다는 사실을 깨닫고 있다."[50]

마음챙김과 관심에 관한 모든 논의는 마땅히 이러한 현실을 다루어야 한다. 예를들어 나는 바바라 에런라이크 Barbara Ehrenreich가 저서 『노동의 배신』을 쓰며 저임금 노동을 할 때 만난 사람들에게 '아무것도 하지 않기'를 제안할 수 없다. 에런라이크와 그의 동료들은 돈과 시간, 체력의 한계 사이에서 균형을 맞추는 불가능한 난제를 해결하느라 여념이 없다. 이 수수께끼를 푼다고 하더라도 에런라이크에게는 여전히 다른 문제가 남아 있다. “1년에 360일 이상 정신없이 비천한 일을 하면 정신적 혹사에 의한 손상이 생길까?”[51]

거의 모든 종류의 서비스를 아웃소싱할 수 있는 시대에는 화이트칼라 노동자들도 상사의 지시를 무조건 따른다. 『크나큰 압박The Big Squeeze』에서 스티븐 그린하우스Steven Greenhouse는 셀빈이 묘사한 부두 노동자들의 태도(“그러면 그냥 잘리는 겁니다”)를 화이트칼라 노동자들에게서 발견한다.

> 많은 노동자가 해고 통보를 받는 것이 두려워서 과도한 업무량에 항의하거나 임금 인상을 요구하지 못한다. 세계화로 인해 수십만 개의 화이트칼라 일자리가 해외로 빠져나가면서 이러한 두려움은 점점 더 커지고 있다.[52]

2016년, 작가이자 블로거인 탈리아 제인Talia Jane은 위험을 무릅쓰고 사측에 항의한 뒤 일자리를 잃었다. 제인은 옐프Yelp에서 고객서비스 담당자로 일했지만 베이 지역의 높은 물가 때문에 수입과 지출의 균형을 맞추지 못했다. 회사에 공개편지를 보내 이 상황을 알리고 최저임금을 요구한 제인은 1,000달러의 수당을 받고 해고된 뒤 복직이 금지되었다. 이후 옐프는 임금을 올렸으나 제인의 항의와 아무 관련이 없다고 주장했다. 제인의 이야기는 밀레니얼에 대한 담론에서 하나의 참조 사례가 되었고 제인은 유명인사가 되었다. 그러나 2018년 9월, 제인은 여전히 더 의미 있는 일자리를 찾고 있었다. 자신의 여유 없는 삶에 관해 제인은 이런 트윗을 올렸다.

> 내가 3개월 뒤에도 스무디 만드는 일을 계속하고 있다면 맹세코 나는 미쳐버릴 거다. (…) 내가 지금도 여전히 아침에 일어나서 출근하는 건 내 꿈을 좇아 보람도 성취감도 발전도 없는 이 일을 그만둘 수 있게 해줄 안전망이 없기 때문이다.[53]

파업이 있기 전 자본의 부침에서 전혀 보호받지 못하고 "24시간 교대 근무를 견디며 다음 일을 하기 전에 쉬지도 못하고 끼니조차 제때 챙기지 못했던" 1930년대 부두 노동자의 현실을 묘사한 셀빈의 글을 읽으면, 오늘날의 '새로운 계약'과 탈리아 제인이 처한 상황 이외에도 떠오르는 사람들이 있다. 바로 내가 가르치는 학생들이다.

2013년, 스탠퍼드 대학교에서 내 첫 번째 예술학 강의에 들어온 학생들은 내가 '스탠퍼드 오리 신드롬'이라는 말을 모른다는 사실에 깜짝 놀랐다. 학생들을 평온해 보이지만 수면 아래서는 격렬하게 발차기를 하는 오리에 빗댄 이 표현은 성과에 집착하는 환경에서 벌이는 각개전투에 관한 농담이다. 《스탠퍼드 데일리》의 필자 타이거 선

Tiger Sun은 「오리 신드롬과 비참함의 문화」라는 글에서 자기 생일이 낀 주말에 이틀 내내 밤을 새워가며 공부를 한 친구에 관해 이야기한다. 선과 그의 친구들은 그의 얼굴이 빨갛게 상기된 것을 보고 걱정스러워 체온을 재본다. 무려 39℃다. 하지만 이제 그만 쉬라고 아무리 간절하게 말해도 친구는 계속 자기 할 일을 한다. 선은 이렇게 말한다.

> 몸에 이상이 있는 상황에서도 전력 질주하며 자신의 건강을 절벽 밑으로 떨어뜨리는 모습은 '갈리거나 죽거나'인 대학의 유독한 분위기를 고스란히 드러낸다. 의식적으로 비참해지는 길을 선택하는 것이 아니다. 가끔은 나의 건강을 챙기는 일이 길티 플레저처럼 느껴질 때가 있다. (…) 우리는 무의식적으로 극도의 피로감과 좋은 학생을 동일시한다.[54]

선은 학교 측이 신입생 오리엔테이션에서 자기 돌봄을 강조하지만 "이곳에 있는 사람들 모두가 그 말을 이해하지는 못한 것 같다"라고 덧붙인다.

학생들은 종종 스탠퍼드의 밈meme을 올리는 페이스북 페이지('에지 트리를 위한 스탠퍼드 밈Stanford memes for Edgy Trees')에서 이러한 종류의 스트레스를 발산한다. 이곳에는 불안과 실패, 수면 부족에 관한 밈이 많이 올라온다. 이 밈들이 재미있는 이유는 사실 학생들이 고된 현실('스탠퍼드 오리'의 맹렬한 발차기)을 인정하기를 꺼리기 때문이다. 이 농담들에는 체념이 서려 있다. 학생들이 내게 이 밈 페이지를 알려줄 때 한 말은 다른 학교 학생들이《뉴욕매거진》에 자신들의 밈 페이지에 대해 한 말과 비슷했다.[55] 이 농담들은 주로 스트레스와 불안에서 나오며, 밈 페이지가 이러한 감정을 해소할 수 있는 유용한 공간이 되어준다는 것이었다.

이러한 이유로 (또한 대부분의 밈이 진짜로 재미있기 때문에) 나는 '에지 트리를 위한 스탠퍼드 밈' 페이지가 있어서 다행이라고 생각한다. 그러나 한편으로 이 페이지의 존재는 나를 우울하게 만든다. 제아무리 힘든 상황을 유머러스하게 받아들인다 해도, 대학 측이나 일부 학생이 아무리 자기 돌봄을 강조한다 해도, 이 학생들은 우리 모두를 압박하는 시장 수요의 영향 아래 있다. 적어도 내 경험에서 봤을 때 이 학생들은 일이 좋아서 일 중독자가 되는 게 아니다. 일 중독은 대학 안팎에 존재하는 매우 실질적인 문제에 대한 현실적인 두려움에서 비롯된다. 수면 부족에 관한 밈에 "이거 내 얘기야"라고 댓글을 달며 스트레스를 풀거나, 부족한 잠을 보충하려고 하루 정도 휴식을 취한다고 해도, 이 학생들 앞에 놓인 경제적 불안정이라는 본질적 문제는 해결되지 않는다. 공부하면서 돈까지 벌어야 하는 혜택 받지 못한 학생들은 이미 이 문제에 부딪혀 있다. 학비의 공포도, 점점 줄어드는 안정성의 지분을 끝내 얻어내지 못할 거라는 두려움도 해소되지 않는다.

실제로 이 페이스북 페이지의 신랄한 농담들은 학생들이 이 사실을 인지하고 있음을 보여준다. 어떤 밈은 도널드 트럼프가 마이크 펜스와 대화를 나누며 눈앞의 커다란 빈 곳을 가리키는 사진을 이용해, 트럼프에는 '나의 대학', 펜스에는 '대학을 졸업한 나', 빈 곳에는 '취업 전망'이라 써놓았다.[56] 또 다른 밈은 스탠퍼드 대학교의 스냅챗 지오필터(사용자의 위치에 어울리는 필터를 제공하는 스냅챗 서비스-옮긴이)를 이용한 스크린숏으로, 누군가의 정수리와 천장이 보이는 사진 아래 이런 글을 적어두었다. "기업가 정신과 기술의 압박 속에서 막대한 부에 둘러싸여 있는 이 지역에서 중산층은 침실 하나짜리 아파트조차 찾을 수 없음."[57] UC 버클리의 밈 페이지에는 누군가가 '판매된 강아지의 댄스 비디오'라는 제목의 동영상을 올렸다. '판매 완료'라고 써 붙여놓은 유리 케이지를 앞발로 긁는 강아지의 사랑스러운 모습이 담긴 영상 옆에는 이렇게 쓰여 있었다. "여름 인턴십에 합격해 거대한 자본주의 기계 속 부품 하나가 된 것을 자축할 때."[58]

이 사실을 알기에 내 수업이 배운 내용을 쉽게 써먹을 수 없다는 점에서 실용적이지 않다는 데 학생들이 불만을 가져도 이해할 수 있다. 나는 이것이 학생들의 상상력이 부족해서 나타나는 문제가 아니라는 사실을 알게 되었다. 감히 추측하건대 이건 매 순간이 돈 되는 일자리를 얻기 위한 준비 과정이어야 한다는 냉혹한 진실을 인지하고 있는 것에 가깝다. 어린 시절과 교육의 무자비한 전문화를 다룬 책 『밀레니얼 선언』에서 저자 맬컴 해리스Malcolm Harris는 "만약 대다수 사람들이 이런 식으로 살기 시작한다면 밤늦게까지 일하는 것은 남보다 유리해지기 위한 행동이 아니라 취약해지지 않기 위한 행동이 된다"고 말한다.[59] 본인 역시 밀레니얼인 해리스는 사회적 위험이 잠재적 피고용인인 학생들에게 전가되었다고 주장한다. 이제 학생들은 언제나 접속 상태고, 늘 시간이 있으며, 수면 등의 기본 욕구를 포기할 '혁신적인' 방법을 찾는, 대단히 생산적인 '기업가'가 되어야 한다. 학생들은 복잡한 책략을 제때 능숙하게 실행한다. 이때 한 번이라도 발을 삐끗하면(그게 성적에서 B를 받는 일이든 시위에 참여했다가 체포되는 일이든) 평생 돌이킬 수 없는 결과로 이어질 수 있다.

관심의 맥락에서 나는 이러한 두려움이 청년들에게서 개인적으로나 집단적으로나 집중할 수 있는 능력을 빼앗는다고 생각한다. 원자화된 경쟁적 환경이 개인의 관심을 방해하는 이유는, 안정성을 두고 다투는 끔찍하고 근시안적인 전쟁에서는 안정성을 제외한 모든 것이 사라지기 때문이다. 또한 이러한 환경이 집단적 관심을 방해하는 이유는 학생들이 자신의 경계 안에 갇혀 각개전투를 벌이거나, 더 나쁘면 서로 치열하게 경쟁하게 되기 때문이다. 『밀레니얼 선언』에서 해리스는 경제적 불안정이 밀레니얼의 조직화에 미칠 영향을 지적한다. "만약 우리가 작디작은 우위를 점하기 위해 서로 싸운다면, 집단의 이익이 아닌 고용주라는 소규모 계층의 이익을 위해 협력한다면(이것이 우리의 현실이다), 우리는 더 거대한 제도적 폐해에 맞서 자신을 보호할 능력을 잃게 될 것이다."[60]

현재 우리가 거부해야 할 '제도적 폐해'는 여러 가지가 있지만, 나는 우리의 관심이 입은 폐해에서부터 시작할 것을 제안한다. 불필요한 곳에서 관심을 거두거나 필요한 곳에 관심을 쏟는 능력이 다른 모든 종류의 유의미한 거부 행위를 뒷받침하기 때문이다. 관심은 소로가 말한 더 높은 곳에서 내려다보는 관점을 갖게 하고, 조직을 와해하려는 모든 시도를 견뎌낸 성공적인 파업과 보이콧에서 나타나는 절제된 집단적 관심의 토대가 된다. 그러나 오늘날의 미디어 지형에서는 어떻게 관심을 조절할 수 있을지 상상하기 어렵다. 예를 들어 내가 '관심경제에 저항하는 것'에 관해 생각하고 있다고 말하면 곧바로 "좋아, 그러니까 페이스북 그만두는 거 말하는 거지?"라는 반응이 나온다(그리고 페이스북 탈퇴의 어려움에 대한 사색이 이어진다).

그 선택지에 대해 잠시 생각해보자. 만약 페이스북이 관심경제의 문제에서 그토록 큰 부분을 차지한다면, 페이스북 탈퇴는 이 모든 것에 가운뎃손가락을 날리는 적절한 방법일 것이다. 그러나 내가 보기에 이것은 잘못된 곳에서 싸움을 벌이는 것이다. 로라 포트우드-스테이서Laura Portwood-Stacer는 2012년에 발표한 논문 「미디어 거부와 과시적인 비非소비: 페이스북 자제의 수행적·정치적 차원」에서 정치적 이유로 페이스북을 탈퇴한 사람들을 인터뷰한 뒤 페이스북에 남은 친구들은 이러한 개인적 행동의 의미를 잘 이해하지 못한다는 사실을 발견한다. 페이스북을 멀리하는 것은 마치 다른 사람에게 텔레비전 없는 집에서 자랐다고 말하는 것처럼 취향이나 계급과 관련된 문제로 보이기 쉽다. 또 포트우드-스테이서의 인터뷰는 페이스북을 하지 않겠다는 개인적 또는 정치적 결정은 (친구들에게) 자신과 교류하지 않겠다는 사회적 결정, 더 나쁘게는 고결한 척하는 인터넷 금욕주의로 해석될 수 있음을 보여준다. 이보다 더 중요한 것은 페이스북을 탈퇴하겠다는 결정을 내리기 위해서는 나름의 '여유'가 있어야 한다는 것이다.

> 어쩌면 거부라는 전략은 이미 많은 사회적 자본을 소유한 사람, 페이스북 없이도 사회적 위치를 유지할 수 있는 사람, 늘 접속 상태로 연결되지 않아도 생계를 유지할 수 있는 사람에게만 가능한 것인지도 모른다. (…) 이들은 캐슬린 누넌Kathleen Noonan이 2011년에 말한 '스위치를 끌 권력'을 가진 사람들이다.[61]

그래프턴 태너Grafton Tanner도 자신이 만든 기술이 얼마나 중독적인지를 깨닫고 후회한 테크 업계 기업인들에 관한 짧은 글 「디지털 디톡스: 거대 테크 기업의 거짓 양심의 위기」에서 비슷한 주장을 한다. 페이스북 전 사장 숀 파커Sean Parker와 구글 전 직원 트리스탄 해리스Tristan Harris, 제임스 윌리엄스James Williams는 관심경제를 맹렬히 비난하는 입장이 되어 중독적인 기술 디자인의 억제를 목표로 하는 '잘 쓴 시간Time Well Spent' 캠페인을 벌인다. 그러나 태너는 별다른 감흥을 느끼지 못한다.

> 이들은 관심경제의 핵심을 공격하지 못하며, 시장 근본주의의 규제 완화, 빈곤과 같은 후기 자본주의의 기본 구성 요소에 이의를 제기하지도 않는다. 이들은 시간을 잘 쓸 필요가 있는 바쁜 개인에게 특권을 부여하며 신자유주의적 이상을 강화한다. 이는 교묘한 소비주의적 은유다.[62]

나 역시 우리가 사용하는 소셜미디어 기술이 비상업화되기 전까지는 별다른 감흥을 느끼지 못할 것이다. 그러나 상업적인 소셜 네트워크가 시장을 장악하고 있는 동안, 우리가 할 수 있는 진정한 거부는 바틀비의 대답처럼 질문의 성립 조건 자체를 거부하는 것임을 기억하자.

관심경제에서 '제3의 공간'이 어떤 모습일지 상상해보기 위해 다시 디오게네스로, 더 정확히 말하면 디오게네스가 영감을 준 견유학파로 돌아갈 것이다. 그리스의 견유학파는 (오늘날 냉소주의라는 뜻으로 쓰이는 이름 '시니시즘cynicism'과는 대조적으로) 대중을 만연한 무감각에서 일깨우기 위해 최선을 다했다. 이들은 대중의 무감각을 '티포스typhos'에 빗대었다. '큰바람'이라는 뜻의 중국 광둥어 단어인 '타이펑tai fung'과 태풍을 뜻하는 '타이푼typhoon'에도 들어 있듯이, 티포스에는 안개와 연기, 폭풍이라는 뜻도 있다.[63]

디오게네스의 다음 세대 제자 중 한 명이었던 크라테

스Krates는 혼란의 폭풍에 둘러싸여 있지만 영향은 받지 않는 '페라Pera'라는 이름의 상상의 섬에 대해 썼다(페라는 견유학파의 몇 안 되는 소지품 중 하나였던 가죽 가방의 이름이었다).

> 페라, 환각의 바다에 둘러싸인 섬에
> 우리가 붙인 이름이다.
> 악에 오염되지 않은 영예롭고 비옥하며
> 아름다운 섬이다.
> 이곳의 항구에는 불법 거래를 하는 악당들이
> 배를 정박하지 않고, 그 누구도 방심한 사람을 돈으로
> 꾀지 않는다.
> 양파와 리크, 무화과, 빵이 이 섬의 산물이다.
> 이것들을 가지려고 전사들끼리 다투는 일은 결코
> 없으며,
> 이곳에는 부와 명예를 위한 투쟁에서 벗어나
> 편히 쉴 수 있는 평화만이 있을 뿐이다.[64]

나비아는 이 섬이 "실제로 존재하는 장소라기보다는 이상적인 마음 상태"를 나타내는 것이며, "자기 고향을 둘러싼 와인색 안개의 바다의 광대함을 관조하는" 페라의 주민들은 평생 철학을 실천하며 티포스에서 길 잃은 사람들을 해안으로 구해오려 애쓸 것임을 상기시킨다. 즉, 페라에 도달하기 위해 필요한 것은 다름 아닌 의지와 갈망, 훈련이다.

관심경제에서 시민 불복종은 곧 관심을 거두는 것을 의미한다. 그러나 페이스북을 요란하게 탈퇴하고, 그 사실을 트위터에 올리는 것은 상상 속의 섬 페라를 보트를 타고 갈 수 있는 실제 섬으로 간주하는 실수를 저지르는 것이다. 진정한 관심의 철회는 다른 무엇보다 마음에 달렸다. 그렇다면 필요한 것은 '완벽한' 중단이 아니라 지속적인 훈련이다. 우리에게는 관심을 거두는 능력뿐 아니라 다른 곳에 관심을 기울이는 능력, 관심을 확대하고 증식하는 능력, 관심을 더욱 예리하게 갈고닦는 능력이 필요하다. 우리는 미디어 지형이 24시간(또는 그보다 더 짧은 시간)을 주기로 사고하게 할 때 다른 시간 단위로 사고할 수 있어야 하고, 낚시 기사가 클릭을 유도할 때 잠시 멈춰 생각할 수 있어야 하고, 페이스북 피드가 건잡을 수 없는 분노와 비난을 쏟아낼 때 그 맥락을 살핌으로써 인기를 잃을 위험을 감수해야 한다. 그리고 더 나아가 미디어와 광고가 우리 감정을 이용하는 방식을 면밀히 연구하고, 미디어가 조종하는 알고리즘 버전의 자기 모습을 이해하며, 우리가 언제 죄책감과 위협을 느끼고 가스라이팅을 당하는지, 의지와 반성이 아닌 두려움과 불안에서 나온 반응을 보이는지를 알아야 한다. 나는 대규모로 페이스북이나 트위터를 탈퇴하는 것보다 대규모로 관심을 이동하는 데 더 큰 관심이 있다. 사람들이 자기 관심의 통제권을 되찾고 모두 함께 그 관심을 다른 곳으로 돌리기 시작하면 무슨 일이 벌어질까?

관심경제에서 '제3의 공간'을 차지하는 것이 중요한

이유는 지금까지 내가 주장한 것처럼 개인의 관심이 집단적 관심의 토대가 되고, 나아가 모든 종류의 유의미한 거부 행위의 토대가 되기 때문이다. 또한 학생을 비롯한 모든 사람이 '전속력으로 앞으로 나아갈 뿐' 거부에 나서지 못하는 이 시기에, **관심이야말로 우리가 철회할 수 있는 마지막 자원일 수 있기 때문이다.** 이윤만 좇는 플랫폼과 전반적인 경제적 불안정이 관심의 장소를 없애는 악순환에서(바로 그 관심으로 이 맹공격에 저항해야 하지만 이 공격으로 우리의 관심은 더욱더 밀려난다), 우리가 그 순환 고리를 끊을 수 있는 공간은 어쩌면 우리의 마음뿐일지 모른다.

『24/7 잠의 종말』에서 조너선 크레리Jonathan Crary는 수면을 자본주의가 이용하지 못하는 인간성의 마지막 흔적으로 묘사한다(여기서 왜 자본주의가 그토록 잠을 괴롭히는지 알 수 있다).[65] 다양한 형태의 관심을 기르는 데에도 이와 유사한 면이 있는데, 관심의 실체는 보통 가려져 있기 때문이다. 관심경제는 관심의 질을 당연한 것으로 여긴다. 모든 현대 자본주의 체제와 마찬가지로 관심경제 역시 자신의 통화를 균일하고 교환 가능한 것으로 여기기 때문이다. 관심의 '단위'는 서로 구분되지 않으며, 그리 중요치 않은 것으로 여겨진다. 상당히 암울하지만 유용한 사례를 들어보자면, 내가 억지로 광고를 볼 때 기업에서는 내가 그 광고를 **어떻게** 보고 있는지 알지 못한다. 나는 매우 주의를 기울여서 그 광고를 볼 수도 있지만 적을 이해하고자 하는 합기도 수련자처럼, 또는 자신의 은신처에서 타락한 세상을 관찰하는 토머스 머튼처럼 광고를 볼 수도 있다. 나의 '한여'는 생산적인 일을 하는 것처럼 보이려고 통을 부지런히 언덕 위로 굴린 디오게네스처럼 표리부동할 수도 있다. 어떤 행동을 하기에 앞서 마음속에서 관심을 다스리고 훈련하는 행위는 자유의지의 기본이 되는 장소를 만드는 일이다. 테칭 시에도 이러한 종류의 전략을 언급한 적이 있다. 그는 우리 안에서 보낸 1년에 관해 그럼에도 자신의 "마음은 갇혀 있지 않았다"라고 말했다.[66]

물론 관심을 확장하는 데는 한계가 있다. 앞에서 말했듯이 그날그날 삶을 헤쳐나가느라 다른 무엇에도 관심을 쏟을 수 없는 사람들이 많으며, 이 또한 악순환의 일부다. 그렇기 때문에 (아주 적을지라도) 실제로 여유가 있는 사람이 자신의 상황을 이용해 여유 공간을 키우는 것이 더욱 중요하다. 작은 공간이 더 큰 공간을 터놓을 수 있고, 그 공간이 더욱 더 넓은 공간으로 이어질 수 있다. 지금과 다른 종류의 관심을 기울일 여유가 있다면, 반드시 그렇게 해야 한다.

관심의 근육을 단련하는 과정에는 곤경에서 빠져나갈 수 있는 방법을 익힐 수 있다는 것 외에 또 다른 장점이 있다. 만약 우리의 현실을 만드는 것이 관심(관심을 기울일 대상에 대한 결정)이라면, 관심의 통제권을 되찾는 것은 곧 새로운 세계와, 그 세계를 헤쳐나갈 새로운 방식을 발견하는 일일 수 있다. 다음 장에서 설명하겠지만 이러한 과정은 우리의 저항 능력을 키울 뿐 아니라, 우리에게 주어진 진짜 삶에 가닿을 기회를 만들어준다. 이 과정은 우리가 보지 못하던 곳의 문을 열어, 마침내 다른 생명과 함께 살아갈 수 있는 새로운 차원의 풍경을 보여준다. 이를 통해 우리는 이 세계를 새롭게 만들 수 있을 뿐 아니라 스스로 새로워진다.

4장

관심 기울이기 연습

선종 불교에서는 이렇게 말한다.
만약 2분 만에 무언가가 지루해진다면 4분으로 늘려라.
그래도 지루하면 8분으로 늘려라. 다시 16분. 다시 32분.
그러면 결국 그 행위가 전혀 지루하지 않다는 것을 깨닫게 된다.
— 존 케이지[1]

쿠퍼티노에는 내가 10대 때 발견한 재미있는 사실이 있다. 나는 2000년대 초반에 쿠퍼티노에서 10대 시절을 보냈는데, 당시에는 쇼핑센터를 차례로 방문하는 것 말고는 할 일이 별로 없었다. 내게 쇼핑센터는 중심이랄 것 없이 마구잡이로 뻗어나간 지루한 공간이었다. 결국 내가 가장 자주 들른 곳은 쿠퍼티노 크로스로즈Cupertino Crossroads였다. 이 쇼핑센터는 충격적일 만큼 긴 횡단보도가 있는 두 6차선 도로의 교차 지점에 있었다. 쿠퍼티노 크로스로즈에는 홀푸즈 마켓과 머빈스, 에런 브러더즈, 잠바주스, 노아의 베이글처럼 당시 여느 쇼핑센터에 늘 있는 가게들이 있었다. 내가 발견한 재미있는 사실은 쿠퍼티노 크로스로즈가 위치한 곳이 실제로 역사적으로 중요한 곳이었다는 것이다. 한때 이곳은 쿠퍼티노 최초의 우체국과 잡화점, 내장간이 있던 '중심지crossroads'였다. 그러나 그 흔적은 남아 있지 않았다. 쇼핑센터 이름이 과거의 그 장소를 가리키는 것인지 그저 우연인지는 알 수 없었다. 어느 쪽이든 우울하기는 마찬가지라고 생각했던 기억이 난다.

사람들은 보통 쿠퍼티노 하면 애플Apple을 떠올린다. 애플은 쿠퍼티노에서 처음 설립되었고, 최근에는 쿠퍼티노 크로스로즈에서 그리 멀지 않은 곳에 미래도시 같은 새 캠퍼스를 세웠다. 다른 곳과 마찬가지로 쿠퍼티노도 현실에 존재하는 도시지만, 어린 시절 내게 이 도시는 꼭 애플이 만들어내는 기술처럼 시공간 바깥에 위치한 것으로 느껴졌다. 쿠퍼티노에는 계절의 변화가 거의 없었고, 랜드마크 대신 사무 단지(나의 부모님도 이곳에서 일하셨다)와 깔끔하게 손질된 나무, 드넓은 주차 공간이 있었다. 내가 만난 사람 중 그 누구도 (다른 지역에 비해) 쿠퍼티노와 자신을 그리 동일시하지 않았는데, 그럴 만한 것이 별로 없었기 때문인 것 같다. 쿠퍼티노에는 명확한 시작과 끝조차 없다. 로스앤젤레스처럼 차를 타고 쭉 가다 보면 갑자기 캠벨Campbel이 나왔다가 다시 로스가토스Los Gatos가 나오고, 그러다 새러토가Saratoga가 나오는 식이다(캠벨과 로스가토스, 새러토가는 쿠퍼티노에서 이어지는 도시들이다-옮긴이). 지금보다 불안감이 컸던 당시의 나는 붙잡을 것, 내가 관심을 가질 수 있는 것을(그게 뭐든) 간절히 원했다. 그러나 쿠퍼티노에는 뚜렷한 특징이 없었다. 이 사실은 나처럼 쿠퍼티노에서 성장한 사람을 만났을 때 우리가 공유할 수 있는 것이 소비문화의 빈껍데기, 즉 이제는 문을 닫아서 텅 빈 1990년대의 쇼핑몰 밸코 패션 파크뿐이라는 점에서 잘 드러난다.

나에게 없었던 것은 맥락이었다. 저 장소가 아닌 이 장소에, 저 시간이 아닌 이 시간에 나의 경험을 묶어주는 것. 그때의 나는 마치 시뮬레이션 속에서 사는 것 같았다. 그러나 이제는 내가 쿠퍼티노를 완전히 잘못 바라보고 있었다는 걸 알게 됐다.

2015년에 샌프란시스코에 있는 드영 미술관에서 도슨트들을 대상으로 데이비드 호크니David Hockney에 대한 강의를 해달라는 요청을 받았다. 드영 미술관에서 〈일곱 개의 요크셔 풍경Seven Yorkshire Landscapes〉이라는 호크니의 디지털 영상 작품을 전시하고 있는데, 디지털 예술을 하는 사람으로서 내 생각을 나눠주면 좋겠다는 것이었다. 그러나 나는 무슨 말을 해야 할지 잘 몰랐다. 호크니는 평범한 화가가 아니라 화가들의 화가다. 많은 사람들이 그러듯 나 역시 호크니 하면 과포화된 색상의 납작한 로스앤젤레스 풍경이 떠올랐다. 예를 들면 수영장과 다이빙대, 복숭아색 캘리포니아 방갈로를 그린 1967년 작품 〈더 큰 첨벙A Bigger Splash〉이 그렇다. 그러나 그의 작품에서 점점 진화한 기술에 대한 관심(미디어뿐 아니라 보는 것의 기술)을 살펴본 후 나는 다른 예술가보다 호크니에게 더 많은 것을 배울 수 있을지도 모른다는 생각을 하게 되었다.

호크니가 그림을 좋아한 것은 그림과 시간의 관계 때문이었다. 그에 따르면 한 이미지에는 그 이미지를 만드는 데 쏟은 시간이 들어 있다. 그래서 호크니의 그림을 보는 사람들은 그 그림이 그려지는 과정의 물리적·신체적 시간에 머문다. 그렇다면 호크니가 처음에 사진을 거부했던 것도 그리 놀랍지 않다. 그림을 구상할 때 가끔 활용하긴 했지만 호크니는 스냅사진과 시간의 관계가 비현실적이라고 생각했다. "사진도 괜찮다. 당신이 무력한 키클롭스(『오디세이』에 나오는 외눈박이 거인 부족–옮긴이)의 관점에서 아주 찰나의 순간에만 세상을 바라보는 것을 개의치 않는다면. (…) 하지만 이 세상에 산다는 건, 또는 이 세상에서 사는 경험을 전달한다는 건 그런 게 아니다."[2]

1982년에 퐁피두센터의 한 큐레이터가 로스앤젤레스에 있는 호크니의 집으로 와서 폴라로이드 카메라로 그의 작품을 찍은 뒤 실수로 쓰지 않은 필름을 남겨두고 갔다. 호기심이 생긴 호크니는 집 안을 걸어 다니며 모든 방향에서 사진을 찍기 시작했다. 호크니는 이로부터 수년간 자신이 사용할 기법을 발전시키면서 여러 장의 사진을 하나의 그리드 안에 모았다. 이렇게 하면 일관성 없는 어안렌즈 같은 효과가 나타나는데 앞을 바라보는 사진은 가운데에, 왼쪽을 바라보는 사진은 왼쪽에 배치하는 식이다. 로런스 웨슐러Lawrence Weschler는 호크니의 이 초기 작품들을 사진작가 에드워드 머이브리지Eadweard Muybridge의 움직임 연구와 대비한다. 머이브리지의 움직임 연구에서 각 사진의 그리드는 만화처럼 순서를 보여준다. 그러나 호크니의 그리드에는 이러한 순서가 없다. 웨슐러는 호크니의 그리드가 "시간 속에서 발생하는 보는 경험을 묘사한다"고 말한다.[3]

수영장을 찍은 사진들을 가로가 긴 형태의 그리드로 모아놓은 작품 〈수영장의 그레고리Gregory in the Pool〉에서 호크니의 친구(또는 그의 일부)인 그레고리는 거의 모든 사진에, 늘 다른 자세로 등장한다. 무엇보다 그레고리는 시간을 통과하며 수영하는 것처럼 보인다. 앉아 있는 인물에게 이 기법을 적용한 작품에서는 그리드 안에 초점이 맞는 영역이 훨씬 적지만 시선은 똑같이 여기저기를 돌아다니는데, 신발이나 얼굴이 두 번 등장하기도 한다(한 번은 정면에서, 또 한 번은 측면에서). 호크니의 대상은 알아볼 수는 있지만 불연속적이다. 이러한 점에서 호크니는 전통적으로 우리가 사진을 이해한 방식의 본질, 즉 어떤 요소의 순간적 모습을 정지 상태로 담는 것을 카메라를 이용해 해체하고자 했다. 더 구체적으로, 호크니는 본다는 것의 현상학을 따랐다.

> 그 첫날 이후 마음이 무척 들떴다. (…) 이러한 종류의 사진이 실제로 우리가 보는 방식에 더 근접한다는 것을 깨달았다. 우리는 한 번에 모든 것을 보지 않고 각 부분을 따로따로 일별한다. 그러고 나서 이것들을 우리의 연속적인 경험으로 쌓아 올리는 것이다. (…) 시간 속에 백 개가 넘는 별개의 시선이 존재하며, 나는 이 시선을 종합해 당신에 대한 생생한 인상을 만들어

낸다. 아주 멋진 일이다.[4]

이러한 '생생한 인상'을 추구하는 과정에서 호크니는 피카소와 큐비즘(20세기 초반에 일어난 미술 운동으로 원근법에서 벗어나 한 화면에 여러 시점과 각도에서 바라본 형태를 담는 것이 특징이다-옮긴이) 전반의 영향을 받았다. 그는 피카소의 1923년 작품인 〈데르민 패스에 있는 여인의 초상Portrait of Woman in D'Hermine Pass〉을 언급하며(이 작품에서 우리는 여인의 옆얼굴을 보지만 어째서인지 보이지 않아야 할 반대쪽 눈이 보이며 코처럼 보이는 것도 여러 개 있다) 이 장면에는 사실 왜곡된 것이 전혀 없다고 말했다.

호크니가 보기에 큐비즘은 매우 단순했다. 세 개의 코는 우리가 코를 세 번 본다는 것을 의미했다.[5] 이 말에서 호크니가 인식과 재현의 관계에 깊이 몰두해 있었다는 사실을 알 수 있다. 호크니는 장 앙투안 바토Jean-Antoine Watteau의 상당히 정직한 그림 〈은밀한 화장실The Intimate Toilet〉과 피카소의 〈기대 있는 여인Femme Couchée〉을 비교하면서(두 작품 다 방 안에 있는 한 여성의 사적인 장면을 보여준다) 바토의 그림 속 관찰자는 열쇠 구멍으로 몰래 안을 들여다보는 소외된 관음증자라고 말했다. 반면 피카소의 그림 속에서 우리는 여인과 함께 방 안에 있다. 호크니는 이 때문에 두 작품 중 피카소의 작품이 더 사실적이라고 생각했다. 이 작품에서 보여주는 대로 "우리는 먼 곳에서 이 세상을 바라보지 않는다. 우리는 이 세상 안에 있고, 그것이 바로 우리가 느끼는 방식"이기 때문이다.[6]

카메라를 사용하긴 했지만 호크니는 인물과 순간을 큐비즘적으로 재현한 자신의 작품을 사진으로 여기지 않았다. 오히려 그는 자신의 작품이 소묘에 더 가깝다고 생각했다. 실제로 그는 자신의 발견을 연필로 점만 찍다가 선을 그을 수도 있다는 걸 발견한 데 빗댔다. 이 '선'들은 눈이 장면을 파악하며 움직이게 하는데, 호크니가 그리드 자체를 포기했을 때 이 움직임이 특히 뚜렷하게 드러난다. 〈단어 맞추기 게임, 1983년 1월 1일The Scrabble Game, Jan. 1, 1983〉에서 사진들은 단어 맞추기 게임판에서 시작해 불규칙하게 퍼져간다. 무심코 포토샵의 사진 합성 기능을 누른 것처럼 마구 포개져 있어서 마치 게임판이 저절로 커지는 것처럼 보인다. 한 궤적을 따라가면 한 사람의 여러 가지 표정이 보인다(심각했다가 웃다가 뭔가를 말하려는 듯하다). 또 다른 궤적을 따라가면 한 여성의 얼굴이 여러 각도로 보이는데, 이 여성은 고뇌에 찬 여러 순간에 두 손으로 턱을 괴고 있다. 그 반대편에서는 느긋하게 누운 고양이 한 마리가 앞다리로 얼굴을 가리고 있다가 점점 게임에 흥미를 보인다. 아래쪽을 바라보면 아직 게임판에 올리지 않은 글자들 옆에 사진 찍는 사람의 손이 보이는데, 마치 우리 자신의 손처럼 느껴진다.

호크니가 '결합joiners'이라고 이름 붙인 이러한 작품 중 가장 유명한 것은 〈피어블러섬 하이웨이, 1986년 4월 11~18일Pearblossom Highway, 11th-18th April 1986〉이다. 제목에서 드러나듯이 호크니는 8일 동안 수백 장의 사진을 찍은 뒤 다시 2주 동안 사진을 배치했다. 멀리서 보면 전반적인 구성이 익숙한 풍경처럼 보이지만 곧 도로표지 위의 '전방에 정지stop ahead'라는 글씨가 이상하게 우리 쪽으로 툭 튀어나와 있는 것을 발견하게 된다. 길가에 버려진 작은 쓰레기들은 비율이 맞지 않는다. 멀리 있는 조슈아 나무들은 무슨 까닭인지 가까이에 있는 조슈아 나무만큼 자세하게 보인다.

이러한 끊김과 크기 차이는 연속성의 감각, 또는 푼크툼punctum(하나의 점)을 약화한다. 일관된 소실점이라는 익숙한 틀이 없을 때 눈은 장면 위를 배회하며 작은 디테일 위에 머물고 그 디테일들을 종합하려 한다. 이러한 과정을 통해 우리는 자신이 살아 있는 세계 속의 살아 있는 존재로서 인식하는 모든 장면을 나름대로 '구성'한다는 것을 알아차린다. 즉, 이 작품이 콜라주인 것은 호크니가 미학적으로 콜라주를 좋아했기 때문이 아니라, 인식이라는 불안정하고 매우 사적인 과정의 중심에 콜라주 같은 특성이 있기 때문이다.

호크니는 〈피어블러섬 하이웨이〉를 "르네상스의 1점 투시도에 대한 파노라마식 공격"이라고 표현한 적이 있다.[7] 이 공격의 이유는 1점 투시도가 호크니가 싫어한 보는 방식을 연상하게 하기 때문이었다. 2015년에 로스앤젤레스의 게티 미술관에서 했던 강연에서 호크니는 자신이 더 관심 있는 '보는 방식'의 사례로 중국의 한 두루마리 그림을 보여주었다. 이 그림은 워낙 길어서 꼭 이동하며 촬영한 것 같다. 하나의 이미지라기보다는 여러 작은 순간을 모아놓은 듯한 다채로운 장면 속을 이동하게 된다. 그림

속에서 사람들은 절에 들어가려고 줄을 서 있거나 작은 배를 타고 강을 건너고 나무 아래에서 대화를 나눈다. 이들 뒤로 보이는 땅은 점점 희미해지지만 하나의 점을 향해 나아가지는 않는다. 이 그림 속의 이야기는 지나치게 많고 열려 있으며 방향이 없다. 호크니의 한 사진 콜라주 작품 한가운데에 있는 자이언캐니언의 관광 안내판 문구가 떠오른다. 안내판에는 이렇게 쓰여 있다. "당신이 그림을 만든다."

2012년, 초기 매킨토시 컴퓨터와 팩스, 초기 버전의 포토샵으로 실험을 한 호크니는 '그림을 만드는' 또 하나의 방식을 발견했다. 그는 자동차 옆면에 열두 개의 카메라를 달고 자신이 자란 곳 근처에 있는 요크셔의 여러 시골길을 천천히 달렸다. 〈일곱 개의 요크셔 풍경〉의 각 영상은 가로로 여섯 개, 세로로 세 개의 스크린을 나란히 이어 붙인 그리드에서 재생된다. 일부러 카메라마다 시야와 줌zoom 레벨을 다르게 맞춰놓았기 때문에 거의 환각 상태에서 구글 스트리트뷰를 보는 듯한 만화경 같은 효과가 발생한다. 〈피어블러섬 하이웨이〉처럼 개별 '그림들' 간의 미묘한 불일치가 모든 패널에 봐야 할 것이 있음을 시사하며(실제로 그렇다), 작품을 더욱 자세히 들여다보게 한다.

그러나 이 영상 작품에서 호크니는 늘 사용하던 불일치 기법에 개미가 기어가는 듯한 느린 속도를 더한다. 작품을 더 자세히 들여다보게 만드는 또 하나의 비결이다. 한 평범한 관람객의 유튜브 영상을 보면 어린아이들이 스크린 앞을 뛰어다니며 손가락으로 영상을 가리키고 폴짝폴짝 뛰다가 멈춰 서서 나뭇잎들을 들여다본다. 마치 이 프로젝트에 대한 호크니의 설명을 몸으로 표현하는 듯하다. “구성은 내내 동일하고 보는 사람은 그저 천천히 나무들 사이를 지나간다. 볼 것이 많아서 지루할 틈이 없다. 모두가 하나같이 영상을 쳐다보는데, 볼 것이 워낙 많기 때문이다. 볼 것이 정말 많다.” 호크니는 이 작품을 텔레비전과 비교하며 이렇게 말한다. “세상을 더 나은 방식으로 보여준다면 세상은 더, 훨씬 더 아름다울 것이다. 보는 과정 자체가 아름다움이다.”

드영 미술관에서 〈일곱 개의 요크셔 풍경〉에 관해 강연할 때 도슨트들이 내게 재미있는 이야기를 해주었다. 이 작품을 본 관람객 중에 전시장을 나갔다가 다시 돌아와서 “이제 바깥에 있는 모든 것이 이전과 달리 보인다”고 말한 사람들이 있다는 것이다. 드영 미술관은 샌프란시스코 식물원과 멀지 않은 곳에 있다. 미술관에서 바로 식물원으로 이동한 사람들은 호크니의 작품이 특정한 방식으로, 즉 아주 천천히, 하나하나 그 질감을 느끼며 세상을 바라보도록 자신을 훈련했다는 사실을 깨닫게 된다. 이들은 만화경 같은 아름다움 속에서 식물원을 새롭게 바라본 것이다.

보는 것을 ‘적극적 행위’로 정의한 호크니가 이 이야기를 들었다면 아마 기뻐했을 것이다. 그에게 보는 행위는 사람들이 좀처럼 연습하지 않는 하나의 기술이자 의식적 결정이다. 우리가 기꺼이 보려고 하고, 우리에게 볼 능력이 있을 때에만 이 세상에는 '볼 것이 정말 많다'.[8] 이런 면에서 호크니와 다른 수많은 예술가는 우리에게 일종의 관심의 의족을 제공한다. 그 배경에는 가까운 곳에 있는 익숙한 환경도 우리가 미술관에서 보는 신성한 작품만큼 관심을 기울일 가치가 있다는 생각이 깔려 있다.

나 또한 관람객들의 이 말을 어렵지 않게 이해할 수 있는데, 수년 전 비슷한 경험을 했기 때문이다. 그러나 이 경험은 시각이 아닌 청각과 관련된 것이었다. 샌프란시스코의 데이비스 심포니홀에서 있었던 일이다. 나는 오랫동안 좋아해온 곡과 플라스틱 컵에 담긴 값비싼 와인, 나이 지긋한 사람들에게 둘러싸이는 상황이 주는 위안을 즐기러 퇴근 후 가끔 데이비스 심포니홀을 찾는다. 그날 밤에는 심포니가 연주하는 존 케이지의 〈송 북스Song Books〉를 들으러 갔다. 케이지는 피아니스트가 아무것도 연주하지 않는 3악장짜리 곡 〈4분 33초〉로 가장 유명하다. 이 작품은 꽤 많은 사람들이 종종 개념예술 퍼포먼스로 인식하지만, 사실은 매우 깊이 있는 곡이다. 공연할 때마다 달라지는 기침 소리와 불편한 웃음소리, 의자 끄는 소리를 포함한 현장의 소리가 이 곡을 완성한다. 이러한 접근 방식은 시각 활동 대신 소리를 이용했다는 점을 빼면 엘리너 코폴라의 〈창문들〉과 그리 다르지 않다.

당시 나는 존 케이지와 '우리가 듣는 모든 것이 음악'이라는 그의 철학에 어느 정도 익숙했다. 한 인터뷰를 통해 케이지가 자기 아파트 창문 옆에 앉아 바깥의 도로에서 들려오는 소리에 푹 빠져 있는 모습을 본 적이 있다. 내 수업에서도 가끔 1960년대의 텔레비전 프로그램 〈나에겐 비밀이 있어I've Got a Secret〉에서 케이지가 〈워터 워크Water Walk〉를 연주하는 영상을 보여준다. 영상에서 케이지가 욕조 안에 있는 식물에 물을 주고, 피아노를 두드리고, 고무로 된 오리 인형을 꽉 쥐는 동안 관객들은 어리둥절하다가 점점 흥이 난다. 나는 케이지의 작품들이 과정 중심적이고 우연의 작용으로 가득하다는 것을 알았기 때문에 해설에 '연주 시간은 무슨 일이 일어나는지에 따라 15분에서 45분 사이'라고 쓰인 것을 보고도 그리 놀라지 않았다.

그러나 실제 공연에서 케이지의 곡을 감상한 적은 없었고, 하물며 내가 보러 간 것은 평범한 관객이 있는 전통적인 심포니 공연이었다. 무대 위의 사람들은 관례대로 검은 옷을 입고 줄지어 앉아 있는 대신 평상복을 입고 타자기와 카드, 블렌더 같은 여러 소품을 옮기고 있었다. 세 보컬리스트는 기괴하고 으스스한 소리를 냈고, 한 사람은 마이크에 대고 카드를 섞었으며 또 다른 사람은 객석으로 걸어 들어가서 선물을 나누어 줬다. 그리고 이 모든 것이 어떤 식으로든 작품의 일부였다. 케이지의 곡을 연주하는 많은 공연에서 마찬가지일 듯한데 관객들은 자리에서 몸을 달싹이며 웃지 않으려고 최선을 다하고 있었다. 공연장에서 웃는 것은 부적절한 행동이기 때문이다. 그러나 샌프란시스코 심포니의 지휘자 마이클 틸슨 토머스Michael

Tilson Thomas가 블렌더로 스무디를 만들자 관객들은 한계에 도달했다. 토머스는 스무디를 한 모금 마시고 만족스러운 표정을 지었다. 그 이후 관객들의 노력은 전부 물거품이 되었고, 객석에서 터져 나온 웃음이 무대로 굴러가며 작품의 일부가 되었다.

그날 밤 부서져 열린 것은 심포니홀 공연의 관습만이 아니었다. 심포니홀에서 나와 버스를 타려고 그로브가로 걸어가는데, 모든 소리가 전에 없이 선명하게 들렸다. 자동차 소리와 발소리, 바람 소리, 전기버스 소리. 아니, 그날 이 소리를 더 선명하게 들었다기보다는 처음으로 이 소리를 들었다고 해야 할 것이다. 나는 궁금했다. 4년이나 이 동네에 살았는데, 심지어 심포니홀에서 공연을 보고 이 길을 걸은 적이 한두 번이 아닌데, 어떻게 이 소리를 한 번도 듣지 못했을까?

이날 이후 몇 달간 나는 다른 사람이 되었다. 때로는 큰 소리로 웃음을 터뜨리기도 했다. 나는 1년 전에 우연히 본 영화의 주인공처럼 행동하기 시작했다. 그 영화는 에란 콜리린Eran Kolirin 감독의 〈더 익스체인지The Exchange〉로, 사실 별다른 플롯이 없다. 박사과정을 밟고 있는 한 학생이 집에 뭔가를 두고 나와서 찾으러 다시 들어갔다가 이 시간의 자기 아파트가 낯설어 보인다는 것을 알게 된다. (어릴 때 이런 경험을 한 사람이 많을 것이다. 학교에 갔다가 아파서 조퇴하고 한낮에 집에 돌아왔는데 집이 이상하게 느껴지는 경험 말이다.) 익숙함에서 풀려난 주인공은 영화가 끝날 때까지 무심하게 테이블 위의 문진을 밀어서 떨어뜨리고, 스테이플러를 창밖으로 던지고, 수풀 속에 서 있고, 아파트 지하실 바닥에 누워 있는 등 평상시에 하지 않던 행동을 한다. 주인공은 자기 할 일을 하는 사람이 아니라 사람들과 물건, 물리법칙과 태어나서 처음 마주친 외계인이 된다.

나는 이 영화의 믿을 수 없는 적막이 소중했다. 이 영화는 작디작은 끊김이 갑자기 모든 것을 뚜렷해 보이게 만들 수 있다는 걸 보여준다. 호크니의 작품을 감상한 뒤 주위를 다른 방식으로 보게 되었다고 전한 관람객들처럼 (또는 주위의 소리에 마음을 빼앗긴 채 그로브가를 걷던 나처럼) 영화의 터닝 포인트는 오로지 주인공의 인식 속에서 생긴다. 이러한 상황은 우리가 무언가를 통해서 현실을 보는 대신 있는 그대로 바라볼 때 현실이 한없이 이상해 보이는 것과 관련이 있다.

이처럼 묶여 있던 것에서 풀려난 느낌을 경험해본 사람이라면 그 경험이 짜릿한 동시에 혼란스럽다는 것을 알 것이다. "한 알의 모래에서 세상을 보고 / 한 송이 들꽃에서 천국을 보라 / 너의 손바닥 안에서 무한을 붙잡고 / 한순간 안에서 영원을 붙잡으라"는 윌리엄 블레이크William Blake의 시에는 망상 이상의 것이 들어 있다. 우리가 앨리스가 되고 모든 것이 토끼굴이 되는 이런 방식의 바라봄은 우리를 얼어붙게 할 수 있으며, 최소한 우리를 일상에서 끄집어낸다. 실제로 〈더 익스체인지〉의 유일한 드라마는 주인

공과 나머지 등장인물 사이에서 일어나며, 특히 연인의 눈에 그는 미친 사람처럼 보인다.

그렇다면 왜 토끼굴로 내려가야 할까? 무엇보다 그 경험이 즐겁기 때문이다. 주로 어린 시절에 발동하는 호기심은 아는 것과 모르는 것의 간극에서 나오는 추동력이다. 심지어 죽음에 대한 호기심조차 (이 세상에는 내가 지금까지 보지 못했으나 분명히 좋아할 만한 것이 있다는 가정 아래) 아직 끝이 아니라는, 저 모퉁이 너머에 새로운 무언가가 있을 것이라는 기대를 갖게 한다. 내 선택이라고 생각해본 적은 한 번도 없지만 나는 이러한 감각을 느끼기 위해 산다. 호기심 덕분에 나는 한때 잊어버렸던 것에 다시 몰두할 수 있다.

여기에 습관적 의식habitually notice에서 벗어나야 할 두 번째 이유가 있다. 습관적 의식에서 벗어나면 자신을 초월할 수 있다. 관심과 호기심은 본질적으로 우리 바깥의 다른 것을 향해 끝없이 확장된다. 관심과 호기심을 통해 우리는 무언가를 도구적으로 이해하려는 성향(사물이나 사람을 그 기능의 산물로 바라보는 것)을 유보할 수 있다. 나아가 그들의 존재라는 불가해한 사실, 우리를 향해 열려 있으나 절대로 온전히 붙잡거나 이해할 수 없는 그 사실과 한자리에 앉을 수 있다.

철학자 마르틴 부버Martin Buber는 1923년에 발표한 저서 『나와 너』에서 보는 방식을 '나-그것'과 '나-너'로 구분한다. 나-그것에서 (사물이거나 사람인) 타자는 오로지 목적을 위한 수단이나 도구로서 존재하며, '나'에게 이용당하는 무엇이다. 나-그것만을 아는 사람은 진정한 '만남'을 갖지 않기 때문에 자기 바깥에 있는 그 무엇과도 만날 수 없다. 부버는 이런 사람들이 "바깥에 있는 과열된 세계와 그것을 이용하려는 자신의 과열된 욕망만을 안다"라고 말한다. "그 사람은 '너'라고 말할 때 '너, 나의 이용 대상이여!'라고 말하고 있는 것이다."[9]

나-그것과 달리 나-너의 관점은 타자의 환원 불가능성과 둘 사이의 절대적 평등을 인식한다. '나'는 전적인 관심을 기울임으로써 온전한 '너'를 만난다. 나는 너에게 다른 것을 투사하지 않고 너를 해석하지도 않기 때문에, 이 세상은 너와 나 사이의 마법 같은 배타성의 순간으로 축소된다. 나-너에서 '너'가 꼭 사람일 필요는 없다. 유명한 사례로 부버는 나무를 바라보는 두 가지 방식을 소개한다. 부버가 나-그것이라고 분류한 사례에서 나는 나무의 시각적 요소를 묘사하며 나무를 하나의 그림으로 받아들일 수 있다. 또한 나는 나무를 하나의 수종으로, 하나의 자연법칙으로, 또는 순전히 숫자와 관련된 것으로 여길 수도 있다. 부버는 "그러는 내내 나무는 나의 대상으로 남아 있으며, 자신의 공간과 시간, 종류, 상태를 갖는다"고 말한다. 그러나 나무를 나-너의 방식으로 바라볼 수도 있다. "의지와 은총이 있다면 내가 나무에 대해 숙고할 때 그 관계에 끌려 들어갈 수 있고, 나무는 '그것'으로 존재하기를 멈출 수 있다. 그때 나는 배타성의 힘에 사로잡힌다."[10]

이때 우리는 절대적 타자로서 나무를 만난다. 이러한 인식은 나 자신에게서, 모든 것이 나를 위해 존재하는 세계관에서 우리를 꺼내준다. 나무는 저 바깥에 존재한다. "나무는 어떤 인상도, 나의 상상력을 발휘한 결과물도, 나의 기분을 만드는 한 가지 요소도 아니다. 나무는 몸으로 내게 맞서고, 내가 나무를 대하듯이 나무도 나를 대한다. 다만 그 방식이 다를 뿐이다. 우리는 이러한 관계의 의미를 희석하려 해서는 안 된다. 관계는 상호적인 것이다." (독일어로 쓰인 이 책을 영어로 번역한 월터 카우프만Walter Kaufmann은 '나무는 몸으로 내게 맞선다'라는 문장에 흔히 쓰지 않는 동사 'leibt'를 쓴 사실을 지적하며, 'leib'라는 단어는 원래 몸을 의미하므로 '나무는 내 앞에서 몸한다'가 더 정확한 번역이라고 말한다.) 그렇다면 이 말은 우리가 나무를 인식하듯 나무도 의식이 있다는 뜻일까? 부버가 보기에 이 질문은 방향이 틀렸는데, 다시 나-그것의 사고로 빠지는 질문이기 때문이다. "구분할 수 없는 것을 또다시 구분해야만 하는가? 내가 만난 것은 나무의 영혼도 나무의 요정도 아닌 나무 그 자체다."[11]

내가 가장 좋아하는 나-너의 만남의 사례 중 하나는 에밀리 디킨슨Emily Dickinson의 시 〈새 한 마리 산책길에 내려앉아A Bird came down the walk〉다. 시인이자 디킨슨을 연구하는 학자이며, UC 버클리 대학교에서 나의 논문 지도교수이기도 했던 존 숍타John Shoptaw가 최근 내게 이 시를 보여주었다. 그리고 이 시는 내가 가장 좋아하는 디킨슨의 시가 되었다.

새 한 마리 산책길에 내려앉아
내가 보는 줄은 모르고
지렁이 한 마리를 두 동강 내더니
그 녀석을 날것으로 먹어치운다

그러더니 가까운 풀잎에서
이슬 한 방울을 마시고
옆으로 폴짝 뛰어 길섶으로 붙어
풍뎅이에게 길을 양보한다

새는 재빠른 눈길로
사방을 두루 살피는데
겁에 질린 두 눈이 꼭 구슬 같다
새는 우단 같은 머리를 떨었다

위험에 처한 듯 조심스럽게
나는 새에게 빵 부스러기를 던져주었다
그러자 새는 날개를 펼치더니
사뿐히 노 저어 집으로 갔다

경계도 없이 온통 은빛인
바다를 가르는 노보다 부드럽게
한낮의 강둑에서 뛰어내려
소리 없이 헤엄치는 나비보다 부드러이.[12]

내가 새에게 먹이를 준다는 걸 알았던 슙타는 '위험에 처한 듯 조심스럽게'가 새를 가리킬 수도 있고 빵 부스러기를 주는 화자를 가리킬 수도 있는 위치에 있음을 지적해주었다. 이 말을 하면서 슙타는 우리 집 발코니를 찾아온 겁 많은 크로우와 크로우선에게 땅콩을 들고 다가갈 때 내가 어떻게 보일지 생각해보라고 했다. 한 번도 생각해본 적이 없었는데 그러고 보니 까마귀와 내가 둘 다 '위험에 처한 듯 조심스럽게', 거의 얼어붙은 것처럼, 서로에게 완전히 집중해서, 서로의 작디작은 움직임에 영향을 받고 그에 따라 행동한다는 것을 알게 되었다.

게다가 같은 까마귀를 수년간 관찰한 후에도 까마귀들의 행동은(무작위로 움직이는 듯한 디킨슨의 시 속 새처럼) 결국 내가 이해할 수 있는 영역 바깥에 있다(그만큼 까마귀들도 내 행동을 이해하지 못할 것이다). 디킨슨의 새가 '사뿐히 노 저어' 우리가 알지 못하는 '집'으로 날아가는 것처럼, 새는 내려앉을 때만큼이나 갑작스럽고 격식 없이 하늘로 떠나간다. 이만큼 통렬하게 나의 세계 바깥에 무언가가 존재하고 있음을 가리키는 것은 없다. 이 모든 것이 '이해'나 '해석'(나-그것)이 불가능한 존재, 오로지 '인식'(나-너)만이 가능한 존재를 만든다. 그리고 이해할 수 없는 것은 변함없는 순수한 관심과 지속적인 만남을 요구한다.

20세기 중반, 기나긴 재현 예술의 역사에 대응해 많은 추상 화가와 미니멀리즘 화가가 보는 사람과 그림 사이에 '나-너'의 만남을 형성하고 싶어 했다. 그중 하나인 바넷 뉴먼Barnett Newman의 1953년작 〈단일성6Onement VI〉은 가로 약 3미터, 세로 약 2.6미터의 진한 파란색 바탕을 거친 흰색 선으로 나눈 작품이다. 비평가이자 철학자인 아서 C. 단토Arthur C. Danto는 평론에서 이 작품을 뉴먼 최초의 '진정한' 회화라고 칭했다. 이전 작품들도 엄밀히 말하면 회화이긴 하지만 단토에게는 '그저 그림일 뿐'이었다. 단토는 그림이 다른 공간에서 벌어지는 사건을 바라볼 수 있는 창문의 기능을 했던 르네상스 시대를 사례로 든다(호크니 역시 이러한 종류의 그림을 좋아하지 않았을 것이다). 그러나 그림과 달리 진정한 회화는 물리적 공간에서 우리와 맞선다.

> (뉴먼의 새로운) 회화는 오롯한 하나의 객체다. 그림은 자기 자신이 아닌 다른 무언가를 보여준다. 그러나 회화는 자기 자신을 보여준다. 그림은 보는 사람과 그림 속 객체 사이를 매개한다. 그러나 회화는 그 자체로 보는 사람과 매개 없이 연결되는 객체다. (…) 회화는 우리와 같은 공간, 같은 표면 위에 있다. 회화와 보는 사람은 같은 현실에 공존한다.[13]

우연히도 이 주장은 관심이 우리를 우리 자신에게서 끄집어내는 또 다른 방식을 보여준다. 우리 앞에 생생해지는 것은 타자만이 아니다. 우리의 관심 자체도 손에 잡힐 듯 뚜렷해진다. 창문이 아닌 '벽' 앞에서 다시 스스로에게 던져질 때, 우리는 보고 있는 자신을 보기 시작할 수 있다.

최근 이러한 종류의 만남이 실제로 내 발길을 붙잡았다. 나는 샌프란시스코 현대미술관에서 미팅을 앞두고 시간을 때울 겸 여러 층을 돌아다니다 〈미국 추상주의에 다가가기Approaching American Abstraction〉 전시에 이르렀다. 모퉁이를 돌자 엘스워스 켈리Ellsworth Kelly의 〈파랑 초록 검정 빨강Blue Green Black Red〉이 보였다. 정확히 제목 그대로 나만 한 크기의 패널 네 개에 각 색깔이 칠해져 있는 작품이다. 처음에는 이 작품이 추상(그 뜻이 뭐든) 외의 무언가에 '관한' 것이라 생각하지 못하고 빠르게 지나치려 했다. 그러나 첫 번째 패널에 가까이 다가가자 밀려드는 신체적 감각에 완전히 허를 찔렸다. 칠은 균일하고 평면적이었으나 파란색은 전혀 차분하지 않았다. 파란색은 진동하며 여러 방향에서 내 시야를 밀고 잡아당기는 것 같았다. 작품에 활기가 있어 보인다는 말 외에 더 나은 표현을 찾을 수가 없었다.

그것이 신체적 느낌이라는 사실은 너무나 명백했다. 부버가 말한 나무처럼 그 작품도 내 앞에서 '몸했다'. 나는 똑같은 시간을 들여 패널 하나하나를 들여다봐야 한다는 것을 깨달았다. 모든 색깔이 서로 다르게 진동했고, 더 정확히 말하면 각 색깔에 대한 나의 인식이 서로 다르게 진동했기 때문이었다. 평면적인 단색의 작품을 '시간에 기반한 매개체'라 칭하는 것이 이상하게 들릴 수도 있지만, 실세로 패널 하나하나에는 (또는 각 패널과 나 사이에는) 발견할 것들이 있었고 그 앞에서 시간을 보낼수록 더 많은 것을 발견했다. 다소 멋쩍어진 나는 저 멀리에 있어서 이 상황을 이해하지 못하는 다른 사람이 나를 어떻게 생각할지 궁금해졌다. 나는 '아무것도 없는' 패널을 빤히 들여다보는 사람처럼 보였을 것이다.

이 작품은 내게 관심의 깊이와 관심의 지속 시간의 관계에 대해 알려주었고, 어떻게, 얼마나 오래 보는지에 따라 보는 내용이 달라진다는 사실을 일깨워주었다. 이는 숨 쉬는 것과 매우 유사하다. 특정한 관심은 늘 존재하지만 우리가 그 관심을 붙잡으면 의식적으로 관심의 방향을 결정하고 확장하고 축소할 수 있게 된다. 나는 신경 쓰지 않을 때 나의 관심과 호흡이 얼마나 얕은지를 느끼고 종종 놀란다. 숨을 깊게 잘 쉬려면 호흡을 상기시킬 장치와 훈련이 필요하듯이, 내가 지금까지 설명한 모든 예술 작품들 역시 관심의 훈련 장치로 여길 수 있다. 이 작품들은 평소와는 다른 규모와 속도로 인식할 것을 요구함으로써 관심을 지속하는 방법과 서로 다른 항목 사이에서 관심을 이리저리 옮기는 방법을 가르쳐준다. 이는 그 자체로 즐거운 일이다. 나아가 우리가 보는 것이 우리 행동의 기반이라는 사실을 인정한다면, 관심의 방향을 결정하는 일이 얼마나 중요한지는 더욱 분명해진다.

여기서 예술과 덜 관련되고 좀 더 실용적인 관심 훈련 사례를 살펴보는 것이 도움이 될 듯하다. 2014년, 캘리포니아 대학교 리버사이드 캠퍼스의 신경과학자 에런 사이츠Aaron Seitz 박사가 얼팀아이즈ULTIMEYES라는 시각 훈련 앱을 개발해 대학 야구팀 선수들을 대상으로 그 효과를 실험했다. 구체적으로 동체 시력(움직이는 물체를 자세히 파악하는 능력)을 개선하는 이 앱은 선수들의 성과에 전반적으로 긍정적인 영향을 미치는 것으로 보였다. 레딧Roddit에서 진행한 질의응답에서 사이즈 박사는 시력이 떨어지는 것은 실질적인 안구 손상과 뇌에 기반한 손상이 합쳐진 결과라고 말했다. 전자는 확실히 의학의 개입이 필요하지만, 이 프로그램이 개선하고자 한 것은 후자다.[14]

그런데 어쩌면 이 앱은 다른 종류의 관심을 훈련하는 데도 유용할 수 있다. 앱스토어에 올라온 '세상에서 가장 멍청한 앱'이라는 제목의 평가에서 글쓴이는 이 앱을 겨우 10분 사용했는데 견딜 수 없이 지루해서 삭제했다고 말한다.[15] 그러나 나는 글쓴이의 평가가 너무 인색하다고 본다. 이 앱을 시도해보기로 하자 교활한 가보르Gabor(경계가 불분명하고 줄무늬가 있는 점)들이 탭tap 되기를 기다리는 회색 화면이 계속해서 눈앞에 나타났다. 내가 발견하지 못하면(종종 있는 일이었다) 가보르는 내가 탭 할 때까지 끈질기게 꿈틀거렸다.

게임을 세 번 실시할 때마다 다른 종류의 활동으로 내 시력을 평가했다. 아니나 다를까 평가할 때마다 시력이 좋아졌다. 그러나 시력 개선보다도, 이 앱은 여러 면에서 무언가를 보지 않는 것이 가능하다는 것을 뼈저리게 깨닫게 했다. 나는 (머리로는) 화면 위에 뭔가가 있다는 것을 알지만, 가보르가 아주 희미하거나 내가 다른 곳을 보고 있어서 아무리 애를 써도 그것을 찾지 못하는 순간에 점점 집착하게 되었다.

어떤 면에서 나는 전에 읽은 적이 있는 '무주의 맹시inattentional blindness'에 관한 연구를 직접 체험한 것이었다. UC 버클리 대학교의 연구원 아리엔 맥Arien Mack과 어빈 록Irvin Rock은 1990년대에 시각을 집중하는 범위 바깥에 놓인 것을 인식할 때 나타나는 어마어마한 인식 능력 차이에 대해 연구하다가 이 용어를 만들어냈다. 두 사람은 단순한 실험으로 알고 응한 피실험자들에게 화면 위의 십자 표시를 보고 두 선 중 무엇이 더 긴지 판단해달라고 했다. 그러나 이는 실제 실험에서 참가자들의 관심을 딴 데로 돌리려는 가짜 과제였다. 참가자들이 십자 표시를 들여다보는 동안 화면의 다른 곳에서 자그마한 자극이 반짝거렸다. 그 자극이 십자 표시를 둘러싼 원 안으로 들어오면 참가자들이 자극을 발견하는 확률이 훨씬 높았다. 자극이 관심을 기울이는 공간 바깥에 있으면 관심을 끌어서 목격될 확률이 훨씬 적다는 사실을 밝힌 것이다.[16]

직관적인 결과지만 자세한 내용은 좀 더 복잡하다. 짧게 반짝이는 자극이 시각적 관심이 집중되는 영역 바깥에 있어도 그 내용이 웃는 얼굴이나 참가자의 이름처럼 분명한 것일 경우 참가자들은 결국 그 자극을 발견했다. 실험 결과는 자극이 얼마나 눈에 잘 들어오는지에 따라 달라졌다. 예를 들어 참가자들은 슬픈 얼굴이나 일그러진 얼굴, 또는 자기 이름과 유사하게 다른 단어는 발견하지 못했다(나라면 두 단어가 같은 지점에 나타날 때 '제니'는 발견해도 '자니'는 발견하지 못할 것이다). 이 실험 결과를 바탕으로 맥과 록은 우리가 발견하거나 발견하지 못한 정보를 실제로는 머릿속에서 전부 처리하지만, 마지막 단계에서 뇌가 그 자극을 인식할지 안 할지를 결정한다는 결론을 내렸다. 두 사람은 이렇게 말한다. "그렇지 않고서는 왜 참가자들이 '잭'은 발견하지만 '젝'은 발견하지 못하는지, 왜 웃는 얼굴은 쉽게 발견하면서 슬퍼하거나 일그러진 얼굴은 그보다 훨씬 드물게 발견하는지를 설명하기 어렵다." 연구원들에 따르면 관심은 "무의식적 인식과 의식적 인식을 나누는 문의 열쇠다. 관심의 열쇠가 없으면 자극을 인지하는 것은 불가능하다".[17]

예술을 통한 관심의 확장에 흥미가 있는 예술가로서 나는 시각적 관심에 관한 이 실험 결과를 전반적인 관심의 영역에 적용하지 않을 수 없다. 사람은 자신이 보고 싶은 것만 본다는 말이 아주 틀린 말은 아닌 셈이다. 나아가 정보가 우리 뇌에 입력은 되지만 의식으로는 진입하지 못한다는 생각은 언제나 같은 자리에 있던 것을 어느 날 갑자기 발견하는 기이한 경험의 원인을 설명해준다. 예를 들어 내가 여러 차례 심포니홀에서 공연을 보고 그로브가를 걸었던 때에 소음은 아마 내 귀로 들어와 처리되었을 것이다. 결국 나는 생리학적으로 귀가 어두운 것은 아니었다. 그 소리에 의식적 인식의 '문'을 통과할 '열쇠'를 쥐여준 것은 존 케이지 작품의 공연, 또는 그 공연이 조율한 나의 관심이었다. 내가 관심의 초점을 옮기자 내 머릿속으로 흘러들던 신호들이 마침내 의식적 인식에 입장하도록 허가를 받은 것이다.

이 생각을 더욱 광범위하게 적용해볼 수도 있다. 무주의 맹시는 기본적으로 시각적 편견의 한 형태지만, 무주의 맹시와 유사한 것이 더 광범위한 형태의 편견에서 작동하는 듯 보이기 때문이다. 작가 제시카 노델Jessica Nordell은《애틀랜틱》에 기고한 글「이렇게 차별이 사라지는가?」에서 심리학 교수 퍼트리샤 더바인Patricia Devine이 이끄는 '편견연구소Prejudice Lab' 프로젝트에 참여했던 경험을 서술한다. 더바인은 대학원에 다닐 때 인종차별주의의 심리학적 측면에 관한 실험을 했다. "더바인은 인종차별적 고정관념이 사실이 아니라고 믿을지라도, 일단 이러한 고정관념이 흡수되면 자기도 모르는 사이에 행동에 영향을 받을 수 있음을 증명했다." 편견연구소는 사람들에게 본인이 가진 편견을 보여주는 것을 목표로 기업체와 학교에서 워크숍을 진행한다. 사실상 자신이 보지 못하는 것을 보는 방법을 배우도록 도와주는 것이다.[18]

노델이 참여한 두 시간짜리 워크숍에서 더바인과 그의 동료는 편견의 과학을 설명하며 '산더미처럼 쌓인 증거를 빠르게 훑고' 학생들에게 자신의 삶에서 편견이 작동한 경험을 나눠달라고 청했다. 모든 학생이 어렵지 않게 이러한 경험을 떠올렸다. 노델은 많은 심리학 실험이 편견을 바로잡아야 할 상태로 여기지만, 더바인은 편견을 하나의 행동으로 보고 그저 무의식적인 패턴을 의식적이고 의도적으로 만들려 했다고 말한다. 편견연구소는 인종차별적 생각과 행동을 의식 안으로 들여보내는 '관심의 열쇠' 역할을 했다. 노델은 편견연구소의 접근 방식이 효과가 있었다고 말한다. 그러나 이러한 개입의 성패는 대체로 개인에게 달려 있다. "더바인은 습관을 없애려면 그 습관을 인지해야 하고, 변화의 의지가 있어야 하며, 그 습관을 바꿀 전략이 있어야 한다고 말했다."

이 지점에서 다시 앞 장에서 언급한 관심과 절제가 어떤 관련이 있는지에 대한 이야기로 돌아가고 싶다. 'attention(관심)'이라는 단어 자체에도 노력과 안간힘이라는 요소가 들어 있는데, '앞으로 뻗치다'라는 의미의 라틴어 'ad + tendere'에서 온 것이기 때문이다. 관심과 절제의 관계는 윌리엄 제임스William James가 1890년에 발표한 저서 『심리학의 원리』에 가장 명확하게 드러나 있다. 관심을 '무언가를 머릿속에 붙잡아두는 능력'이라고 정의한 제임스는 관심은 순식간에 이동하는 성향이 있다고 말한다. 그는 본인을 대상으로 정신을 산만하게 만드는 여러 요소를 실험한 물리학자이자 의사인 헤르만 폰 헬름홀츠Hermann von Helmholtz의 말을 인용한다.

> 그냥 내버려 두면 새로운 것을 찾아 이동하는 것이 관심의 속성이다. 그 대상에 흥미를 잃는 순간, 더 이상

> 새로운 것을 발견하지 못하는 순간, 우리의 의지와 상관없이 관심은 다른 쪽으로 이동한다. 만약 같은 대상에 관심을 묶어두고 싶다면, 다른 강렬한 인상이 우리를 잡아당기고 있을 때는 더더욱, 그 대상에서 끊임없이 새로운 점을 찾아야만 한다.[19]

앞에서 말했듯 관심이 '목격해야 할 새로운 것이 있다고 가정하는 열린 상태'를 의미한다면, 관찰은 끝났고 볼 것은 이미 다 봤다고 선언하려 하는 우리의 성향을 극복해야 할 것이다. 제임스가 보기에 이는 곧 알아서 지속되는 관심 같은 것은 없음을 의미한다. 관심을 유지하려면 같은 대상으로 관심을 거듭 되돌려야 한다. 끊임없이 바라보고 주의를 기울이려는 지속적인 노력이 필요하다. 게다가 관심이 늘 새로운 것을 따라다닌다는 것은 관심의 대상을 매번 새로운 각도로 바라봐야 한다는 의미다. 이는 결코 쉬운 일이 아니다. 그러므로 제임스는 관심에서 의지가 갖는 역할을 명확히 한다.

> 생각의 자연스러운 이동에는 반하는 일이지만, 마침내 그 크기가 커져서 이동하려는 성향을 가볍게 버텨낼 수 있을 때까지 관심을 한 가지 대상에 붙잡아두어야만 한다. 관심에 가하는 이러한 압박은 근본적인 의지의 행위다.[20]

노델은 이처럼 끊임없는 노력이 필요한 '되돌림'의 생

생한 사례를 소개하며 편견연구소에 관한 글을 마무리한다. 그는 워크숍이 열린 위스콘신 대학교 매디슨 캠퍼스를 떠나던 날 호텔 로비에서 '무릎이 해져 구멍이 난, 낡고 주름진 옷'을 입은 두 사람을 보았다. 노델이 의식하기도 전에 머릿속에 두 사람에 관한 이야기가 그려졌다. 두 사람은 호텔에 묵는 손님일 리 없고, 아마 직원의 친구일 것이다. 노델은 이렇게 말한다. "그건 아주 작은 이야기, 별것 아닌 가정이었다. 그러나 바로 이렇게 편견이 시작된다. 발견되지 않고 확인되지 않은, 이 잠깐 스친 편견이 행동과 반응, 생각의 문을 두드리는 것이다." 그러나 편견연구소가 이러한 편견을 알아채도록 노델을 훈련했고, 노델은 다시 한번 그 편견을 알아챌 수 있었다. 앞으로도 계속 편견을 주시하겠다는 노델의 다짐에서 드러나는 각성 상태는 관심을 지속하는 일의 핵심이다.

> 그날 이후 나는 손에 채를 들고 잠자리를 기다리는 사람처럼 그 작은 흔들림을 계속 주시했다. 그리고 여러 번 그것을 잡아챘다. 어쩌면 이러한 행동을 시작으로 내 편견이 사라질지도 모를 일이다. 주시하라. 붙잡아서 밝은 빛을 비추어보라. 그리고 풀어줘라. 계속 주시하라.[21]

만약 관심과 의지가 이토록 밀접한 관련이 있다면 우리의 관심을 잡아먹는 경제 전반과 정보 생태계를 염려해야 할 이유가 더 커진다. (잘 쓴 시간 캠페인의) 기술 윤리학자 제임스 윌리엄스는 옥스퍼드 대학교의 '실천윤리' 블로그에 쓴 광고 차단 프로그램에 관한 글에서 우리가 지불해야 할 대가를 다음과 같이 설명한다.

> 우리는 관심경제의 외부 효과를 똑똑 떨어지는 물방울처럼 아주 조금씩 경험하기 때문에, 이 상황을 '거슬린다'거나 '산만하다'처럼 가벼운 곤혹스러움을 나타내는 단어로 표현하는 경향이 있다. 그러나 이는 관심경제의 특성을 심각하게 오해한 것이다. 우리의 정신을 산만하게 만드는 것들은 단기적으로는 단지 우리가 원하는 것만을 하지 못하게 만든다. 그러나 장기적으로 이 시간이 점점 축적되면 우리가 원하는 삶을 살지 못하게 되고, 더 나아가서는 자신을 통제하고 성찰할 능력을 잃게 된다. 결과적으로 해리 프랑크푸르트Harry Frankfurt의 말처럼 '우리가 원하고 싶은 것을 원하는 것'이 어려워질 수 있다. 그러므로 여기에는 자유와 안위, 심지어 온전한 자아에 대한 깊은 윤리적 함의가 숨어 있다.[22]

나는 데방기 비브리카Devangi Vivrekar가 최근에 발표한 스탠퍼드 대학교의 석사 논문 「관심경제의 설득적 디자인 기술: 사용자의 인식과 이론, 윤리」를 살펴보다가 제임스 윌리엄스를 처음 알게 됐다. 이 논문의 주요 내용은 인간-컴퓨터 상호작용 학부에서 비브리카와 그의 동료들이 '너짓Nudget'이라는 시스템을 디자인하고 실험한 것이었다. 사용자가 설득적 디자인을 인식하게 하기 위해, 너짓은 오버레이overlay를 사용해 사용자가 페이스북에 접속할 때 페이스북 인터페이스의 설득적 디자인 요소를 지적하고 그 의도를 설명했다.[23]

또한 비브리카는 연구 참가자들에게 링크드인LinkedIn 사이트에서 드러나는 설득적 디자인의 사례를 파악하게 한 뒤 무려 171개 항목으로 이루어진 설득적 디자인 기법의 목록을 만들었다.[24] 다음은 그중 일부다.

화면 #	#	설득 수단	설득 방식
1A	1	상단 툴바에 있는 '알림' '메시지' '네트워크'의 알림 배지	새 알림을 클릭해서 보고 싶게 만든다(호기심을 불러일으킴).
1A	2	상단 툴바에 있는 알림 배지의 붉은 색깔	눈에 띄고 / 관심을 끌고 / 긴급함을 나타내서 클릭해 다른 사람 또는 다른 기업의 페이지로 이동하게 한다.
1A	3	상단 툴바에 있는 알림 배지의 숫자	해야 할 일의 목록처럼 느끼게 하고 숫자를 0으로 만들고 싶게 한다(혼돈보다는 질서를 원하는 기본적 욕구를 불러일으킴).
1A	4	알림의 간헐적 변화	알림이 뜨는 시간을 제각각 달리하고 간헐적으로 뜨도록 설정해 알림을 계속 변화시키고 흥미롭게 만든다.
1A	5	상단에 있는 텍스트 광고 '변화할 준비가 되셨습니까?'	관련이 있고 유의미해 보이게 함으로써 광고 페이지로 클릭을 유도한다.

이 논문은 여러 형태의 설득적 디자인(20세기 중반부터 행동과학자들이 광고계에서 연구해온 것들)을 모아놓은 유용한 카탈로그이기도 하다. 비브리카는 1967년에 연구원 마웰Marwell과 슈미트Schmitt가 확인한 여러 가지 전략(보상, 처벌, 긍정적인 전문 지식, 부정적인 전문 지식, 취향·아첨, 선물·사전 제공, 빚, 혐오스러운 자극, 도덕적 호소, 긍정적인 자기감정, 부정적인 자기감정, 긍정적인 역할 부여, 부정적인 역할 부여, 타인의 긍정적인 평가, 타인의 부정적인 평가 등등)을 열거한다.

이처럼 상세한 설득 방식의 목록과 그 다양한 형태에 대한 날카로운 관심은 관심경제와 관련해서 '나의 적을 알고자' 하는 나의 태도와 일맥상통한다. 누군가는 사용자에게 본인이 설득되는 방식을 알려주는 너짓 시스템과, 워크숍 참가자에게 편견이 행동을 이끄는 방식을 보여주는 편견연구소 프로젝트가 유사하다고 생각할 수도 있다.

그러나 결과를 보면 비브리카와 나는 매우 다른 결론에 도달한다. 실제로 나는 비브리카의 논문 중 '반론' 부분에서 절제력이 중요하다는 나의 주장에 도움이 될 만한 내용을 발견했다. 비브리카는 이렇게 말한다. "행위 주체성 대 구조의 논쟁에서 행위 주체성 쪽을 지지하는 사람들은 어떻게 하면 더욱 윤리적인 설득을 할 수 있는가의 문제 대신 사람들이 자기 통제력을 더욱 강화할 수 있도록 하는 데 집중해야 한다고 주장한다." (내 생각도 이와 같다.) 그러나 비브리카와 그가 언급한 기술 윤리학자들은 결코 이러한 접근법을 낙관하지 않는다.

앱과 상호작용할 때 문제를 우리가 더욱 유념하면 되는 것으로 묘사하는 것은 체스 게임에서 우리를 이기는 인공지능 알고리즘과 상호작용할 때 우리가 더욱 유념해서 행동하면 된다고 말하는 것과 같다. 이처럼 정교한 알고리즘은 관심을 두고 벌이는 게임에서도 언제나 우리를 이긴다.[25]

비브리카는 승패는 바꿀 수 없는 것이며, 우리가 할 수 있는 것은 설득의 방향을 수정하는 것뿐이라고 생각한다.

이러한 플랫폼에서 수백 명의 엔지니어와 디자이너가 우리의 모든 움직임을 예측하고 계획한다는 사실을 기억한다면, 논의의 방향을 윤리적 설득을 하는 구조 쪽으로 옮기는 것이 더욱 타당해 보인다.

이 주장은 몇 가지 중요한 지점을 당연하게 받아들인다. '윤리적 설득'은 '우리를 산만하게 만들고 좌절하게 하는 대신 우리에게 계속 힘을 불어넣는 조화로운 디자인'을 사용해서 본인에게 유익한 일을 하도록 사용자를 설득하는 것을 의미한다. 이 문장을 읽으면 이런 의문이 생긴다. 나에게 힘을 불어넣어 뭘 하라는 걸까? 나에게 유익한 것이 무엇인지는 누가 결정하나? 그 기준은 또 무엇인가? 행복도와 생산성? 나는 관심을 두고 벌이는 전쟁에서 내가 이미 패배했다는 생각을 받아들일 수 없다. 나는 주체성이 있는 행위자이며, 그저 나에게 더 좋다고 여겨지는 방식으로 관심을 돌리기보다는 내 관심의 통제권을 쥐고 싶다.

이러한 해결책은 또한 관심경제 자체를 당연한 것으로 받아들인다. 수정할 필요는 있지만 불가피한 것으로 여기는 것이다. 비브리카는 이렇게 말한다. "사용자의 가치 기준에 부합하는 지표가 관심경제에 속한 기업의 장기적인 영업이익에 꼭 반하는 것은 아니다. 실제로 새로운 지표는 새로운 시장 기회를 제공한다." 그리고 마케터와 개발자들이 매일 흥미를 불러일으키고 행동을 유도하는 십억 개의 알림을 보낼 수 있는 서비스를 제공하는 회사, 어번 에어십Urban Airship의 상임 부사장 에릭 홀멘Eric Holmen의 말을 인용한다. 홀멘은 진정성을 이용해 큰돈을 벌 수 있다고 생각한다.

> 사람들은 갈수록 그저 더 많은 시간을 쓰는 게 아니라 시간을 잘 쓰고 싶어 한다. (…) 페이스북과 인스타그램, 유튜브에 접속할 때마다 보이는 것이 가장 얄팍한 우리의 모습이라면, 우리가 가장 되고 싶은 모습에 부응하는 것이 좋은 사업 기회가 될 수 있다.[26]

하지만 여기서 '우리'는 누구란 말인가? 다른 사람이 내가 '가장 되고 싶은 모습'을 끄집어내려 할 때의 설득적 디자인은 어떤 모습인가? 그리고 그 디자인이 영리를 추구한다고? 도와줘요!

이러한 접근법에는 우리의 관심이 언제나 포획 가능하다는 가정, 관심의 질이 내내 똑같이 유지된다는 가정이 깔려 있다. 앞 장에서 나는 관심경제가 우리의 관심을 서로 구분되지 않고 교환이 가능한 통화처럼 여긴다고 설명했다. '윤리적 설득' 방식도 이와 다르지 않다. 우리에게 가능한 다른 종류의 관심에 대해 생각해보면(우리에게 절제력이 있다면 윌리엄 제임스가 말한 것과 같은 '지고의 관심'도 가질 수 있을 것이다), 대다수의 설득적 디자인(그것이 사악한 것이든 우리에게 힘을 불어넣는 것이든)이 비교적 얕은 형태의 관심을 가정한다는 사실이 분명해진다. 우리는 이 사실을 토대로 더욱더 깊고 단단하고 미묘한 형식의 관심은 이용당하기 쉽지 않다는 결론에 다다를 수 있다. 이러한 관심에는 절제와 경계심이 깃들어 있기 때문이다.

비브리카의 논문을 읽기 전날, 나는 그랜드레이크에 있는 오래된 오클랜드 극장에서 〈블라인드스포팅Blindspotting〉이라는 영화를 봤다. 이스트베이에서 자란 다비드 디그스Daveed Diggs(뮤지컬 〈해밀턴〉으로 유명하다)와 시인 라파엘 카샐Rafael Casal이 직접 쓰고 출연한 이 영화는 젠트리피케이션에 관해 거장이 쓴 한 편의 시와도 같다. 영화에서 디그스는 출소 후 1년간의 보호관찰 기간이 얼마 남지 않은 젊은 흑인 남성 '콜린'을 연기하고, 카샐은 콜린과 어릴 때부터 친구이며 욱하는 성미를 지닌 백인 남성 '마일스'를 연기한다. 아무런 사고 없이 1년을 거의 다 보내고 보호관찰의 끝을 눈앞에 둔 콜린은 백인 경찰이 "쏘지 말아요!"라고 외치며 뛰어가는 흑인 남성을 총으로 쏴 쓰러뜨리는 장면을 목격한 뒤 감정적 갈등에 휩싸인다.

게다가 마일스가 계속 문제에 휘말리며 보호관찰 중인 콜린을 다시 수감될 위험에 빠뜨린다. 웨스트오클랜드에서 열린 한 불쾌한 힙스터 파티에서 몇 안 되는 흑인 참석자 중 한 명이, 백인이라는 이유로 마일스를 신참 힙스터로 간주하자 이에 화가 난 마일스는 무자비하게 폭력을 휘두른 뒤 총을 꺼낸다. 콜린은 마일스에게서 총을 뺏을 수밖에 없다. 이 모든 일은 보호관찰 기간이 끝나기 하루 전날 밤에 발생한다. 파티에서 도망쳐 나온 콜린과 마일스는 소리를 지르며 말다툼을 벌이고, 마침내 두 사람 간 우정의 인종적 측면이 표면 위로 떠오른다. 두 사람은 친구가 아니라 그저 이해관계가 극명하게 갈리는 흑인 남성 대 백인 남성으로 서로에게 화를 낸다.

영화에서 두 사람이 이렇게 강렬하게 서로를 마주 보는 장면이 또 하나 있다. 이 장면은 훨씬 앞부분에 나오며, 시내에 있는 작은 갤러리 요한손 프로젝트를 배경으로 한다. 콜린과 마일스는 오클랜드 주민의 인물 사진을 찍는 중년 사진가를 만난다. 카메라가 사진 하나하나를 클로즈업하며 사진 속 인물들의 눈에 초점을 맞춘다. 사진가는 쫓겨나는 이들의 얼굴을 보여주는 것이 젠트리피케이션에 맞서는 자신만의 방식이라고 말한다. 그리고 난데없이 콜린과 마일스에게 마주 서서 말없이 서로를 쳐다보라고 말한다. 당황한 두 사람은 사진가가 시키는 대로 하고, 이어서 길고 기묘한 마법 같은 순간이 펼쳐진다. 카메라는 두 사람 사이를 오가지만 우리는 두 사람이 서로에게서 무엇을 보는지 전혀 알지 못한다. 이 불분명함은 상대를 이해할 수 없고 명백하게 실재하는 존재로 받아들이고 있을지 모를 두 사람의 경험을 보여준다. 결국 마법은 깨지고, 부끄러워서 웃음이 터진 두 남자는 이상한 주문을 한 사진가를 야유하며 자신이 느끼는 감정을 회피한다.

콜린과 마일스가 서로를 응시한 이 불편하고 부자연스러운 순간에 우리는 관심이 '앞으로 뻗쳐 나오는 것'을 느낄 수 있다. 두 사람은 그저 서로에게 시선을 던지고 있는 것이 아니다. 두 사람은 서로를 '보고 있다'. 나는 바로 이 장면에서 관심과 인식, 편견, 의지의 상관관계를 더욱 분명하게 이해할 수 있었다. 실제로 인종차별적 시각의 정반대에 있는 것은 타인을 어느 하나의 도구적 범주에 두지 않는 부버의 '나-너' 인식이다. 부버가 나무를 이미지로, 종류로, 숫자와 관련된 것으로 보기를 거부했던 것을 떠올려보자. 이때 '너'는 나와 똑같은 깊이를 갖는다. 상대를 이런 식으로 바라본다는 것은 곧 타인을 '보는' 더 쉽고 관습적인 여러 방식을 전부 포기한다는 뜻이다. 이는 절제력이 있어야 지속할 수 있는, 깨지기 쉬운 상태다.

관심경제에 대한 반응으로 윤리적 설득을 지지하는 입장은 관심에 대한 이차원적인 이해(관심의 방향을 이쪽 아니면 저쪽으로만 돌릴 수 있다고 가정하는 것)에서 나온 것이다. 나는 그보다는 훈련과 절제를 통해 관심의 깊이를 더 길게 만드는 데 관심이 있다. 중독적인 기술을 법적으로 규제하는 데는 대찬성이지만, 윌리엄 제임스의 도전을 받아들여 '머릿속을 가득 채울 때까지 단단히 붙잡아둔' 생각으로 관심을 거듭 되돌릴 때 무엇이 가능한지도 보고 싶다. 내가 새로운 것에서 다른 새로운 것으로 빠르게 이동하는 훈련되지 않은 관심에 만족하지 못하는 이유는 그것이 얕은 경험이거나 의지가 아닌 습관의 표현이기 때문만은 아니다. 이러한 관심이 인간으로서 경험할 수 있는 폭을 제한하기 때문이다.

습관적으로 보는 방식에 의문을 제기하는 새로운 습관을 들일 필요가 있다. 이것이 바로 미술가와 작가, 음악가가 우리를 위해 하는 일이다. 〈블라인드스포팅〉에서 콜린과 마일스가 사진가의 요청으로 이러한 순간을 맞이한 것도 우연이 아니다. 인간적인 깊이를 지닌 오클랜드 주민의 현실을 통해 보는 사람의 '맹점blind spot'에 맞서는 것이 그 사진가의 작업이기 때문이다. 우리가 타인과 서로 만나는 방법을 배우는 곳은 이 같은 시적인 영역이다. 중요한 것은 이러한 만남이 우리를 더 행복하거나 더 생산적으로 만듦으로써 우리에게 '힘을 불어넣는' 데 최적화되어 있지 않다는 것이다. 이 만남은 생산적인 자기 모습의 우선순위를 완전히 뒤흔들 수도 있으며, 어쩌면 자신과 타자의 경계까지 뒤흔들 수 있다. 이 만남은 우리에게 선택지를 제공하는 대신 심각한 질문에 직면하게 하며, 이 질문에 답함으로써 우리는 돌이킬 수 없는 변화를 경험할 수도 있다.

그저 관심경제에 저항하기보다는 관심의 깊이를 더욱더 깊게 만들어야 할 또 다른 이유가 있다. 그 이유는 우리가 관심을 기울이거나 기울이지 않는 것이 우리 현실을 만들어내는 매우 실질적인 방식과 관련이 있다. 어떤 '자료'가 주어졌을 때 우리는 과거의 경험과 자신의 추측을 토대로 결론을 끌어낸다. 편견연구소에 관한 노델의 글에서, 사회심리학자 에벌린 R. 카터Evelyn R. Carter는 다수에 속한 사람과 소수에 속한 사람은 (자신이 알아차리거나 알아차리지 못하는 것을 토대로) 서로 다른 두 개의 현실을 본다고 말한다. "예를 들어 백인은 인종차별적 발언만 들을 수 있지만, 유색인은 버스에서 누군가가 몸을 살짝 옆으로 피하는 것 같은 더 미묘한 행동을 알아차릴 수 있다."

무언가를 만들어내는 것에 대해 생각할 때, 나는 가끔 내가 경험한 (문자 그대로의 의미와 컴퓨터 관련 용어의 의미에서) '렌더링'을 떠올린다. 지난 몇 년간 나는 학생들에게 오픈소스 3-D 모델링 프로그램인 블렌더Blender를 가르쳤다. 3-D 작업을 한 번도 해보지 않은 학생들에게 특히 설명하기 어려운 것 중 하나가 바로 렌더링 개념이다. 포토샵 같은 프로그램으로 작업하는 데 익숙한 사람은 일반적으로 작업 환경에서 보이는 이미지가 결과물로 나오는 이미지와 별 차이가 없다고 생각한다. 그러므로 렌더링을 하지 않으면 아무 이미지도 없다는 개념에 익숙해지기 어려울 수 있으며, 렌더링한 결과물이 작업 환경에서 보이는 것과 완전히 다를 수 있다는 사실은 더더욱 익숙해지기 힘들다. (내 수업에서 종종 학생들은 렌더링한 결과물로 새까만 이미지를 내놓는데, 실수로 그 장면에 있는 유일한 조명을 지워버렸기 때문이다.) 물론 파일에는 여러 대상이 들어 있다. 그러나 실제 이미지는 카메라 앵글과 조명, 질감, 재료, 렌더 엔진, 렌더 퀄리티 같은 여러 변수에 따라 결정된다. 그러므로 어떻게 렌더링하는지에 따라 한 가지 장면으로 한없이 다양한 이미지를 만들어낼 수 있으며, 이때 각 이미지는 같은 대상을 서로 다르게 받아들인 결과물이다.

어렵지 않게 이를 보다 일반적인 렌더링으로 확장해 볼 수 있다. 일반적인 렌더링에서 장면 속 대상은 우리 외부 세계에 있는 대상과 사건, 사람들이다. 그리고 렌더링을 결정하는 것은 우리가 가진 관심의 지도다. 윌리엄 제임스는 1890년에 이미 '잡다한 것이 마구 뒤섞인 잿빛 카오스'의 세상을 흥미와 관심이 어떻게 렌더링하는지에 관한 글을 썼다. 이는 블렌더에서 아직 렌더링하지 않은 회색 장면을 떠올리게 한다.

> 외부 질서의 수백만 가지 항목이 내 감각 앞에 존재하지만, 이 모든 것이 내 경험으로 들어오지는 않는다. 왜일까? 내가 관심이 없기 때문이다. 나의 경험은 내가 주의를 기울이겠다고 동의한 것이다. 오로지 내가 인식한 항목들만이 내 생각을 형성한다. 까다로운 선별자 역할을 하는 관심이 없다면 경험은 혼돈 그 자체일 것이다. 말하자면 관심은 강조와 역점, 빛과 그림자, 배경과 전경을 제공한다. 즉, 명쾌한 관점을 제공

> 한다는 뜻이다. 관심의 대상은 모든 생명체가 다 다르겠지만, 관심이 없다면 모든 생명체의 의식은 잡다한 것이 마구 뒤섞인 잿빛 카오스가 되어 생각하는 것조차 불가능할 것이다.[27]

거의 모든 사람들이 렌더링의 변화를 경험한 적이 있다. 무언가를 한 번 알아챈 이후(또는 누군가가 알려준 이후) 모든 장소에서 '그것'을 발견하기 시작하는 경험 말이다. 단순한 사례로, 이제 나의 관심은 열렬한 새 관찰자가 되기 전보다 새가 훨씬 많은 세상을 내게 '렌더링'해준다. 데이비드 호크니는 드영 미술관을 찾은 관람객의 관심을 재배치해 작은 디테일과 풍성한 색채, 만화경 같은 배열을 알아차리게 했고, 존 케이지 공연은 나의 관심을 재배치해 선율이 있는 음악 이외의 소리를 알아차리게 했다. 관심의 패턴이 변하면 현실을 다르게 렌더링하게 된다. 이전과는 다른 세상에서 움직이고 행동하기 시작한다.

내가 땅을 발견한 순간에 대해서는 이미 앞에서 설명했다. 그러나 그 이후 일어난 일에 대해서는 아직 이야기하지 않았다. 나는 나의 현실을 완전히 다시 렌더링했다. 파괴적인 뉴스 사이클과 생산성의 수사법을 내 관심의 지도에서 떼어냈다. 그리고 그저 인식의 패턴을 이용해, 인간을 넘어서는 공동체 위에 전과 다른 관심의 지도를 만들기 시작했다. 이는 곧 내가 바라볼 대상을 선택하는 것을 의미했다. 평생 그냥 지나쳤던 식물들의 이름을 알아내려고 안내 책자와 캘리포니아 과학 아카데미에서 만든 앱

아이내추럴리스트iNaturalist를 들여다보기도 했다. 그러자 나의 현실 속에 점점 더 많은 행위자가 나타났다. 새는 나음에는 나무가, 그다음에는 다양한 종류의 나무가, 그다음에는 그 나무에 사는 벌레들이 나타났다. 동물 군락과 식물 군락을, 동식물 군락을, 산맥과 단층선을, 강 유역을 알아차리기 시작했다. 다른 무대 위에서 펼쳐진 익숙한 혼란이었다. 이 모든 것은 언제나 그 자리에 있었으나 내 현실의 이전 렌더링에서는 보이지 않았다. 나는 이 기묘한 깨달음과 다시 한번 만났다.

본질적으로 내가 이름을 알지 못한 채 만나고 있던 것은 바로 생태지역주의였다. 많은 인디언 문화가 땅과 맺는 관계와 마찬가지로 어디서 무엇이 자라는지 관찰하고 인지하는 것, 그 행위자들이 맺는 복잡한 관계의 그물망을 제대로 인식하는 것이 생태지역주의의 토대가 된다. 또한 생태지역주의는 지역 생태계에 대한 관찰과 책임을 통해 자신을 지역의 일부로 편입함으로써 자신과 장소를 동일시하는 방식을 제안한다. (어디 출신이냐는 질문에 생태지역주의의 초기 주창자인 피터 버그는 이렇게 대답하곤 했다. “나는 지구 행성의 태평양 해역의 환태평양 북쪽 지역의 섀스타 생태지역의 새크라멘토강과 샌와킨강과 샌프란시스코만이 합류하는 지점 출신입니다.”[28]) 이러한 면에서 생태지역주의는 단순히 과학이 아니라 공동체를 위한 모델이다.

내가 속한 생태지역을 알게 되면서 동료 거주자들의 토템 집합체에 더 큰 일체감을 느끼게 되었다. 서양울타리도마뱀, 캘리포니아검은멧새, 그레이소나무, 만자니타, 심블베리, 거삼나무, 옻나무…. 이제는 다른 지역에 가면 걸어 다니면서 그곳에서 무엇이 자라는지 관찰하고 원주민의 역사(많은 지역에서 원주민의 역사는 유의미한 방식으로 생태지역과 교류한 사람들의 마지막 기록이다)를 배운다. 이 과정을 거치며 생태지역을 '만나기' 전에는 그곳에 도착한 기분이 들지 않는다. 나의 경험은 처음 새로운 것을 알아차리는 데에는 노력이 들지만, 시간이 흐르면서 되돌릴 수 없는 변화가 생긴다는 흥미로운 사실을 보여준다. 미국삼나무와 참나무, 블랙베리 관목은 이제 나에게 절대로 '풀 나부랭이'가 될 수 없으며 검은멧새는 '그냥 새'가 될 수 없다. 그렇다면 이 장소 역시 더 이상 아무 장소일 수 없다.

1년 반 전에 우연히 내가 자란 쿠퍼티노에 있는 랜초 린코나다Rancho Rinconada라는 동네의 항공지도를 보게 되었다. 동네가 막 지어지던 1950년대의 지도였다. 그 지도와 구글 지도를 비교하면서 어느 길이 어느 길인지 알아낼 수 있었고, 이렇게 하지 않았다면 줄줄이 늘어선 가짜 아이클러 방갈로(부동산 개발업자 조셉 아이클러가 보급한 모던한 스타일의 주택-옮긴이)와 구분할 수 없었을 우리 집의 정확한 위치도 찾아냈다. 그러나 그 무엇과도 들어맞지 않는 구불구불한 모양의 이상한 길이 하나 있었는데, 나는 곧 그것이 길이 아니라 새러토가강이라는 사실을 깨달았다. 가만히 생각해보니 동네 수영장 옆을 지나는 강을 본 기억이 났지만, 그동안 그 강에 이름이 있는 줄은 몰랐다. 내 기억 속에서 새러토가강은 그냥 '강'이었다. 그 강은 다른 데서 흘러오거나 다른 데로 흘러가지 않았다.

구글 지도를 확대해 내가 다니던 유치원 옆을 구불구불 흐르는 또 다른 강을 찾았다. 다시 기억을 더듬으니 이 강은 내 기억 속에 딱 한 번 등장했다. 다섯 살 때 이 강은 운동장 가장자리에 있는 울타리 너머로 공이 굴러가도 공을 찾으러 들어가서는 안 되는 장소였다. 울타리 사이로 나무가 마구 뒤얽힌 신비로운 수풀과 이상한 베개처럼 생긴 강둑의 시멘트 포대들을 쳐다보았던 기억을 간신히 떠올렸다. 그때 이 강은 깔끔하게 관리된 학교 부지와 달리, 통제되지 않는 미지의 것이었다. 칼러바사스강이 내 의식 위로 떠오른 것은 그때가 유일했다. 다른 때에도 강을 바라보거나, 걷거나 차를 타고 그 옆을 지나갔겠지만, 그때 강은 아리엔 맥과 어빈 록의 시각 실험에서 목격되지 않은 자극과 같았다. 정확히 말하면 목격은 했으나 인식은 못한 것이다.

이 강의 존재를 인식하자 그동안 내가 알아차리지 못한 것들의 지형이 활짝 펼쳐졌다. 칼러바사스강은 어디로 흘러가더라? 물론 샌프란시스코 베이로 흘러가겠지만, 나는 한 번도 두 곳을 연결해서 생각해본 적이 없었다. 그럼 강은 어디서 흘러오는 거지? 테이블산, 내가 매일 올려다

봤지만 이제야 이름을 알게 된 바로 그 산이었다. 나는 늘 쿠퍼티노가 너무 평평하다고 불평하곤 했다. 쿠퍼티노의 지형이 평평한 것은 수백만 년 전 베이 지역 전체가 내해內海였다가 습지가 되었기 때문이라는 것을 그때 내가 알았더라면. 로스가토스, 새러토가, 알마덴 같은 도시 이름은 알면서 그 도시들이 로마프리타, 어먼험산, 맥퍼슨산 같은 주변 산맥을 따라 뚜렷한 곡선을 이룬다는 사실은 왜 알아차리지 못했을까? 어떻게 내가 사는 곳의 형태를 알아차리지 못할 수가 있지?

지난해에 친구 조시에게 칼러바사스강을 새롭게 발견한 경험에 대해 이야기해주었다. 조시는 현재 오클랜드에 살지만 쿠퍼티노와 인접한 서니베일에서 자랐고, 조시에게도 깊이 묻어둔 강에 대한 기억이 있었다. 조시의 강에는 울타리가 쳐져 있었고 사다리꼴 강바닥이 콘크리트로 덮여 있어서 자연의 일부라기보다는 아무도 모르게 동네를 통과하는 사회기반시설처럼 보였다. 어느 순간 조시와 나는 우리가 같은 강에 대해 이야기하고 있다는 걸 깨달았다. 조시는 강의 더 아래쪽에 살았다.

2017년 12월 우리는 차를 타고 쿠퍼티노로 가서 '긴급 상황에만 접근하시오'라는 표지판이 붙은 철망 울타리의 입구를 덜컹거리며 지나갔다. ("그 긴급 상황이 호기심일 수도 있잖아?" 내가 소리 내어 말했다.) 가장 처음 눈에 보인 것은 다섯 살 이후로 본 적 없던 바로 그 광경이었다. 시멘트 포대(이제는 이 포대가 홍수 방지를 위한 것임을 안다) 주위의 우거진 수풀. 당시는 가뭄이 6년간 이어지던 때라 강바닥은 걸어도 될 만큼 메말라 있었다. 우리는 자갈 위를 걸었다. 여러 종류의 익암이 섞여 있었고, 그중에는 원래 벽돌 조각이었지만 흐르는 물에 깎여서 믿을 수 없을 만큼 자연스러운 돌 모양이 된 것도 있었다. 위로는 이제 내가 이름을 아는 나무(계곡참나무와 월계수)들과 누군가의 뒷마당에서 도망쳐 나와 비탈 전체를 뒤덮은 손바닥선인장 같은 뜻밖의 식물들이 뒤섞여 있었다.

강바닥에서 밖을 올려다보니 뱅크오브아메리카 건물이 보였다. 익숙한 건물이지만 보이는 각도가 이상하고 생경했다. 가정집들의 나무 울타리 뒷면도 보였다. 그 집에 사는 사람들은 어쩌면 이곳에 한 번도 와본 적 없을지 모른다. 밸코 패션 파크와 쿠퍼티노 크로스로즈 쇼핑센터가 있는 스티븐스강 대로 아래 터널로 들어가자 그라피티가 그려진 어두컴컴한 갤러리가 나왔다. 터널 속을 계속 걸었다면 아이러니하게도 최근에 쿠퍼티노에 생긴 쇼핑센터 중 하나인 메인스트리트 쿠퍼티노 아래의 칠흑 같은 어둠을 만났을 것이다. 거기서 더 나아가면 터널에서 나와 애플에서 새로 지은 '우주선' 캠퍼스의 부지로 진입했을 것이다.

언제나 그 자리에 있는 것만큼 익숙한 동시에 생경한 것은 없다. 이 모든 것들 사이에, 아래에, 한가운데에 나보다 더 오래된, 쿠퍼티노보다 더 오래된 독립체가 구불구불 흐르고 있었다. 비록 19세기에 공학기술로 흐름이 바뀌긴 했지만, 강은 일종의 원시적 움직임을 대변한다. 자동차가 홀푸즈 마켓에서 애플 캠퍼스로 달리기 한참 전부터 이 강은 테이블산에서 샌프란시스코 베이로 물을 흘려보냈다. 나나 다른 인간이 알아차리든 말든, 강은 언제나 그랬듯이 앞으로도 계속 물을 흘려보낼 것이다. 그러나 우리가 알아차릴 때, 우리가 지속적인 관심을 주는 모든 것들과 마찬가지로, 강은 그 중요성을 드러내기 시작한다. 인간이 만들어낸 쇼핑센터와 달리 강은 누군가가 그곳에 두었기 때문에, 생산적이기 때문에, 생활 편의시설로서 그곳에 있는 것이 아니다. 강은 우리보다 먼저 존재한 유역의 목격자다. 이러한 점에서 강은 우리가 시뮬레이션(제품과 결과, 경험, 평가로 이루어진 능률적인 세계) 속에서 살고 있지 않다는 사실을 상기시킨다. 우리는 거대한 돌 위에 산다. 이 돌의 다른 생명체들은 아주 오래되고, 땅속을 흐르는, 거의 지하 세계의 것에 가까운 논리에 따라 움직인다. 깊은 기묘함이 평범한 일상의 한가운데를 굽이굽이 흐르고 있다. 개화와 부패, 침투의 세계, 수백만에 달하는 기어 다니는 것들의 세계, 포자와 레이스 같은 곰팡이의 세계, 반응하는 무기물과 침식되는 것들의 세계. 이 모든 것이 철망 울타리 반대편에 있다.

내가 칼러바사스강에 혼자 갔더라면 내 경험은 이와 같지 않았을 것이다. 조시와 내가 기억의 파편을 하나의 물줄기로 모은 순간, 이 강은 개인의 관심을 넘어 집단적 관심의 대상이 되었다. 강은 공유된 현실이자 개인 바깥에 존재하는 기준점이 되었다. 어쩌면 알아차리지 못했을 움푹 파인 강바닥의 자갈 위를 조심조심 걸어가면서(몸으로 직접 강에 주의를 기울이면서) 우리는 강이 그 지류와, 산피, 그 안에서 헤엄치고 자라는 모든 것들과 함께 다시 모습을 드러내는 곳으로 세상을 다시 렌더링하고 있었다.

결국 우리는 현실에 머물 수 있다. 우리가 가진 관심을 통해 새로운 현실을 함께 렌더링할 수 있다면, 어쩌면 그곳에서 서로 만날 수 있을 것이다.

5장

낯선 이들의 생태계

마음속에는, 상상력에는, '당신'이 파악할 수 있는 것보다
더 많은 것들이 있다. 뜻밖의 생각과 기억, 이미지, 분노, 기쁨들.
심연과 무의식은 우리 내면의 야생 지대이며,
바로 그곳에 붉은스라소니가 있다. 나는 지금 개인의 정신에
머물러 있는 붉은스라소니가 아니라, 이 꿈과 저 꿈을 배회하는
바로 그 붉은스라소니를 말하는 것이다.
— 게리 스나이더Gary Snyder, 『야생의 실천』[1]

2017년 말의 어느 여유로운 토요일, 나는 장미 정원에서 피드몬트 식료품점으로 걸어가고 있었다. 수백 번도 더 걸었던 길이다. 언덕 꼭대기에 오르자 반대편에서 개를 산책시키는 젊은 여자가 보였다. 그런데 우리가 막 스쳐 지나가는 찰나 여자가 갑자기 땅에 쓰러져(다행히 교회 앞 잔디밭 위였다) 발작을 일으켰다. 그 뒤로 일어난 일의 정확한 순서는 기억나지 않는다. 나는 911에 전화를 걸었고, "도와주세요"라고 큰 소리로 외쳐서 길 건너편 아파트의 주민들을 불렀으며, 최대한 평정심을 유지하며 전화를 받은 교환원에게 근처 교차로의 주소를 알려주고 상황을 설명했다. 처음에 여자는 두 눈을 뜨고 나를 똑바로 바라봤

지만 나를 본다기보다는 내 시선을 그대로 돌려보내고 있었다. 무서웠고, 한편으로는 비현실적이었다. 아무도 없던 거리에 사람들이 도착하기 전까지 나는 몇 분 전만 해도 한 번도 만난 적 없는 이 사람에게 전적인 책임감을 느꼈다.

정신이 들자 여자는 물을 가져온 아파트 주민들과 나를 수상쩍은 듯 바라봤다. 발작을 일으킨 사람은 의식이 돌아올 때 주변 상황에 혼란이나 심지어 적대감을 느낄 수 있다는 사실을 그때 알게 되었다. 그 여자에게 우리는 난데없이 나타난 사람들이었다. 구급대원이 여자에게 조심스럽게 이것저것 물어보는 동안 나는 개의 목줄을 붙들고 근처에 앉아 있었다. 누가 봐도 불안해 보이는 이 개에게도 책임감을 느꼈다. 결국 아파트 주민들은 집으로 돌아갔고 나는 남아서 질문에 대답했는데, 무슨 일이 일어난 건지 아는 사람이 나뿐이었기 때문이다. 알고 보니 구급대원은 (아마도 여자와 내가 또래로 보여서) 내가 여자의 친구이고 우리가 함께 산책하는 중이었다고 생각하고 있었다. "아니에요, 전 그냥 지나가던 사람이에요." 내가 말했다. 그러자 구급대원 중 한 명이 이게 귀찮은 일일 수 있다는 뜻을 내비치며 내게 남아줘서 고맙다고 말했다. 그러나 이와 다른 세계, 내가 아무 일 없이 식료품점으로 걸어가서 저녁거리를 사는 세계가 너무나도 멀게 느껴져서 내가 원래 뭘 하려 했는지도 거의 기억나지 않았다.

적어도 그 자리에서 할 수 있는 일은 다 하고 나서 무릎을 덜덜 떨며 언덕을 걸어 내려왔다. 마음을 가라앉히려고 글렌에코강 옆에 있는 벤치에 앉았다. 글렌에코강 역시 익숙한 장소였지만, 이제는 모든 것이 너무나도 비현실적으로 보였다. 이 장면이 존재하지 않을(또는 내가 존재하지 않을) 가능성이 너무나도 현실적으로 느껴졌기 때문이다. 지진이 우리가 움직이는 지각판 위에 살고 있다는 사실을 상기시키듯이, 다른 사람의 삶의 취약성에 직면하자 나는 순간 모든 것을 당연하게 받아들이지 못하게 되었다.

마침내 식료품점에 들어가 애초에 뭘 사려고 했는지 기억하려 애쓰며 멍한 눈으로 통로 사이를 걸었다. 주위의 모든 사람이 차분하게 자기 할 일을 하며 다양한 종류의 시리얼 중 하나를 선택하거나 사과를 고르거나 달걀을 살펴보고 있었다. 그러나 그 순간 나는 의사 결정의 계단에 오르지 못하고 있었다. 내가 알 수 있는 것은 그저 여기 있는 사람은 모두 살아 있다는 사실과 그것이 기적이라는 것뿐이었다. 남자 친구가 사와서 지금 우리 아파트에 태연하게 걸려 있는 할리 베이트먼Hallie Bateman의 그림을 생각했다. 거리 풍경을 담은 그림에는 보도와 건물, 하늘 사이사이로 다음과 같은 글귀가 쓰여 있다. '우리는 모두 이곳에 함께 있으며, 그 이유는 모른다We're all here together, AND WE DON'T KNOW WHY'.

낯선 사람들이 가득한 식료품점은 데이비드 포스터 월리스David Foster Wallace가 2005년에 케니언 칼리지 졸업식에서 한 연설 「이것은 물이다: 어느 중요한 날에 전달한, 연민 어린 삶을 사는 것에 관한 생각」에도 등장한다. 월리스는 학생들 앞에서 어른이 된 사람들이 살아가는 삶을 잔인하게 묘사한다. 이 삶에서 우리는 기나긴 하루를 마치고 끔찍한 교통체증에 시달린 뒤, 성가신 사람들로 가득하고 기분 나쁠 만큼 눈부신 형광등 조명이 달린 식료품점에 도착한다. 그 순간 우리는 이 상황과 이 상황 속 사람들을 어떻게 인식할지 선택할 수 있다. 그 선택은 기본적으로 관심을 어디에 둘 것인지에 대한 것이다.

> 어떻게 생각하고 어디에 주의를 기울일지 의식적으로 결정하지 않는다면 나는 장을 볼 때마다 참을 수 없이 화가 나고 비참해질 것입니다. 이 상황의 중심이 나라고 확신하는 것, 나의 배고픔과 피로감과 집에 가고 싶은 욕망이 가장 중요하다고 생각하는 것이 우리의 타고난 '디폴트 세팅'이기 때문입니다. 그렇다면 다른 모든 사람이 내 길을 가로막는 것처럼 보이고, 도대체 왜 내 길을 막는 거냐고 생각하게 될 겁니다.[2]

월리스의 이야기에서 우리의 선택은 방금 내 앞을 가로막은 사륜구동 지프차의 운전자가 어쩌면 아이를 서둘러 병원에 데려가는 중일지 모른다는 가능성을 열어놓는다. "그렇다면 그 사람은 나보다 더 급하고 중요한 상황에 처해 있습니다. 나야말로 그 사람의 길을 가로막은 것입니다." 내 앞에 줄을 서서 방금 내게 소리를 지른 여자는 어쩌면 지금 힘든 시간을 보내는 중인지도 모른다. 이러한 상상이 사실인지 아닌지는 중요치 않다. 그저 그 가능성을 생각하는 것만으로도 나와 똑같은 깊이를 가진 타인의 현실을 위한 공간이 생긴다. 이는 타인을 내 길을 가로막는 타성적 존재로만 바라보는 자기중심적 '디폴트 세팅'에서 명백하게 이탈하는 것이다.

> 그러나 생각하는 방법, 관심을 기울이는 방법을 제대로 배운다면 다른 선택지도 있다는 것을 알게 됩니다. 번잡하고 시끄럽고 느려터진 소비자의 지옥 같은 상황을 유의미할 뿐 아니라 성스러운 것으로 경험하는 능력, 저 별들을 빛나게 하는 것과 똑같은 힘, 즉 연민과 사랑, 표면 아래 이루어지는 만물의 통합을 선연히 느낄 수 있는 능력이 바로 우리 안에 있습니다.[3]

월리스가 이를 '디폴트 세팅'에 맞서는 선택으로 표현했다는 사실은 내가 앞 장에서 설명한 절제와 의지, 관심의 관계와 연결된다. 자기 자신의 바깥에서 무언가와 진정으로 만나려면(부버의 '나-그것'의 관계를 넘어서려면), 반드시 그 만남을 원해야 한다.

버스를 타고 오클랜드 시내를 지나 노선 끝에 있는 나의 스튜디오에 갈 때 이러한 만남에 대해 종종 생각한다. 나를 포함한 많은 사람에게 대중교통은 다양한 낯선 이들과 주기적으로 만날 수 있는 최후의 비거래적 장소이며, 이곳에서 우리는 모두 다른 이유로 서로 다른 목적지로 향한다. 버스 안에서 낯선 사람들은 고속도로에서는 느낄 수 없는 현실감을 갖는다. 우리가 서로의 행동에 영향을 받는 밀폐된 공간에 있기로 합의했기 때문이다. 모두가 목적지에 도착해야 한다는 사실에 공감하는 만큼 사람들은 대개 정중하게 행동하고, 필요할 땐 말 그대로 타인을 위해 공간을 내어준다.

지난주에 회의를 마친 뒤 F노선 전차를 타고 시빅 센터에서 샌프란시스코에 있는 페리 빌딩까지 갔다. 전차는 악명에 걸맞게 느리고 붐볐으며, 한낮이라 특히 더 꾸물거렸다. 게다가 때마침 창가에 앉아서, 느리게 움직이는 호크니의 〈일곱 개의 요크셔 풍경〉만큼 생경한 느낌으로 중심가에 있는 여러 사람의 얼굴을 바라볼 수 있었다. 내가 바라보는 얼굴 하나하나(모든 얼굴을 바라보려고 노력했다)마다 출생과 어린 시절, 꿈과 실망, 내 것과는 완전히 다른 불안과 희망, 원망, 후회의 우주로 이루어진 삶이 있다는 사실을 받아들이자, 나는 이 느린 장면에 말도 안 될 만큼 푹 빠져들었다. 호크니가 말했듯, '이 세상에는 볼 것이 정말 많다'. 성인이 된 이후 대부분의 시기를 도시에서 살았는데도 그 순간 나는 도시의 한 장면에 포개진 인생 경험의 밀도에 완전히 넋이 나가고 말았다.

루이 알튀세르Louis Althusser는 『만남의 철학Philosophy of the Encounter』에서 사회가 일종의 공간적 제약을 요구하는 방식을 설명한다. 알튀세르는 사람들이 개별적으로 움직이고 만남이 좀처럼 일어나지 않는 일종의 원시적 숲인 장 자크 루소의 이상적인 '자연 상태'와 도시를 비교한다.

이 자연 상태를 설명하면서 알튀세르는 '또 다른 루소'(예술가 앙리 루소Henri Rousseau)의 작품을 언급한다. "앙리 루소의 작품은 밖을 떠돌며 서로 아무런 관계도 맺지 않는 고립된 개인, 만남 없는 개인을 보여준다." 그리고 그는 만남이 일어나는 사회를 세우려면 사람들이 반드시 "자신보다 강한 힘으로 지속적인 만남을 갖도록 강제되어야 한다"라고 말한다. 알튀세르는 사회를 세우기 위해 숲의 이미지를 섬의 이미지로 대체한다. 만남이 강제된 이 '섬'은 내가 버스, 더 일반적으로는 도시에 대해 생각하는 순간을 떠올리게 한다. 여기서 중요한 것은 공간적 근접성인데, 도시에서의 경험은 흩어지려는 본능에 반해 유지되는 긴장 상태이기 때문이다.

> 만약 흩어지려는 본능을 통제하는 외부 제약이 없다면, 사람들에게 의견을 묻지 않은 채 근접성의 원칙을 강요하지 않는다면, 만남은 지속되지 않을 것이다. 말하자면 인간 사회는 인간의 의지에 반하며, 인간의 역사 또한 인간의 의지에 반하는 사회의 무의식적 구조로 등장한 것이다.[4]

지금 사는 아파트 근처에서 〈블라인드스포팅〉을 본 다음 날, 이곳으로 이사를 왔을 때 내가 젠트리피케이션에 일조했을지도 모른다는 생각을 하며 메릿 호수 주변을 걷고 있었다. 마치 기다렸다는 듯이 동네 초등학교에 다니는 아이들이 내게 다가왔다. 각자 클립보드를 든 아이들은 오클랜드에 관한 프로젝트를 진행하고 있으며 몇 가지 질문을 하고 싶다고 외운 듯이 말했다. 첫 번째 질문은 처음에는 꽤 단순해 보였다. “이 공동체의 일원이 된 지는 얼마나 되셨나요?”

그러나 사실 질문은 전혀 단순하지 않았다. “2년이요”라고 대답할 때조차 나는 그저 어느 지역에 사는 것이 아니라 공동체의 일원이 된다는 것이 어떤 의미인지 자문하고 있었다. 물론 나는 베이 지역에서 자랐고, 스스로 베이 지역 예술가와 작가 공동체, 소셜미디어로 연결된 다른 도시 주민들과 이룬 공동체에 속한다고 생각한다. 그러나 이 공동체는? 집세를 낸 것 말고 내가 지금 사는 지역에 기여한 부분이 있나? 있다면 동네의 해오라기에 대해《시에라》매거진에 쓴 글 정도일 것이다.

아이들의 다른 질문도 내게 큰 고민을 안겼다. 첫 번째 질문 이후 나 스스로 나머지 질문에 대답할 자격이 없다고 느꼈기 때문인 것 같다. 내가 가장 높이 평가하는 오클랜드의 장점? 다양성. (“사람들의 다양성이요?” 곧바로 한 아이가 물었다.) 오클랜드에서 더 많아졌으면 하는 것? 공공도서관과 공원 기금. 오클랜드가 직면한 가장 큰 어려움이 무엇이라고 생각하나요? 나는 약간 더듬거리며 “다양한 집단의 사람들이 서로 더 많은 대화를 나누어야 한다” 같은 말을 했다.

제일 앞에 선 아이가 클립보드에서 시선을 돌려 나를 빤히 쳐다봤다. 그리고 내게 물었다. “그러니까… 서로 더 신경 써야 한다는 거예요?" 나는 "더 소통해야 한다는 거예요"라고 답했지만 며칠 뒤에도 아이의 말이 계속 머릿속에 맴돌았다. 결국 의사소통을 하려면 신경을 써서 노력해야 한다. 이미 이곳에 있는(또는 과거에 이곳에 있었던) 생명과 사물을 전혀 신경 쓰지 않고 이곳으로 이사 오는 사람들, 그리고 이후에도 이들과 최소한의 관계만을 유지하는 행동은 여러 가지 생각거리를 남긴다. 부버가 말한 '나-그것'의 관계처럼 새로 이사 온 사람은 동네의 다른 주민과 사물을 자신에게 유용해 보이는 선에서만 인식할지도 모른다. 나머지는 (기껏해야) 타성적인 것으로, 또는 (최악으로는) 골칫거리나 비효율적인 것으로 생각할지도 모른다.

내가 좋아하는 것, 내가 구매한 것, 공통의 친구들 같은 도구적 특성에 따라 친구를 추천하는 알고리즘과 달리, 지리적 근접성은 신경 써야 할 '명백한' 도구적 이유가 없는 사람들, 가족도 아니고 친구도 아닌(때로는 친구가 될 가능성조차 없는) 사람들 근처에 우리를 위치시킨다. 나는 우리의 필터버블 바깥에 있는 주위 사람들을 인식해야 할 뿐만 아니라 그들을 신경 쓰고, 그들과 현실에 함께 머물러야 할 몇 가지 이유를 제시하고자 한다. 물론 여기서 말하는 필터버블은 소셜미디어의 필터버블만이 아니라, 지금까지 설명한 관심(또는 관심의 부족)과 관련한 우리의 인식과 비인식이 만들어낸 필터를 의미한다.

가장 명백한 이유는 우리가 실질적인 의미에서 서로 신세를 지고 있으므로 주위 사람에게 신경을 써야 한다는 것이다. 이 지점에서 내가 발작을 일으킨 여성과 만났던 경험을 다시 이야기하고 싶다. 내가 그 여성을 도울 수 있었던 것은 근처에 있었기 때문이다. 이웃은 평범한 상황은 물론 극단적인 상황에서도 지지 네트워크가 되어줄 수 있다. 기후 관련 재앙이 점점 늘어나는 이 시기에 나를 도와줄 사람은 트위터 팔로워가 아니라 이웃이라는 사실을 잊지 말자. 여기서 다시 리베카 솔닛의 『이 폐허를 응시하라』로 되돌아갈 수 있다. 이 책에서 단 한 번도 서로 만난 적 없을지 모를 이웃들은 재난이 발생하자 발 빠르게 지지 네트워크를 구축한다. 이들은 조직을 꾸리고 서로 먹을거리와 물, 쉼터, 의료 지원, 정신적 지지를 나눈다(이를 위해 사회적 경계를 넘거나 규범을 뒤집는 경우도 많았다). 이 유연한 리좀형 지역 네트워크는 뒤이은 제도적 지원보다 일을 더 잘했고, 많은 일을 더 빨리 처리했다.

그러나 솔닛의 책은 주위 사람을 신경 써야 하는 두 번째 이유를 설명하는 데 더 유용하다. 그 이유는 바로 '너'가 없는 '나-그것'의 세계는 피폐하고 외로운 곳이라는 것이다. 솔닛은 이웃과 하나 되어 공동의 목표를 찾고, 물질적 도움뿐 아니라 감정적 도움을 나누는 데서 오는 희열을 이야기하는 생존자를 거듭 만난다. 1972년에 니카라과 지진을 경험한 한 시인은 솔닛에게 이렇게 말한다.

전날 밤만 해도 내 집에서, 나만의 작은 세상에서 혼

자 잠자리에 들었는데, 갑자기 길거리로 쫓겨나 변변히 인사도 나눠본 적 없던 이웃들과 어울리고, 이 사람들에게 애착을 느끼고, 신경을 쓰고, 돕고, 내가 뭘 해줄 수 있는지 알아보려고 하고, 내 기분에 대해 이야기하게 되었죠.[5]

사실 나도 이러한 갑작스러운 변화를 경험한 적이 있다. 다행히 그 경험은 재난 때문은 아니었다. 남자 친구와 나는 대규모 아파트 단지에 사는데, 이 단지 옆에는 네 식구가 사는 주택이 있어서 우리가 발코니에 앉고 그 가족이 자기 집 앞마당에 앉으면 서로를 쉽게 볼 수 있다. 그 집 아버지가 마당의 잡초를 뽑으며 우리네 아버지들이 즐겨 듣는 록 음악을 듣는 소리, 어린 두 아들이 내지르는 소리(예를 들면 방귀 소리가 난 뒤 들려오는 키득거리는 웃음소리)는 나와 남자 친구를 편안하게 해주는 배경음악이 되었다. 그러나 우리는 2년간 서로 이름을 몰랐고, 그 집의 아버지인 폴의 호의가 없었다면 대화 한 번 나눠보지 않았을지 모른다.

어느 날 폴이 우리를 저녁 식사에 초대했다. 10대 때 이후로 이웃집에 가본 적이 없었기 때문에, 우리 아파트에서 늘 보이는 집 안에 들어가는 것은 뜻밖의 초현실적 경험이었다. 이웃집의 내부는 상상에서 뚜렷한 현실이 되었다. 그 집에서 바라본 거리의 모습처럼(우리 집에서 바라본 모습과 비슷하지만 살짝 달랐다), 이웃은 우리가 몰라야 할 이유는 없지만 온라인에서나 현실에서 우리가 평소에 어울리는 무리에서는 만나지 못했을 사람들이었다. 이 말은 곧 우리 각자의 습관적 맥락에서는 당연하게 여겼을 것들을 서로 설명해야 한다는 뜻이었고, 이 과정에서 우리 모두는 자기 자신을 새로운 각도로 바라보게 되었다. 나는 이 일로 내 친구들이 대부분 얼마나 비슷한 삶을 사는지, 내가 아이들이 있는 놀랍고 기이한 세상에서 얼마나 적은 시간을 보내고 있는지 깨달았다.

다시 우리 집으로 돌아왔을 때 집은 좀 전과 다르게 느껴졌다. 더 이상 세상의 중심 같지 않았다. 이제 거리는 이러한 '중심들'로 가득했고, 각 중심에는 다른 삶과 다른 공간, 잠자리에 들며 다음 날의 일을 걱정하는 다른 사람들이 있었다. 물론 추상적인 의미에서는 이 모든 것을 이미 받아들이고 있었지만, 실제로 와닿지는 않았었다. 이미 이웃과 알고 지내는 데 익숙한 사람들에겐 바보 같은 이야기처럼 들릴지 몰라도, 나는 이 경험에 대해 이야기할 가치가 있다고 생각한다. 내가 관심의 확장을 통해 경험한 내용, 즉 한번 확장된 관심은 되돌리기 어렵다는 사실을 뒷받침해주기 때문이다. 어떤 것이 단순한 개념에서 현실이 될 때, 우리의 인식을 본래의 좁은 그릇 안에 다시 욱여넣기는 결코 쉽지 않다.

이 단 한 번의 경험이 집 앞의 거리를, 아니 모든 거리를 달리 바라보게 만들었다. 『이 폐허를 응시하라』에도 이와 비슷한 변화가 나온다. 1906년의 샌프란시스코 대지진과 화재에 관한 장에서 솔닛은 《샌프란시스코 불레틴》에 실린 폴린 제이컵슨Pauline Jacobson의 글, 「이 세상에 가진 것이 아무것도 없는 난민이 된 느낌, 난민 폴린 제이컵슨이 쓰다」를 인용한다. 제이컵슨은 이웃을 향한 되돌릴 수 없는 관심의 확장을 이렇게 묘사한다.

> 새로 지은 도시의 방에서 사방의 벽이 다시 우리를 에워쌀 때에도, 우리를 이웃과 갈라놓은 과거의 고립감을 다시는 느끼지 않으리라. 운명이 우리를 지목해 이 고난과 불운으로 이끌었다고 다시는 느끼지 않으리라. 이것이 지진과 화재가 가져다준 달콤한 기쁨이다. 용맹함이나 강인함도, 새로 지은 도시도 아닌, 새로운 포용에서 나오는 달콤한 기쁨. 타인과 함께하는 즐거움.[6]

메릿 호수에서 한 학생이 내게 제안한 것처럼 주위 사람에게 신경을 써야 하는 마지막 이유가 여기에 있다. 내가 평생 가족과 현재의 친구들, 알고리즘(특히 '나의 관심사에 정통한 사람'이나 '어떤 식으로든 내 커리어에 도움이 되어줄 사람', 심지어 '내가 원하는 것을 가진 사람' 같은 기준에서 종종 '정확한' 알고리즘)이 내게 추천해주는 잠재적 친구들에게만 신경 쓰기로 마음먹었다고 해보자. 더 나아가 내가 이 친구들과 '추천되는' 방식으로만 교류한다고, 그러니까 오로지 전시 오프닝에 가거나 예술에 관해 대화하거나 교류라기보다는 네트워킹에 가까운 활동만 한다고 상상해보자. 그렇다면 내 스포티파이Spotify(음원 스트리밍 서비스–옮긴이) 계정의 새 위클리 추천곡 플레이리스트의 유사한 상황이 내 사회적 세계에서도 일어날 것이다.

지난 몇 년간 스포티파이의 알고리즘은 내가 특정 BPM의 '칠chill'한 음악을 좋아하는 편이라는 사실을 정확히 간파했다. 나는 1960년대나 1970년대의 부드럽고 잔잔한 음악이나, 최근 것으로는 신시사이저 소리가 은은하고 기타 소리가 메아리처럼 울리며 보컬이 소극적이거나 아예 없는 종류의 음악을 좋아한다. 내 맘에 든 음악을 성실하게 저장하며 계속해서 추천 플레이리스트를 들으면 플레이리스트는 내게 딱 맞는 하나의 곡까지는 아니더라도 내게 딱 맞는 믹스mix로 나아간다(이 음악 모음을 '제니 믹스'라 불러도 될 것이다). 다른 믹스들은 그게 뭔진 몰라도 현재 내게 딱 맞는 믹스와의 유사성에 따라 조절된다.

그러나 공교롭게도 내 차는 2006년산이라 휴대폰을 연결할 단자가 없다. 즉, 일주일에 두 번 차를 타고 스탠퍼드 대학교로 이동할 때마다 라디오를 듣는다는 뜻이다. 내 차에 설정된 라디오 채널은 KKUP(쿠퍼티노 공용 라디오), KALX(UC 버클리 대학교 라디오), KPOO(푸어 피플스 라디오 소유의 샌프란시스코 지역 방송), KOSF(아이허츠80s), KRBQ(〈베이 지역의 추억 여행 방송〉), KBLX(〈베이의 소울〉)이다. 특히 밤늦게 880번 고속도로를 타고 탁 트인 어두운 벌판을 홀로 달릴 때면 다른 사람들도 나와 같은 방송을 듣고 있다는 사실에 위안을 얻는다. 심지어 전파의 물리적 도달 범위에 통달하게 되어 특정 고속도로 분기점에서 언제 방송이 지직거리고 언제 다시 깨끗해질지도 예측할 수 있다.

더욱 중요한 사실은 그 어느 방송국에서도 '제니 믹스' 같은 것을 틀지 않는다는 것이다. 그 대신 때때로 내게 딱 맞는 음악보다 더 내 맘에 쏙 드는 음악을 틀어준다. 내가 왜 그 음악을 좋아하는지는 정확히 짚어내기 어렵다. 이 음악들은 톱 40처럼 평소에는 내가 싫어한다고 말할 만한 장르에 속한다. (톱 40에 든 토니 브랙스턴Toni Braxton의 〈Long as I Live〉도 KBLX 방송에서 처음 들었는데, 그날 이후 몇 주 동안 이 노래에 푹 빠져 지냈다.) 특히 음악처럼 직감적으로 끌리거나 끌리지 않는 사안에서, 내가 좋아하는 줄 몰랐던 것이 존재한다는 사실을 인정하는 것은 곧 그 음악뿐 아니라 나 자신에게도 놀라게 된다는 뜻이다.

인생 대부분을 뮤지션으로 살아온 나의 아버지는 바로 그것이 좋은 음악의 정의라고 말한다. 좋은 음악은 '나에게 몰래 다가와' 나를 변화시키는 음악이다. 내가 알지 못하는 방식으로 나를 변화시킬 만남을 위한 공간을 마련해둘 수 있다면, 우리 모두 자신의 이해를 넘어서는 힘들의 집합체라는 사실 또한 인정할 수 있다. 여기서 뜻밖에 마음에 드는 음악을 들을 때 내가 모르는 무언가가 나를 통해 내가 모르는 무언가에게 말을 거는 듯한 느낌을 받는 이유를 알 수 있다. 안정적이고 뚜렷한 자아를 중요시하는 사람은 이를 인정하기 힘들 것이다. 그러나 나는 원자적 자아 개념을 버린 뒤 이러한 내려놓음이 내가 살아 있다는 것을 보여주는 가장 확실한 지표라는 사실을 알게 되었다.

이와 달리 무언가를 향해 '곧장 나아가는', 기술적으로 훌륭한 알고리즘은 내가 좋아하는 것과 그 이유에 대해 늘 안정적인 답안을 제공한다. 그리하여 하나의 이미지로 나를 점점 파묻어버리는 것 같다. 사업의 관점에서 보면 당연한 일이다. 광고와 퍼스널브랜드의 언어가 '너 자신이 되라'고 요구할 때, 그 속에는 '더더욱 너 자신이 되어라'는 진짜 의미가 담겨 있다. 여기서 '너 자신'은 습관과 욕망, 동기로 이루어진 일관적이고 인식 가능한 패턴이며, 이러한 패턴은 더 쉽게 광고의 타깃으로 이용할 수 있기 때문이다. 사실 나는 퍼스널브랜드가 애매모호함이나 모순의 여지없이 '나 이거 좋아', '나 이거 싫어'라고 결론 내리는 성급한 판단에서 나온 확실하고 변함없는 패턴이 아니면 무엇인지 잘 모르겠다.

더 구체적인 버전의 '나 자신'이 되는 것이 어떤 의미인지 생각해보면, 소로가 「시민 불복종의 의무」에서 생각하지 않는 사람들을 본질적으로 이미 죽은 것이나 다름없는 자로 묘사한 것이 떠오른다. 만약 나 자신이 원하고 좋아하는 것을 내가 전부 안다면, 그것들을 어디서 어떻게 찾을 수 있는지도 전부 안다면(이 모든 것이 미래로 끝없이 이어져, 나의 정체성이나 내가 나라고 지칭하는 것의 경계가 그 어떤 위협도 받지 않는다고 상상해보자) 나는 계속 살아갈 이유가 없다고 말할 것이다. 만약 우리가 책을 읽는데 갈수록 내용이 앞과 비슷해져서 결국 똑같은 내용을 반복해서 읽게 된다면 아마 그 책을 덮어버릴 것이다.

이 내용을 낯선 이들의 영역으로 확대해보자. 우리가 현실의 교류를 이미 규정지어놓은 나의 정체성 안에서만 이어간다면 놀라거나 도전받거나 변화할 수 있는 계기도 사라질 것이다. 또한 본인이 가진 특권을 포함한 자기 자신의 바깥에서는 아무것도 보지 못할 위험을 감수해야 한다. 공통점이 많은 사람에게 배울 것이 없다는 뜻은 아니다. 그러나 그 작은 파편 바깥으로 관심을 확장하지 않으면 상대의 가치나 나와의 관계 외에는 아무 의미도 없는 '나-그것'의 세계에 살게 된다. 그렇게 되면 나를 뒤집어엎고 나의 우주를 새로 구축할 사람, 나를 크게 변화시킬 사람과 만날 가능성도 줄어들 것이다.

물론 낯선 것과의 만남은 모두가 기꺼이 감수하기는 어려운 위험을 동반한다. 예를 들어 내 예전 애인에게는 매우 똑똑한 형제가 한 명 있었는데, 그 사람은 여행할 때 꼭 체인 레스토랑에서만 식사를 했다. 오늘 저녁에 자신이 무엇을 먹게 될지 미리 알고 싶으며, 자신이 싫어할지도 모를 음식에 도전하느라 시간을 낭비하고 싶지 않다는 것이 이유였다. 당시 나의 남자 친구는 그가 찾아올 때마다 격분했다. 우리는 멕시코 요리와 엘살바도르 요리, 에콰도르 요리가 유명한 동네에 살고 있었기 때문이다. '라 팔마 멕시코 음식점'이나 '로스 판초스' 대신 체인 레스토랑 '치폴레'에서 밥을 먹는다는 생각은, 특히 샌프란시스코에 단 며칠만 머무는 경우에는 더욱 터무니없어 보였다. 음식

면에서 그 사람은 어딘가에 가지만 실제로는 그 어디에도 가지 않는 기묘한 업적을 세웠다.

자신의 안팎에서 다수와 만나지 못하는 삶은 세라 슐먼Sarah Schulman이 저서 『마음의 젠트리피케이션The Gentrification of the Mind』에서 묘사한 현상을 초래한다. 슐먼은 1980년대 뉴욕에서 직접 목격한 일을 설명한다. 당시는 제2차 세계대전 이후 교외로 이주한 백인 중산층 가족의 자식들이 로어이스트사이드 같은 곳에서 에이즈로 죽어간 퀴어 커뮤니티의 빈자리를 채우던 때였다. 슐먼은 도시 공간과 심리적 공간 모두 '복잡한 현실이 지나치게 단순한 현실로 대체'되며 단일한 사회문화로 이어지는 과정을 목격했다. 슐먼의 동네에 새로 이사 온 사람들은 전형적인 교외의 삶과 다른 모든 삶을 극도로 두려워했기에, 자신이 앞으로 살게 된 엄청나게 역동적인 장소에 관해 아무것도 알려고 하지 않았을 뿐 아니라 자신이 그 역동성을 파괴하는 데 일조한다는 사실도 알아채지 못했다. 이들 역시 어딘가에 가지만 실제로는 어디에도 가지 않는 사람들이었다. 슐먼은 자기 동네에 처음 생긴 고급 상점(아름답고 값비싼 물건들로 새로 이사 온 주민들에게 신호를 보내는 불빛)을 고립된 전초기지에 빗대며 "달러를 받고 공산당원과 관광객에게 말보로 담배를 파는 소련의 매점" 같다고 말했다.[7]

자신을 독립적이고 방어 가능하며 '효율적'인 무엇으로 여기는 마음이 특히 비극적인 이유는 그러한 마음이 매우 지겨운(그리고 지겨워하는) 사람을 낳기 때문만은 아니다. 자신이 타인을 포함한 이 세상과 분리된 존재라는 생각이 완벽한 착오이기 때문에 이 마음은 더욱 비극적이다. 물론 이것은 안정감과 차별성을 갈구하는 매우 인간적인 갈망의 당연한 결과다. 그러나 다른 한편으로 나는 이 욕망이 아이러니하게도 변화에 대한 두려움, 시간과 가치를 평가하는 자본주의적 개념, 언젠가는 죽게 된다는 사실을 받아들이지 못하는 무능력 같은, 상상 속 자아의 안팎에 있는 여러 힘이 교차하는 지점에서 나온다고 본다. 그리고 이 욕망은 통제 욕구에 관한 것이기도 하다. 우리가 경험하는 자아가 온전히 타인에게 달려 있으며, 나의 본질이 아닌 타인과 나의 관계로 결정된다는 것을 인정하는 것은 어렵다. 내가 통제할 수 있는 정체성 개념과 중립적이고 비정치적인 존재 개념(젠트리피케이션에 수반되는 믿음)까지 포기해야 하기 때문이다. 그러나 우리가 타인과의 교류에서 나오는 유동적 산물인지 아닌지는 우리가 선택할 수 있는 문제가 아니다. 우리에게 주어진 유일한 선택지는 이러한 현실을 인정하느냐 마느냐다.

통제권을 잃는 것은 무서운 일이다. 그러나 내가 보기에 거짓된 자아의 경계 개념을 포기하는 것은 개념상은 물론이고 현상학적으로도 타당하다. 자아 같은 것이 존재하지 않는다는 뜻이 아니라, 조금만 깊이 생각해봐도 자아의 시작과 끝이 어디인지 정확히 말하기 어렵기 때문이다. 앨런 와츠Alan Watts는 자아라는 감각을 환각으로, "피부라는 포대 속의 자아라는, 우리 자신에 대한 전적으로 그릇된 신념"이라고 정의했다.[8] 한편 이러한 경계를 넘어서는 방법을 배우면 안도감이 들기도 한다. 「환각 전문가와 함께하는 모험」이라는 글에서 마이클 폴런Michael Pollan은 노련한 안내자와 함께 아야와스카(남미에서 사용하는 환각 음료-옮긴이)를 체험하면서 이러한 종류의 안도감을 느꼈다고 말한다. 어느 순간 폴런의 전통적 자아가 해체된다. "나는 포스트잇보다 작은 종이들의 뭉치가 되어 바람에 흩날렸다." 그 이후 폴런의 '나'는 다시 한번 변한다. "한때 나였던 것, 한때 내가 나라고 믿었던 모든 것, 60년간 이어져 온 자아가 액화해 눈앞의 광경 사이로 흩어졌다. '여기'서 언제나 사고하고 느끼고 인식하던 것이 이제는 '저기'에 있었다. 나는 마치 끈적한 물감과도 같았다."[9]

그렇다면 '끈적한 물감'을 인식하는 자아는 누구인가? 폴런은 의식에 자아 이상의 무언가가 있다는 결론을 내릴 수밖에 없다. 중요한 것은 그 결과가 두려움이 아닌 안도감이었다는 것이다.

> 자신감과 두려움, 과거에 대한 아쉬움과 미래에 대한 걱정을 갖춘 독립적 자아는 더 이상 없었고, 자아의 소멸을 애도할 그 누구도 남아 있지 않았다. 그러나 무언가가 바통을 물려받았다. 신체와 분리된 날것의 의식이 온화한 무관심의 상태로 자아가 소멸하는 장면을 응시하고 있었다. 나는 현실 속에 있었지만 평상시의 자아와는 다른 존재였다. 무언가를 느낄 자아는 남아 있지 않았으나 어떠한 느낌은 있었고, 그건 차분함과 후련함, 만족감에 가까웠다. 자아의 죽음 이후에

도 삶은 존재했다.

홀로 장미 정원으로 피신한 이야기로 시작한 이 책에서 타인의 중요성을 강조하는 것이 이상하게 들릴지도 모르겠다. 다만 윌리엄 데레저위츠가 「고독과 리더십」에서 비판적으로 사고할 수 있으려면 한 걸음 뒤로 물러나야 한다고 경고한 것을 기억하자. 그러나 내가 앞에서 인용한 부분(스스로 통념에 파묻지 말라고 충고한 부분)에서 데레저위츠가 말하는 물러나야 할 대상은 페이스북과 트위터, 《뉴욕타임스》다. 같은 연설에서 데레저위츠는 현실적이고 실질적인 대화를 함께 나눌 가까운 친구의 중요성에 대해서도 이야기한다. 우리가 추구하는 것이 적절한 거리라면, 자신을 고립시키는 것과 시끄러운 여론의 과도한 영향력에서 한 걸음 물러나는 것 사이에는 중요한 차이가 있다고 생각한다.

결국 미디어가 착취하는 것은 여론이다. 여론은 모호함과 맥락, 일탈을 용납하지 않는다. 여론은 변하거나 도전받기를 거부한다. 밴드에게 과거에 히트한 노래와 똑같은 노래만 계속 만들기를 바라는 것과 같다. 그러나 대화는 그렇지 않다. 자기 자신과의 대화든 타인과의 대화든 마찬가지다. 지금 당신이 읽고 있는 이 책(대부분의 책이 그러리라 생각한다)은 수년 동안 인간 혹은 비인간과 나눠온 대화의 결과물이다. 그중 많은 대화가 이 책을 집필하는 동안 이루어졌으며, 이 대화들은 내 생각을 바꾸어

놓았다. 당신이 책을 읽고 있는 지금, 이 책은 당신과도 대화를 나누고 있다.

장미 정원에 갈 때도 사실 나는 혼자가 아니다. 보통은 혼자 가긴 하지만, 다양한 방문객이 찾는 장미 정원은 단연코 그동안 내가 낯선 사람들과 가장 많은 대화를 나눈 장소다. 인간과 나눈 대화만이 아니다. 나는 늘 '자연 속에서 홀로'라는 표현이 재미있는 모순어법이라 생각하는데, 그건 절대로 불가능한 일이기 때문이다. 장미 정원에 사람이 한 명도 없을 때도 나는 그곳을 어치와 큰까마귀, 검은눈방울새, 매, 칠면조, 잠자리, 나비, 빼놓을 수 없는 참나무와 미국삼나무, 칠엽수, 장미와 함께 시간을 보내는 사회적 공간으로 여긴다. 앞으로도 종종 읽고 있던 책에서 고개를 들어 나의 관심이 먹이를 찾는 검은멧새 주위를 맴돌다 검은멧새의 인식 속에 자리 잡고, 장미 덩굴 아래 작은 벌레의 우주에 머물도록 할 것이다. 이제 나는 눈에 보이지 않는 새들의 소리를 들으면 '저기 뭐가 있는 거지?' 대신 '저기 누가 있는 거지?'라고 자문한다. 하루하루가, 모든 생각이, '저기 누가 있는지'에 따라 달라진다.

생각에 대해 생각해보려고 할 때, 예를 들면 나의 아이디어가 어디서 나왔는지 되짚어볼 때, 언어의 한계 때문에 어쩔 수 없이 '내'가 '아이디어'를 '냈다'고 밖에 말할 수 없다. 그러나 이 요소들은 전부 안정적인 독립체가 아니며, 요소들 사이의 문법적 관계가 오해를 불러일으킨다. 아이디어는 어느 순간 생겨나는, 식별 가능한 경계가 있는 완성된 결과물이 아니다. 그렇기 때문에 예술가들이

"이 작품은 어디에서 영감을 받으셨나요?"라는 질문을 그토록 싫어하는 것이다. 모든 아이디어는 나 자신과 내가 만나는 모든 것 사이에 있는 불안정하게 변화하는 교차점에서 생긴다. 더 나아가 생각은 내 안에서 생기는 것이 아니라, 내가 나라고 인식하는 것과 내가 아니라고 인식하는 것 사이에서 생긴다. 인지과학자 프란시스코 J. 바렐라Francisco J. Varela와 에번 톰프슨Evan Thompson, 엘리너 로시Eleanor Rosch는 현대 인지과학과 고대 불교의 교리를 비교한 책 『몸의 인지과학』에서 흥미로운 과학 연구를 통해 이 생각을 뒷받침한다. 예를 들면 이 책은 시각이 자연의 특정 색깔과 함께 진화했다는 사례를 들며 인식은 그저 '저 바깥'에 있는 정보를 전달할 뿐이라는 개념을 근본적으로 뒤흔든다. 저자들의 말처럼, "인지는 이미 주어진 정신이 이미 주어진 세상을 재현하는 것이 아니라, 세상과 정신이 함께 창출해내는 것이다."[10]

생물 공동체의 생태계뿐 아니라 문화와 자아, 심지어 사고(실제로 의식 자체가 명확하게 구분하기 어려운 '안'과 '밖'의 교차점에서 생긴다)의 생태계를 인식할 때 자아와 타인의 경계는 사라진다. 나아가 그때 우리는 넘을 수 없는 것으로 여겨지는 또 하나의 장벽을 넘게 되는데, 바로 인간과 비인간 사이의 장벽이다.

이 생각은 어느 날 장미 정원에서, 당시 읽고 있던 책과 내 곁에 온 새 한 마리의 교차점에서 떠올랐다. 그 책은 시민 포타와토미 부족연합Citizen Potawatomi Nation의 일원인 생태과학자 로빈 월 키머러Robin Wall Kimmerer의 『향모를 땋으며』였고, 그 새는 멧종다리였다. 멧종다리가 여느 때처럼 조금씩 이동하며 땅바닥을 부리로 쫄 때 나는 인간과 다른 생명 사이의 우울한 단절을 의미하는 '종의 외로움'에 관한 내용을 처음 읽었다. 키머러는 이렇게 말한다.

> 주위의 식물과 동물의 이름을 모른 채 살아가는 것이 어떤 느낌일지 상상하려고 노력하고 있다. 정체성과 직업 때문에 나는 그러한 삶이 어떤 것인지 알 수 없지만, 마치 간판을 읽을 수 없는 이국의 도시에서 길을 잃은 것처럼 약간 무섭고 혼란스러운 느낌일 것이라 생각한다.[11]

키머러는 "인간의 지배력이 커질수록 우리는 더 고립되고 외로워졌으며, 더 이상 이웃에게 인사를 건넬 수도 없게 되었다"라고 덧붙인다.

나의 이웃인 멧종다리를 바라보며 수년 전만 해도 내가 이 새의 이름을 몰랐고, 이 새가 참새목인 줄도 몰랐으며, 심지어는 아예 이 새를 보지 못했을지도 모른다는 생각을 했다. 지금 이 세상과 비교하면 그 세상이 얼마나 외롭게 느껴지는지! 그러나 멧종다리와 나는 더 이상 서로 낯설지 않다. 우리가 연결되어 있다는 생각은 지나친 상상도, 심지어 지나친 과학적 해석도 아니다. 멧종다리와 나는 같은 곳(지구)에서 태어났고 같은 것으로 만들어졌다. 그리고 가장 중요한 것은, 우리 둘 다 살아 있다는 것이다.

올해 초 팜스프링스의 에이스 호텔에서 열린 결혼식에 참석했다. 에이스 호텔은 위치한 도시마다 테마가 다른데도, 그동안 가본 모든 에이스 호텔을 합쳐놓은 미적 복제품에 온 듯한 느낌이 들었다. 나는 수영장 옆에 앉았다. 미디어 인플루언서들이 능숙하게 셀피를 찍었고, 나는 샌저신토산맥의 매력에 남몰래 고통받고 있었다. 우리 모두 하던 일을 멈추고 이 엄청난 바위산을 바라봐야 할 것만 같았다. 나는 실제로 산 이외의 다른 것을 쳐다보기가 힘들었다. 나는 계속 감탄했다. '어떻게 저럴 수가 있을까?' 어릴 때 보고 자란 푸릇푸릇한 산타크루즈산맥과 달리 샌저신토산맥은 우뚝 솟아 있었고 근엄했으며, 바위투성이에, 해가 질 때는 보랏빛을 띠었다. 하루 종일, 가능하다면 더 가까이에서 저 산을 바라보고 싶은 마음이 간절했다. 그러나 산은 보기와 달리 걸어가기엔 너무 멀리 떨어진 곳에 있었고 나는 차를 렌트하지 않았다.

며칠 뒤 나는 택시를 잡아타고 카위야 인디언의 아구아 칼리엔테 부족이 자신들의 보호구역에서 직접 관리하는 트레일 머리캐니언으로 갔다. 팜스프링스에 도착한 이후 처음으로 내가 있는 곳을 진지하게 바라볼 수 있었다. 식물들이 그냥 살아 있는 게 아니라 번성하기까지 한, 화성처럼 생긴 산맥 사이의 협곡으로 쭉 들어가면서 나는 어설프게 아이내추럴리스트 앱에 의지해 브리틀부시, 추파로사, 털독말풀, 부채야자 등의 식물들의 이름을 익혔다. (자연 서식지에서 부채야자를 본 것은 처음이었다.) 관목 형태의 사막 라벤더도 있었는데, 바람이 불 때마다 이해할 수 없는 말을 하는 것 같았다. 늘씬하고 온몸이 새까만 스텔러어치처럼 생겼지만 사실은 완전히 다른 과에 속하는 검은여새도 보았고, 거대한 붉은 바위 틈에 낀 '커먼' 척왈라common chuckwalla도 보았다. (나는 이구아나보다도 더 큰 척왈라의 어디가 '일반적'인지 도무지 모르겠다.)

이 책을 쓰며 조사한 내용에 관해 스탠퍼드 대학교의 도시 연구 단체에서 강연을 할 때 누군가가 아이내추럴리스트 앱을 사용하면 눈앞의 풍경과 단절되지 않느냐고 물었다. 아이내추럴리스트가 항목화된 과학적 관점을 나타낸다는 것이 이유였다. 나는 그렇긴 하지만, 앱을 사용하는 건 나의 무지無知를 교정하는 데 반드시 필요한 과정이며 이러한 의존은 일시적인 것이라고 대답했다. 나에게 있어서 이름을 아는 것은 그냥 '땅'이나 '녹지'가 아닌, 살아 있는 물체를 인식하는 첫걸음이다. 그리고 적어도 내가 사는 지역에서는 이름을 알았다고 바로 관심을 거두지 않았다. 나는 여러 계절에 걸쳐 지속적으로 관심을 기울이며 이름뿐 아니라 그들이 무슨 행동을 하는지, 아니 어떤 존재인지를 익혔다. 그러다 보면 객관적인 관찰을 넘어서는 어떤 지점에 다다른다. 크로우와 크로우선, 동네의 해오라기뿐 아니라 식물과 바위, 곰팡이를 비롯한 모든 것이 마찬가지였다. 결국, 무언가를 바라본다는 것은 곧 시선을 돌려받는 것이었다.

아니시나베 부족 인디언 여성이자 일반 교육과정을 밟은 과학자인 키머러는 『향모를 땋으며』에서 올바른 종류의 과학적 시선이 18세기부터 우리가 잃어버리기 시작한, 또는 우리가 밀어내기 시작한 땅과의 관계를 다시 쌓는 데 도움을 줄 수 있다고 말한다. 태평양 북서부의 복원한 강 유역에 다시 연어를 불러오려고 애쓰는 생태학자들에 대해 설명하면서 키머러는 이렇게 말한다. "과학은 다른 종과 친밀감과 존중을 쌓는 방법일 수 있으며, 오로지 전통적 지식을 지닌 사람의 관찰만이 이에 비길 만하다. 과학은 동류의식으로 향하는 길이 될 수 있다." 그러나 반드시 과학은 순전한 분석 이상의 것에 힘입어야 한다. 다음은 내가 이 책에서 가장 좋아하는 장면 중 하나다. 키머러는 아니시나베 부족의 창조 설화에서 최초의 인간인 나나보조Nanabozho가 다른 거주민들의 지혜를 흡수하고 그들의 이름을 알아 오라는 지시를 받아 지구에 도착한다고 말한다. 그리고 나나보조와 현대 분류법의 아버지 칼 폰 린네Carl von Linné의 우호적 관계를 상상한다. 두 사람은 함께 걸으며 그 지역의 동식물을 관찰하고 서로를 돕는다. "나나보조가 자그마한 식물을 볼 수 있도록 린네가 확대경을 빌려준다. 나나보조는 린네가 식물의 영혼을 볼 수 있도록 노래를 불러준다. 두 사람은 외롭지 않다."[12]

나나보조와 린네가 가진 이 특별한 능력의 결합에서 내가 다른 형태의 삶을 관찰하면서 초반에 받은 느낌을 이해할 수 있다. 이러한 종류의 '관찰의 에로스'는 어느 지역의 거주민을 그저 인지하고 존중하는 데서 더 나아가, 이러한 존재들의 특수한 행위 주체성을 기꺼이 인식하고 그 보답으로 그들의 관심을 받는다. 그것이 벌새든 바위든, 만약 우리가 관찰하는 대상이 타성적이고 생기 없어

부인다면 종의 외로움을 극복하는 것은 불가능하다. 데이비드 어브램은 『동물 되기』에서 우리가 우리를 제외한 나머지 세상을 살아 있지 않은 것처럼 대하고 생각할 때 무엇을 잃게 되는지 설명한다.

> 만약 우리가 특정 대상을 타성적이고 생기 없는 물체로 대하고 생각한다면 우리와 적극적으로 관계를 맺고 상호작용할 수 있는 그들의 능력을 부정하는 것이다. 우리의 관심에 화답하고, 우리를 말 없는 대화에 끌어들이고, 우리를 교육하고, 우리에게 영향을 미칠 수 있는 그들의 능력을 배제하는 것이다.[13]

물론 이것은 언어에서 비롯된 비교적 최근의 문제다. 수천 년간 이곳에 살았던 공동체들은 그들과 함께 사는 비인간 행위자를 상상하는 데 아무런 문제가 없었다. 글로리아 버드Gloria Bird는 『적의 언어를 재창조하기Reinventing the Enemy's Language』에서 자신의 할머니가 산을 이야기한 방식에 대해 말한다.

> 오랫동안 이어진 식민지화 과정에서 모국어가 파괴되는 와중에도 세상을 인식하는 방식은 살아남았다. 예를 들어 우리 할머니는 나와 함께 화산 폭발로 무너져 내린 세인트헬렌스산을 바라보다 영어로 "가여운 것"이라고 말씀하신 적이 있다. 나중에 나는 할머니가 산을 마치 사람인 것처럼 대했다는 사실을 깨달았다. 올

> 림픽반도에서부터 오리건주 남부와 캘리포니아주 북부의 경계까지 이어지는 산맥에 관한 우리 부족의 설화에서 우리와 산의 관계는 인간 대 인간의 관계다. 세인트헬렌스산, 우리말로는 루윗산에 대한 할머니의 짧은 말에는 다른 인간 존재에 연민을 느끼고 안녕을 바라는 마음이 담겨 있었고, 할머니는 그 무엇도 더 설명할 필요가 없었다.[14]

나는 이 문단을 읽고 섄저신도산맥을 본 나의 반응이 서구 문화와 언어로는 개념화할 수 없는 것임을 이해했다. 내가 느낀 것은 이 형체가 그저 바위가 아니라 다른 무언가가 체현된 것이며 누군가가 저곳에 있으리라는 깊고 희망찬 의심이었다.

내가 읽는 건 영어로 번역된 불충분한 것이라는 걸 알지만, 나는 원주민 설화가 이 세상에 생명을 불어넣는 방식에 오래전부터 감탄해왔다. 이 설화들은 수천 년에 걸친 관찰과 분석의 보고일 뿐만 아니라 감사하는 마음과 책무의 귀감이기도 하다. 알고 보니 이 이야기들은 인간의 상상력 속에서뿐 아니라 물리적 현실에서도 비인간 행위자들을 살려놓았다. 키머러는 향모의 개체수 감소에 관한 대학원생들의 연구를 감독했던 일을 이야기한다. 향모는 전통적으로 키머러의 선조들이 수확해온 식물로 아니시나베 창조 설화에도 등장한다. 이 연구는 향모의 개체수가 감소한 것이 과하게 수확해서가 아니라 충분히 수확하지 않아서라는 사실을 발견했다. 향모는 원주민 부족 고유의 수확 방식과 함께 진화했고, 이 방식은 향모가 더욱 번성할 수 있는 방향으로 발전했다. 인간의 특별한 관심과 사용, 책무가 향모를 살리는 환경적 요인이 되었고, 이 요인이 사라지자 향모도 사라지기 시작한 것이다.[15]

이 연구는 향모가 죽어간 것이 다름 아닌 관심의 부족 때문이라는 사실을 보여준다. 인간의 생존이 우리가 속한 생태 환경의 생존에 전적으로 의존하는 세계에서, 상호 간의 관심이 우리의 생존 또한 보장해줄 것이라는 사실이 더욱 분명해진다. 살아 있는 세계에 대한 관심은 확실히 숭배를 수반하지만, 이 숭배는 귀엽고 아름다운 것을 찬양하거나 비인간 독립체를 지능과 지각을 갖춘 존재로 인정하는 것과는 매우 다르다. (장내 박테리아는 귀엽지도, 지각 능력이 있지도 않지만 어쨌거나 우리에게는 장내 박테리아가 필요하다.) 크리스 J. 쿠오모Chris J. Cuomo는 『페미니즘과 생태 공동체Feminism and Ecological Communities』에서 오로지 어떤 동물은 지각 능력이 있고 고통을 느낀다는 논리로만 동물권을 옹호하는 입장을 비판하는데, 지각이 있는 존재와 지각이 없는 존재 모두에게 의존하는 생태계에서 이러한 입장이 지각 능력에 특권을 부여하기 때문이다. 쿠오모는 이러한 특권 부여가 "인간이 절대적인 윤리적 대상이며, 다른 삶의 형태는 인간의 것과 유사하다고 간주되는 만큼만 가치 있다는 가정에서 나온다"라고 말한다.[16]

절대적인 윤리적 대상이라는 것이 실제로 존재한다면 그건 생태계 그 자체일 것이다. 이러한 생각은 환경운동가 알도 레오폴드Aldo Leopold의 다음 발언에서도 드러난다.

“사냥을 좋아하면서 포식자를 미워할 순 없다. 물을 보호하면서 산맥을 황폐하게 할 순 없다. 숲을 세우면서 농장 밭을 채굴할 순 없다. 땅은 하나의 유기체다.”[17] 설사 인간의 생존에만 관심이 있다고 하더라도, 인간의 생존은 효율적인 착취가 아니라 섬세한 관계망의 보존에 달려 있다는 사실을 인정하지 않을 수 없다. 개인의 삶 너머에는 장소의 삶이 있고, 장소의 삶은 우리가 볼 수 있는 것, 또는 카리스마 있는 특정 동물이나 상징적인 나무에만 달려 있는 것이 아니다. 이 모든 것과 동떨어져 살 수 있다고 생각하는 것은 스스로를 속이는 일이다. 이러한 기만은 여러 면에서 우리를 피폐하게 할 뿐 아니라 물리적으로도 지속 불가능하다. 자아의 생태계에 관해 지금까지 내가 한 말이 사실이라면, 우리는 오로지 비인간들의 정교한 그물망 속에서만 자신의 인간성을 온전히 경험할 수 있을 것이다.

하지만 내가 생태지역을 우리 관심의 공통 영역으로 제안하는 것은 생태지역이 종의 외로움을 해결해주어서도, 인간의 경험을 풍성하게 만들어주어서도 아니며, 심지어 우리의 물리적 생존이 생태지역에 달려 있다고 믿어서도 아니다. 내가 생태지역주의를 중요하게 여기는 데는 더 근본적인 이유가 있다. 관심이 우리가 철회할 수 있는 마지막 자원이듯이, 물리적 세계는 우리가 공유할 수 있는 마지막 기준점이기 때문이다. 적어도 우리 모두가 24시간 내내 증강현실 안경을 쓰고 있기 전까지는 물리적 현실을 인정할 수밖에 없다. 사람들이 가벼운 대화를 나눌 때 늘 날씨 이야기를 꺼낸다는 사실이 이를 잘 보여주는데, 날씨는 누구나 관심을 기울여야 하는 것임을 우리 모두 알기 때문이다.

유의미한 행동에 나서려면 새로운 연대를 형성하는 동시에 차이를 인식해야 하는 시대에, 생태지역주의는 경계 없는 차이의 본보기이자 본질주의와 물상화를 피하며 장소와 정체성을 이해하는 방식의 본보기로서도 유용하다. 과학적 사실이자 관찰만으로도 쉽게 알 수 있는 문제이기에 생태지역의 존재는 의심할 여지가 없다. 캐스캐디아(태평양 북서부)라는 이름으로 알려진 생태지역에 가면 더글러스 퍼 전나무와 폰더로사 소나무가 보이는 반면 남서부에는 이 나무들이 없다. 그러나 생태지역의 정확한 경계를 나누는 것은 불가능하다. 생태지역은 지역별로 다양할 수밖에 없는 특정 조건에서 함께 번성하는 종들의 느슨한 복합체와 다름없기 때문이다. 이는 인간의 언어와 문화에서 나타나는 패턴과 유사하다.

생태지역의 경계는 파악이 불가능할 뿐 아니라 그 사이를 넘나들 수도 있다. 내가 이 사실을 알게 된 것은 지난 3월 지역 신문을 읽다가 1면에서 필리핀에서 온 '대기의 강atmospheric river'에 관한 기사를 발견했을 때다. 나는 그때까지 한 번도 들어본 적 없던 이 단어를 찾아본 뒤 대기의 강이란 대기에 일시적으로 발생해 열대지방에서부터 습기를 운반하는 좁은 흐름이며, 우리 지역의 경우 습기가 웨스트코스트로 운반된다는 사실을 알게 되었다(가장 유명한 대기의 강은 '파인애플 익스프레스'다). 이 강이 육지에 도착하면 수증기가 차갑게 식어 비 형태로 떨어진다. 대기의 강은 폭이 수백 마일에 이르며 미시시피강의 몇 배에 달하는 양의 물을 운반할 수 있다. 나는 캘리포니아에 내리는 비의 30~50퍼센트가 대기의 강에서 비롯된다는 사실을 알고 무척 놀랐다.

이것만으로도 흥미롭지만, 대기의 강은 그동안 내가 관심을 기울이지 않았던 더욱 명백한 사실을 가리켰다. 나는 비가 하늘에서 내린다는 것 외에는 비가 어디서 오는지, 더 정확하게는 나의 비가 어디에서 오는지에 대해 깊이 생각해본 적이 없었다. 누군가 내게 물었다면 아마 잠시 생각해본 뒤 비가 다른 어딘가에서 온다고는 말했겠지만, 정확히 어디서, 어떻게, 어떤 형태로 오는지는 말하지 못했을 것이다. 이 기사를 읽으며 우리 지역에 내리는 비는 내가 한 번도 가본 적 없으나 우리 가족 절반의 고향인 나라에서 막 도착한 것이라는 생각을 지울 수 없었다. 더 자세히 들여다보고 싶은 마음에 우리 아파트 뒷골목에 커다란 병을 가져다 두었다. (이 실험으로 내가 배운 것이 또 하나 있는데, 비가 무척 거세게 내리는 듯 보일 때에도 소량의 빗물을 모으는 데 꽤 긴 시간이 걸린다는 것이다.) 그리고 이렇게 모은 물의 일부에 물감을 타서 필리핀 국화인 삼파기타를 그려 어머니에게 드렸다. 남은 물은 작은 병에 옮겨 내 책상 위에 올려두었다. 이 물은 다른 곳에서 온 물이다.

당시에는 이 사실을 몰랐으나, 그해 초 나는 다른 곳

에서 이 물의 공동체에 가까이 다가간 적이 있었다. 생태지역주의에 대해 조사하다가 오클랜드의 식수가 마켈럼니강에서 나온다는 사실을 알게 된 나는 그 강을 '직접' 보고 싶어졌다. 이는 몇 가지 다른 장소에서 마켈럼니강을 찾아간다는 뜻이었는데, 이 강이 나무가 우거지고 높은 시에라산맥에서 시작해 건조하고 유령소나무가 가득한 관목대로 이어지기 때문이었다. (2장에서 말한 휴대폰이 터지지 않는 오두막집에서 묵었던 때다.) 강에 접근할 수 있는 지점을 찾는 것 외에는 다른 계획이 없었다. 각 지점에서는 매일 무심하게 내 몸속에 들이부은 물을 그저 가만히 바라보며 그 소리를 들었다. 어떻게 이렇게 끊임없이 흐를 수 있는지 놀라웠다. 강은 언제나 다른 곳에서 흘러와 다른 곳으로 흘러갔다. 이 물의 '몸체'에는 고정된 것이 하나도 없었다.

게다가 내가 마시는 물이 어디에서 오는지는 여전히 콕 집어 말할 수 없었다. 모든 강 유역에는 강의 기원이라고 할 수 있는 수원水源이 있다. 구글 지도에서 노스포크 마켈럼니강을 따라 산 쪽으로 나아가자 하이랜드 호수라는 장소가 나왔다. 그러나 그 과정에서 마켈럼니강은 다른 장소에서 시작된 강들과 합쳐졌다. 마켈럼니강의 수원에 찾아갔다 하더라도 정확한 지점은 고사하고 경계가 명확한 구역도 찾지 못했을 것이다. 생태지역과 마찬가지로 수원도 윤곽을 묘사하기가 불가능한데, 모든 강은 넓은 면적에 쌓인 눈이나 비에서 시작되기 때문이다. 이것들이 지하로 흘러 물줄기를 이루고, 이 물줄기가 더 큰 물줄기가 되어 나중에 땅 위의 샘으로 솟아난다. 삼각형을 뒤집어놓은 것처럼 여러 경로가 점차 한곳으로 모이는 것이다. 그렇다면 이 물은 어디서 왔을까? 다른 곳에서 왔다. 시에라네바다에서 눈은 대부분 대기의 강에서 온다. 때때로 이 대기의 강은 필리핀에서 온다.

생태계가 작동하는 방식에서 마음을 편하게 해주는 반反본질주의적 특성을 발견한다. 본질주의적 시각에서 보면 아시아인이자 백인인 나는 변칙이거나 보잘것없는 존재다. 명백히 따지면 내가 어딘가에서 그곳 '출신'이 되는 것은 불가능하다. 그러나 대기의 강이나 봄철에 오클랜드를 지나는 비단풍금조(내가 가장 좋아하는 새다) 같은 것들은 동시에 두 가지 장소의 출신이 되는 방식을 보여준다. 나는 삼파기타가 필리핀의 국화지만 사실은 히말라야에서 처음 발견된 것으로 17세기에야 필리핀에 수입된 사실을 기억해둔다. 나의 어머니가 이민자라는 사실뿐 아니라, 내가 숨 쉬는 공기와 내가 마시는 물, 내 뼛속의 탄소, 내 머릿속의 생각에도 이민자적 특성이 있다는 사실 또한 잊지 않으려 한다.

이러한 생태학적 이해는 비와 구름, 강 같은 '물질'들을 식별하게 해주는 동시에 이러한 정체성이 유동적이라는 사실을 상기시킨다. 심지어 산도 침식되며, 우리 발밑의 땅도 거대한 판을 따라 움직인다. 또한 (구름이라는 것을 지칭할 이름이 있는 것은 유용하지만) 관심을 가지고 깊이 들여다보면 우리가 가리킬 수 있는 것은 오로지 때때로 서로 만나며 '구름'이 될 수 있을 만큼 충분히 오랫동

않아 유지되는 일련의 흐름과 관계뿐이라는 사실을 깨닫게 된다.

이제는 이 이야기가 익숙하게 들릴지 모르겠다. 이는 내가 상상 속 자아를 '피부라는 포대' 안팎의 여러 현상의 교차점에서 나타나는, 쉽게 파악할 수 없는 것으로 묘사할 때 사용한 틀과 유사하다. 수원이 정확한 위치 파악을 거부하듯이 우리도 규정되기를 거부하며 우리의 관계와 공동체, 정치가 그러하듯 순간순간 새롭게 태어난다. 현실은 뚜렷하지 않다. 현실은 체계화되기를 거부한다. 미국의 개인주의에 대한 집착과 개인화된 필터버블, 퍼스널브랜딩 같은 것(원자화된 개인이 절대 서로 만나는 일 없이 각개전투를 벌이게 하는 모든 것)은 댐이 강 유역에 저지르는 것과 똑같은 폭력을 인간 사회에 저지른다.

우리는 무엇보다 자신의 내면에서 이러한 댐을 없애야 한다. 오드리 로드는 「나이, 인종, 계급, 성별: 다름을 재정의하는 여성들」에서 내면의 자연스러운 흐름을 막는 규정의 고통을 다음과 같이 묘사한다.

> 내 정체성의 여러 다양한 요소를 편안하게 받아들이는 흑인 레즈비언 페미니스트로서, 인종적·성적 억압에서 자유로워지기 위해 최선을 다하는 여성으로서, 나의 한 측면을 뽑아내서 유의미한 전체로 제시하라고, 그렇게 나의 나머지 부분을 가리거나 부정하라고 끊임없이 권유받는 기분이 든다. 그러나 이는 파괴적이고 단편적인 삶의 방식이다. 나는 내 모든 부분을

> 터놓고 하나로 통합할 때, 그렇게 내 삶의 원천에서 나온 힘이 외부에서 부여한 정의에 구애받지 않고 자유롭게 흐를 때에만 나의 에너지에 온전히 집중할 수 있다. 오로지 그럴 때에만 내 삶의 일부로 끌어안은 여러 투쟁에 온전한 나 자신과 에너지를 쏟아부을 수 있다.[18]

이 설명은 개인뿐 아니라 집단에도 적용 가능하며, 실제로 로드는 공동체 내에서도 이러한 흐름이 자유로워야 한다고 주장한다. 흑인 발표자가 자신을 포함해 두 명뿐이었던 한 페미니스트 콘퍼런스에서 로드는 다름을 대하는 두 가지 지배적 반응(끔찍한 관용 혹은 완전한 무지)에 분노를 터뜨리며 이렇게 말한다. "다름은 견뎌야 하는 것이 아니라 반드시 필요한 양극성의 자원으로 여겨야 하며, 변증법처럼 이 양극성의 간극에서 우리의 창의성이 샘솟는다. (…) 이때 상호의존의 필연성은 더 이상 두렵지 않다."[19] 다름은 힘이며, 개인의 성장과 집단의 정치적 혁신을 가능케 하는 창의성의 전제 조건이다. 우리의 정치가 다름과 다양성, 만남에 부적합하게 설계된 플랫폼 위에서 펼쳐지는 지금, 로드의 말은 특히 깊은 울림을 갖는다.

생물학적 사막화뿐 아니라 문화적 사막화의 위협에 직면한 오늘날, 생태계의 기반에서 배울 것이 너무나도 많다. 관심경제의 노예가 된 공동체는 작물을 직접 만지는 일 없이 그저 나란히, 크고 곧게 재배할 뿐인 산업화된 농장과 비슷하다. 이런 공동체에서는 밖으로 손을 뻗어 관심과 지지의 수평적 네트워크를 형성할 시간도, '생산적'이지 않은 삶의 방식이 전부 사라졌다는 사실을 알아차릴 시간도 없다. 한편 역사와 생태과학 분야의 수많은 사례가 상호의존의 복잡한 그물망으로 이루어진 다양성이 풍부한 공동체는 보다 풍요로우며 외부의 공격에도 더 잘 버틴다는 사실을 알려준다. 슐먼의 『마음의 젠트리피케이션』을 읽을 때면 나는 한 가지 기생충의 공격에도 황폐해질 수 있는 상업적 옥수수 농장과 지속 가능한 방식으로 작물을 재배하는 농장의 차이를 떠올린다.

> 다양한 주민이 함께 사는 동네는 대중의 동시적 사고를 불러일으키며, 다양한 시각이 한순간에 모인다. 다양한 언어와 문화, 다인종적·계급적 경험이 동일한 구역의 같은 건물 안에서 펼쳐진다. 단일한 동네는 이러한 역동성을 없애며, 순응을 강제하는 요구에 훨씬 더 취약하다.[20]

슐먼이 사는 건물에서 일어난 일에 대한 이야기는 나를 깜짝 놀라게 했다. "집세를 더 적게 내는 '오래된' 세입자는 공공시설 개선을 위해 기꺼이 조직을 꾸리고, 복도에 쥐가 들끓거나 전기가 나갔을 때 더욱 적극적으로 항의한다. (오래된 세입자들이 아무리 간청해도) 새로 이사 온 세련된 세입자들은 기본적인 권리를 요구할 마음이 전혀 없다. 이들에게는 저항의 문화가 없다." 슐먼은 '젠트리피케이션에 따라오는 이 기이한 수동성'의 이유를 파악하려고 애쓴다.[21] 나는 새로 들어온 세입자들이 건물의 상태 때문에 고생하면서도 개인주의라는 벽에 부딪힌 것은 아닐까 생각한다. 어떠한 것이 자신의 문제가 아니라 집단의 문제이며, 공동체의 일원이 되어 집단적 행동에 나서야만 문제를 해결할 수 있다는 사실을 깨달으면 그냥 포기하는 편이 더 낫다고 생각하는 것이다. 즉 외부자와 변화, 새로운 정체성의 가능성 앞에서 자아의 문을 닫아누기 위해서라면 들끓는 쥐와 어두운 복도 정도는 감수할 수 있는 것이다.

이 같은 장벽은 강물의 흐름을 방해하는 댐과 달리 콘크리트가 아니다. 이 장벽은 심리적 구조이며, 관심의 실천을 통해 해체할 수 있다. 우정과 인정에 대해 도구적 관점이나 심지어 알고리즘의 관점을 취할 때, 또는 변화를 거부하고 상상 속 자아의 요새를 강화할 때, 또는 우리가 타인(특히 눈에 보이지 않는 이들)과 서로 영향을 주고받는다는 사실을 보지 못할 때, 우리는 타인을 향한 관심과 우리가 함께 살아가는 장소에 대한 관심을 부자연스럽게 가두게 된다. 우리는 관심을 기울이는 행위를 통해 누군가의 소리를 듣고, 누군가를 보고, 우리의 세상에서 누가 행위 주체성을 가질지를 결정한다. 관심은 사랑뿐만 아니라 윤리의 기반을 형성한다.

생태지역주의는 우리에게 새로운 출현과 상호의존을, 절대적 경계의 불가능성을 가르쳐준다. 물리적 존재로서 우리는 말 그대로 이 세상에 열려 있으며, 다른 곳에서 온 공기가 매 순간 온몸에 퍼져 있다. 사회적 존재로서 우리는 우리가 놓인 맥락에 따라 결정된다. 이 사실을 받아들이면 우리와 타인의 정체성을 매번 새롭게 나타나는 유동적 경이로 인식할 수 있다. 무엇보다 나타났다 사라지곤 하는 구름과 늘 움직이는 땅 사이에서 발생하는 번개처럼, 우리의 화합에서 나올지 모를 상상조차 못했던 새로운 생각 앞에 스스로를 열어놓을 수 있다.

6장

생각의 토대 복원하기

매년 뉴잉글랜드를 찾는 비둘기 수가 줄고 있다는 말은
이제 우리에게 익숙하다.
우리의 숲은 더 이상 비둘기에게 깃대가 되어주지 못한다.
그래서 사람들을 찾는 생각도 매년 줄어들고 있는 것 같다.
우리 마음속의 숲이 파괴되고 있기 때문이다.
— 헨리 데이비드 소로, 『산책』[1]

지금까지 세심한 관심의 실천이 존재와 정체성의 미묘한 생태계를 들여다볼 수 있게 도와준다고 주장했다. 이를 이해하려면 몇 가지 중요한 조건이 필요하다. 먼저 별개의 독립체나 단순한 기원, A와 B 사이의 깔끔한 인과관계 같은 개념을 놓아주어야 한다. 겸손과 열린 마음도 필요하다. 맥락을 찾는 것은 이미 자신이 전체 이야기를 모른다는 사실을 인정하는 것이기 때문이다. 그리고 아마도 이것이 가장 중요할 텐데, 생태학적 이해에는 시간이 필요하다. 맥락은 관심을 충분히 오랫동안 붙들어 열어놓을 때 나타나는 것이다. 관심을 오래 붙들고 있을수록 더 많은 맥락이 나타난다.

여기 한 가지 사례가 있다. 나는 새가 좋다. 새 관찰에 진지하게 빠진 첫해에는 『시블리 미국 북서부 새 길라잡이The Sibley Field Guide to Birds of Western North America』라는 책을 주로 보았다. 이 책 뒤표지에는 자신이 관찰한 새 종을 표시할 수 있는 체크리스트가 있다. 많은 조류 관찰 책에 이런 리스트가 있다는 사실은 사람들이 이 활동에 접근하는 방식을 잘 보여준다. 가장 짜증나는 형태의 새 관찰은 포켓몬GO와 유사할 것이다. 그러나 초심자로서 각각의 새를 구분하는 방법을 배우던 나에게 이러한 접근은 어느 정도 불가피했다. 어쨌거나 새로운 언어를 배울 때에는 명사에서부터 시작하는 법이다.

지난 몇 년간 지속적인 관심을 기울이자 체크리스트식 접근법의 테두리가 사라지기 시작했다. 삼나무여새나 흰정수리북미멧새 같은 몇몇 새들은 1년 중 특정 시기에만 우리 동네에 머문다는 것을 알아차렸다. 내 까마귀들은 겨울에 나를 훨씬 덜 찾아왔다. (아마도 시내의 플라타너스 나무에 있는 거대한 까마귀 떼와 합류해, 내가 '까마귀 버닝맨 축제'라 부르는 연례행사에 참가하고 있었을 것이다.) 계속 같은 장소에 머무른다 해도 새들은 평생에 걸쳐 모습이 달라질 뿐 아니라 계절에 따라서도 변할 수 있다. 어느 정도인가 하면, 『시블리 미국 북서부 새 길라잡이』는 여러 쪽을 할애해 같은 새의 연령대별 모습과 더불어 번식기와 비번식기의 모습을 보여준다. 그러므로 새에게는 새의 시간이 있다.

새의 공간도 있다. 까치는 남쪽으로 차로 한 시간 거리에 있는 부모님 댁 근처에는 아주 많지만 내가 사는 동네에는 한 마리도 없었다. 흉내지빠귀는 오클랜드 서부에는 있지만 그랜드레이크에는 없었다. 멧종다리는 장소에 따라 다른 소리를 냈다. 덤불어치의 푸른색은 내륙으로 갈수록 흐릿해졌다. 미니애폴리스의 까마귀들은 우리 동네 까마귀들과 다른 소리를 냈다. 내가 스탠퍼드에서 본 검은눈방울새는 몸이 갈색이고 머리가 검은색이었지만, 더 동쪽으로 이동했다면 충충한 회색이거나 몸통 옆이 분홍빛이거나 날개가 흰색이거나 머리가 회색이거나 등이 붉은 종류의 검은눈방울새를 목격했을 것이다.

어쩔 수 없이 특정 종류의 새에 대한 나의 인식은 내가 그 새를 발견할 수 있는 환경과 밀접한 관련을 맺게 되었다. 큰까마귀는 미국삼나무나 소나무 높은 곳에 앉았다. 검은멧새는 주차된 차 아래를 총총걸음으로 다니기를 좋아했다. 물속에 반쯤 잠긴 벌거벗은 나무를 보면 해오라기를 찾게 되었다. 아메리카꼬리치레들은 한결같이 가시덤불 속에 있어서 고음의 짹짹거리는 울음소리가 마치 가시덤불의 목소리처럼 느껴질 정도였다. 아메리카꼬리치레의 실체는 없고, 오로지 아메리카꼬리치레-덤불만이 있었다. 나는 삼나무여새가 좋아하는(가끔은 먹고 취하기도 하는!) 산딸기 열매에 더 많은 관심을 기울이기 시작했다. 심지어 작은 벌레들도 알아차리게 되었는데, 내가 동네 오솔길에서 끊임없이 쳐내는 각다귀들이 이제는 새들의 먹이로 보였기 때문이다.

어느 순간, '새'라는 개별 카테고리에만 관심을 기울이는 것은 불가능하다는 사실이 명확해졌다. 아주 많은 관게기 내기 보는 것을 결정했다. 명사가 아닌 동사의 활용이었다. 새와 나무, 벌레, 그 밖의 모든 것들은 물리적으로나 개념적으로나 서로 불가분의 관계를 맺고 있었다. 가끔은 관련이 있을 거라고 한 번도 생각해본 적 없는 여러 다양한 종류의 유기체가 서로 얽혀 있다는 사실을 깨닫게 되기도 했다. 예를 들면 2016년의 한 연구는 딱따구리와 나무를 부식시키는 균류가 다른 동물들에게 유용한 공생 관계를 맺고 있을 수 있다는 사실을 보여주었다. 딱따구리가 낸 구멍이 나무에 다양한 균류를 퍼뜨리고, 그 결과 나무가 부드러워져서 다른 새와 다람쥐, 곤충, 뱀, 양서류가 나무에 쉽게 둥지를 틀 수 있게 만들어준다는 것이다.[2]

물론 이러한 맥락에는 나도 포함되어 있다. 언젠가 부모님 댁 근처에서 산책을 하는데 계곡참나무 위에서 덤불어치가 시끄럽게 우는 소리가 들렸다. 덤불어치가 내는 날카로운 울음소리의 전형이어서 휴대폰을 꺼내 소리를 녹음하려다, 덤불어치가 나를 향해 (꺼지라고) 울고 있다는 것을 깨달았다. 폴린 올리베로스는 『딥 리스닝』에서 이렇게 말한다. "새와 곤충, 동물이 있는 환경에 들어서면 그 생명체들은 당신의 소리를 듣는다. 당신은 수신되고 있다. 그 환경에 있는 생명체들에게 당신의 존재는 삶과 죽음의 차이를 의미할지 모른다. 듣기는 곧 생존이다."[3]

어떤 것을 진정으로 이해하려면 그 맥락에 관심을 기울여야 한다는 말은 매우 직관적이다. 여기서 내가 강조하고 싶은 점은, 나와 새들 사이에 맥락이 생긴 과정이 공간이나 시간과 관련이 있었다는 것이다. 감각이 있는 존재인 내게 새들의 서식지와 계절 같은 요소는 내가 보는 새가 어떤 종류인지, 왜 내가 그 새를 보고 있는지, 그 새는 무엇을 하고 왜 그 행동을 하는지를 이해할 수 있게 해주었다. 놀랍게도 소셜미디어 경험의 무엇이 그토록 나를 괴롭게 했는지를 깨닫게 도와준 것은 페이스북이 나를 우울하게 만드는 방식에 관한 연구 결과가 아니라 바로 이러한 경험이었다. 내가 소셜미디어에서 만나는 정보는 공간적으로나 시간적으로나 맥락이 없었다.

예를 들어 2018년 여름 오클랜드의 내 스튜디오에 앉아 있는 지금, 내 트위터 피드에 무슨 내용이 있는지 살펴보자. 줄줄이 딸려 올라가는 네모 상자들 안에서 나는 다음과 같은 내용을 본다.

· 사촌이 학교에서 이슬람국가ISIS에 의해 살해당했다는 한 여성이 쓴 알자지라에 관한 글
· 지난해 미얀마에서 빠져나온 로힝야족에 관한 글
· @dasharezøne(농담을 올리는 계정)에서 새 티셔츠를 판매한다는 발표
· 캘리포니아 산타모니카에서 혼잡통행료를 징수하는 데 찬성한다는 주장
· 전前 나사NASA 직원 캐서린 존슨Katherine Johnson의 생일을 축하하는 글
· 존 매케인 상원의원의 부고를 알린 뒤 곧바로

돌고래 코스프레를 하고 무대 위에서 자위하는 것처럼 보이는 사람들로 넘어가는 NBC 영상

- 숲속에 버려진 요기베어 마스코트 동상 사진
- 모건 주립대학교에서 조경 프로그램의 책임자를 모집한다는 구인 공고
- 교황이 더블린을 방문했을 때 일어난 시위에 관한 글
- 산타아나산에서 또다시 발생한 산불 사진
- 태어난 첫해에 나타난 딸의 잠자는 습관을 아버지가 데이터로 시각화한 자료
- 시카고의 무정부주의에 관한 출간 예정 도서 홍보
- 플로렌스 웰치Florence Welch가 등장하는 애플의 뮤직랩 광고

공간적 맥락과 시간적 맥락은 어떠한 것을 정의할 수 있도록 도와준다. 또한 맥락은 사건의 순서를 정리할 수 있게 도와주기도 한다. 트위터와 페이스북 피드가 우리에게 쏟아붓는 정보의 조각들에는 확실히 이러한 종류의 맥락이 부족하다. 피드를 내리며 나는 궁금할 수밖에 없다. 이걸 보고 뭘 생각해야 하는 걸까? 어떻게 이걸 보고 생각을 할 수 있을까? 내 뇌의 서로 다른 부위가 말이 안 되는 패턴으로 활성화되어 그 어떤 이해도 불가능한 상황 같다. 소셜미디어에 올라오는 많은 것들이 겉으로는 중요해 보이지만, 그 총합에는 아무 의미가 없다. 이 정보들이 낳는 것은 이해가 아니라 사람을 마비시키는 묵직한 두려움

이다.

이러한 맥락의 결핍은 페이스북과 트위터 같은 플랫폼에서 걷잡을 수 없이 퍼져 나가는 혐오와 모욕, 보복적 여론의 파도에서 통감할 수 있다. 플랫폼 자체에 문제가 있고 다양한 정치적 스펙트럼을 지닌 사람들이 엮여 있긴 하지만, 누군가의 과거 트윗을 들춰내 맥락과 상관없이 가장 불쾌해 보이게 재전시하는 것은 마이크 서노비치Mike Cernovich(#피자게이트 음모론을 퍼뜨리는 데 일조한 인물) 같은 극우 선동가들이 가장 선호하는 방법이다. 최근에는 여러 저널리스트와 그 밖의 공인들이 주요 타깃이 되었다. 내 마음을 가장 불편하게 하는 점은 서노비치 같은 사람들의 음해가 아니라 모두가 빠르고 순종적으로 이에 동참한다는 사실이다. 만약 대안우파가 소셜미디어에서 들불처럼 퍼져 나가는 반사적인 반응과 무관심에 베팅하고 있다면, 그들은 이미 몇 번이나 내기에서 승리한 것이다. 이 전략의 피해자가 누구나 이해할 수 있는 언어로 그 맥락을 설명하려 애쓴다 해도, 이러한 노력은 대개 너무 늦고 역부족이다.

복스Vox를 비롯한 미디어 매체들은 이러한 경험을 기술 및 소셜미디어 학자인 다나 보이드Danah Boyd가 말한 '맥락 붕괴'의 사례로 제시했다. 보이드가 앨리스 E. 마윅크Alice E. Marwick와 함께 실시한 2011년의 연구는 퍼스널브랜드를 가장 성공적으로 쌓은 트위터 유저들의 사례를 살핀다. 그리고 그들이 그렇게 할 수 있었던 것은 본인이 더 이상 자신의 청중을 알지 못한다는 사실을 인지했기 때문임을 발견했다. 트윗을 올리는 것은 친한 친구와 가족, 잠재적 고용주, 철천지원수가 있을 수 있는 허공에 메시지를 던지는 것과 같다. 마위크와 보이드는 맥락 붕괴가 "그 누가 읽어도 안전한 주제 내로 유저를 제한하는, 공통분모 없는 공유 철학을 만들어낸다"고 설명한다.[4]

대안우파가 이러한 방식으로 맥락(또는 맥락의 결핍)을 무기화하면, 실제 맥락만 무시되는 것이 아니라 공격 대상의 이름 자체가 트리거가 될 수 있다. 이런 일이 좌파 페미니스트 테크 저널리스트인 세라 정Sarah Jeong에게 일어났다. 2018년에 세라 정이 《뉴욕타임스》에 고용된 직후, 일부 대안우파 트롤(온라인에서 고의적으로 불쾌하거나 논쟁적인 내용을 퍼뜨려 부정적 반응을 부추기는 사람들-옮긴이)이 과거에 세라 정이 올린 아슬아슬한 내용의 트윗을 수집해 맥락과 상관없이 퍼뜨렸다. 《뉴욕타임스》가 세라 정을 고용하겠다는 결정을 고수하긴 했지만 대안우파는 나름대로 온라인에서 맥락 없는 잡음을 일으키는 데 성공했다. 이 일이 있고 나서 얼마간 그저 세라 정의 이름을 언급하기만 해도 유의미한 온라인 대화가 차단되는 듯 보였고, 그 결과 맥락을 알고 싶어 하는 사람들조차 맥락을 찾기가 힘들어졌다. 오랜 시간에 거쳐 벌어진 일도 아니다. 사람들은 트윗이나 헤드라인을 읽고, 반응하고, 버튼을 누른다. 단 며칠 동안에도 이러한 일이 수백수천 번 일어난다. 분노한 집단적 트윗 폭풍을 마주하는 것은 마치 홍수가 눈앞의 풍경을 쓸어버리는 광경을 지켜보는 것 같다. 이곳에는 홍수를 막아줄 식물이 없다. 맥락과 관심의 자연적 과정이 사라져버렸다. 그러나 트위터의 재정적 측면에서 보면 이러한 트윗 폭풍은 유저 참여도가 살짝 늘어난 것에 지나지 않는다.

다나 보이드는 2013년의 블로그 글에서 '맥락 붕괴'라는 용어는 조슈아 메이로위츠Joshua Meyrowitz의 책 『장소감의 상실』에서 영향을 받았다고 말했다. 1985년에 출간되었고, 주로 텔레비전이나 라디오 같은 전자 미디어를 다룬 메이로위츠의 이 책은 기묘한 선견지명이 있다. 『장소감의 상실』 초반에는 오늘날 트위터의 아날로그 버전처럼 보이는 사고 실험이 등장한다. 메이로위츠는 대학생이던 1950년대에 3개월 동안 신나는 여름휴가를 다녀온 뒤 자신의 경험을 친구와 가족, 다른 지인들과 공유했다. 그러나 듣는 사람에 따라 내용과 말하는 방식에 변화를 주었다. 그리하여 부모님은 검열한 버전의 이야기를, 친구들은 모험적인 버전을, 교수들은 교양 있는 버전을 들었다.

메이로위츠는 만약 자신이 휴가에서 돌아왔을 때 부모님이 귀국을 축하하는 깜짝 파티를 열어 이 모든 집단의 사람이 한자리에 모였다면 자신의 여행 이야기가 어떻게 되었을지 생각해보라고 말한다. 그 경우 자신은 하나 이상의 집단을 불쾌하게 만들거나, '아무도 불쾌하지 않을 만큼 단조로운' 이야기를 종합해서 만들어냈을 것으로 추측한다.[5] 메이로위츠가 떠올린 선택지는 트위터 유저와 퍼스널브랜드의 양상과 유사하다. 첫 번째 선택지(자신이 예상치 못한 청자를 불쾌하게 만든다)는 과거에 쓴 트윗이 폭로된 사람에게 일어나는 일이며, 두 번째 선택지(아무도 불쾌하지 않을 만큼 단조로운 이야기만 한다)는 프로페셔널한 소셜미디어 스타의 경우로, 이들은 항상 모든 사람의 구미에 맞는 공식을 따른다. 논리적 결론에 따르면 2번 선택지는 결국 재런 러니어 같은 비평가들이 그동안 계속해서 비난해온 담론의 하향 평준화를 일으킨다.

뜻밖의 파티는 메이로위츠가 『장소감의 상실』에서 보여준 건축적 은유의 한 사례다. 이 파티는 마치 서로 다른 사회적 환경을 둘러싼 벽이 전부 무너져 내리는 것과 같다. 방과 벽은 그 안에서 논의된 내용에 공간적 맥락을 제공하던 것들이다. 일부에게만 입장을 허용함으로써 익명의 대중 가운데 뚜렷한 청중만 소환하기 때문이다. 그때 방 안의 청중은 특정 정서가 나타나는 공간 속에서 각각의 발언을 다른 관련 발언과 연관 지어 이해할 수 있다. 이러한 '방'들의 무리를 맥락의 생태계로 상상해보면, 소셜미디어를 맥락적 단일 문화로 바라볼 수밖에 없다. '대규모로 통합된 하나의 거대한 사회적 상황'에서는 특정 행동이 불가능하다. 이에 대한 메이로위츠의 설명을 보고, 나는 특히 다음 두 가지 행동이 불가능하다는 사실을 깨달았다.

첫째는 특정 사람들이 있는 곳에서는 그들에게 맞서는 전략을 짤 수 없다는 사실이다.[6] 메이로위츠는 내가 때때로 페이스북에서 펼쳐지는 저항운동을 보고 느끼는 감정을 언어로 표현해준다. 페이스북에 시위 일정이 올라오고, 사람들은 자발적으로 '참여' 목록에 이름을 올린다. 모든 과정이 그대로 공개된다. 물론 이렇게 하면 시위에 참여할 가능성이 있는 사람들의 눈에 더 쉽게 띄겠지만, 경찰과 비방하는 사람들, 또는 무관한 정보로 논의를 방해하는 지나가는 사람에게 발견되기도 더 쉽다.

해시태그 캠페인 같은 것은 확실히 어떤 이슈에 대한 인식을 고취하거나 선공개 되어도 무방한 행사의 참여율을 높이는 데 효과적일 수 있다. 그러나 성공적인 타깃 작전은 언제나 개방과 폐쇄 사이를 전략적으로 오간다. 이를테면 마틴 루서 킹 주니어는 몽고메리 버스 보이콧으로 이어진 계획에 관해 설명하면서 가정집과 학교, 교회 등 서로 다른 공간에서 벌어진 다양한 규모의 모임에 관해 이야기한다.[7] 단 며칠 동안 이루어진 이 모임들의 규모는 아주 작거나(킹이 집에서 아내와 함께 심사숙고한 것), 그냥 작거나(킹과 E. D. 닉슨, 랠프 애버내시가 번갈아가며 전화 통화를 한 것), 중간 정도거나(킹과 L. 로이 베넷, E. D. 닉슨을 중심으로 소수의 인원이 교회에서 만난 것), 크거나(다양한 사업과 조직을 이끄는 몽고메리의 흑인 지도자들이 킹의 교회에서 모인 것), 아주 컸다(또 다른 교회에서 모두에게 공개된 자리를 마련한 것). 이들은 작은 모임에서 점점 더 넓은 맥락에 적용할 아이디어를 두고 빠르고 치열하게 협력하며 더 큰 규모의 모임을 열 전략을 짰다. 그리고 큰 모임에서 자신들의 요구를 사회에 제시할 전략을 짰다.

이 첫 번째 행동(사람들을 상대할 전략을 짜는 것)은

대중의 다원성과 관련이 있다. 맥락이 붕괴된 장소에서 불가능해지는 두 번째 행동은 자신 안의 다원성과 관련이 있다. 메이로위츠는 완전히 일반화된 청중을 대할 때 겪는 어려움을 토로한다. “청중 한 명 한 명이 나에 대한 수많은 정보를 접할 수 있을 때, 나의 다양한 정의를 많은 사람에게 보여주는 데 어려움을 겪을 것이다.” 여기에 나는 공개적으로 마음을 바꿀 수 없는 어려움, 즉 시간의 흐름에 따라 변하는 자신을 표현할 수 없는 어려움을 덧붙이고 싶다. 이는 내가 현재의 소셜미디어에서 가장 터무니없다고 생각하는 특성 중 하나다. 아무리 중대한 사안이라 하더라도 마음을 바꾸는 것은 지극히 평범하고 인간적인 행동이기 때문이다. 한번 생각해보라. 그 무엇에 대해서도 절대 마음을 바꾸지 않는 사람과 친구가 되고 싶은가?

그러나 온라인에서 사과하고 마음을 바꾸는 것은 나약한 태도로 치부되기에 우리는 생각이 바뀌어도 입을 다물곤 한다. 그러지 않으면 조롱당할 위험에 처한다. 친구와 가족, 지인은 시간과 공간 속에서 살아가고 성장하는 사람을 볼 수 있지만, 군중은 하나의 브랜드처럼 획일적이고 변함없을 것으로 기대되는 인물만을 본다. 오랜 전통을 지닌 의류회사에서 일해본 적이 있기 때문에, 나는 모든 브랜드의 기둥이 ‘내적 일관성’과 ‘시간을 넘어선 한결같음’이라는 사실을 익히 안다. (회사에서 사람들은 그 두 가지를 ‘브랜드의 기둥’이라 불렀다.) 퍼스널브랜드를 가진 공인으로서(알다시피 이제 모든 트위터 유저가 하룻밤 새 유명인사가 될 수 있다) 변화와 애매모호함, 모순은 금물이다. 마크 저커버그는 유명한 말을 남겼다. "우리에게는 하나의 정체성이 있다. 친구나 직장 동료, 그 밖의 지인들에게 서로 다른 이미지를 보이던 시절은 아마 곧 끝이 날 것이다. (…) 정체성이 두 개인 것은 진정성이 부족하다는 뜻이다."[8] 다양한 자아를 가진 오드리 로드가 저커버그에게 무어라 말할지 상상해보라.

『장소감의 상실』에서 보여주듯이 맥락 붕괴는 공간적으로 이해할 수 있다. 그러나 이 과정에는 시간이라는 사촌이 있다. 시간에서의 맥락 상실은 영원한 즉각성으로의 붕괴와 같다. 일련의 방들이 하나의 커다란 '상황'으로 무너져 내리듯이, 즉각성은 과거와 현재, 미래를 납작하게 펴서 끝없는 현재로 만든다. 마치 기억상실 상태와도 같다. 무언가를 이해하는 데 더없이 중요한 사건의 발생 순서는 끝없는 비상벨 소리에 묻혀버린다. 베로니카 바라시Veronica Barassi는 「소셜미디어와 즉각성, 민주주의를 위한 시간」이라는 글에서 소셜미디어를 이용하는 활동가들에게 나타나는 이러한 현상의 사례를 든다. 구체적으로 활동가들이 겪는 세 가지 어려움을 묘사하는데, 나는 이 어려움이 온라인에서 읽고 말하고 생각하기를 힘들어하는 모든 사람에게 적용될 수 있다고 생각한다.

먼저 즉각적인 의사소통은 중요한 정보를 눈에 잘 띄지 않게 만든다. 아무도 그 속도를 따라갈 수 없는 정보의 과부하를 일으키기 때문이다. 바라시는 활동가들이 "정보의 속도에 적응하며 끊임없이 콘텐츠를 만들어내야 한다"고 말한다. 정보의 과부하는 사람들이 아무것도 논의 못할 수 있는 위험을 일으킨다. 바라시는 스페인의 환경단체연합 에콜로히스타스 엔 악시온Ecologistas en Acción의 한 활동가가 한 말을 인용한다.

> 모두가 인터넷에는 검열이 없다고, 있다 해도 부분적일 뿐이라고 말한다. 그러나 그건 사실이 아니다. 온라인의 검열은 중대하거나 집단적인 문제에서 사람들의 관심을 다른 데로 돌리는 시시한 콘텐츠의 과잉을 통해 이루어진다.[9]

또한 소셜미디어의 즉각성은 '정치적 정교화'에 필요한 시간을 앗아간다. 온라인에 공유하는 콘텐츠는 반드시 시선을 잡아끌어야 하기에 활동가에게는 자신의 정치적 생각을 분명하게 표현할 시간과 공간이 없다. 바라시와 인터뷰를 한 활동가들은 "소셜미디어는 의사소통이 워낙 빠르고 신속하며 짧기 때문에 정치적 논의와 정교화에 적합한 공간이 아니다"라고 거듭 말한다. 한 활동가는 사람들에게 아이디어의 맥락을 설명하는 데 필요한 시간과 공간이 부재한다고 불만을 표한다.[10] 바라시는 활동가들이 만드는 잡지나 대면 집단토론 같은 덜 즉각적인 채널에서 우리에게 필요한 맥락이 드러난다고 말한다.

마지막으로 즉각성이 만들어내는 '느슨한 유대'가 정치 활동을 위협한다. 바라시의 연구는 소셜미디어에서 구축된 네트워크가 '함께 공유하는 정치적 목표나 사회적 갈등에 대한 이해가 아닌, 공통의 반응이나 감정에 기초' 한다는 점을 보여준다. 바라시는 강력한 연대와 정교하게 다듬은 정치적 목표는 여전히 현장에서의 행동, 대면한 상태에서의 상호작용과 토론, 숙고, 대립에서 나온다고 말한다. 그리고 스페인에서 긴축정책 반대 운동을 벌이는 한 활동가의 말을 인용한다.

> 15M(국가의 긴축정책에 저항한 스페인의 대규모 시민운동-옮긴이)에 관해 내가 크게 놀랐던 점은 모든 트윗과 소셜미디어 메시지와 인터넷 캠페인이 효과적으로 독특한 영향력을 발휘했다는 사실이다. 소셜미디어는 사람들을 광장으로 끌어내 함께 바닥에 앉아 이야기를 나누게 했다. (…) 기술이 사람들을 한자리에 모이게 하긴 했지만, 이 운동을 이토록 강력하게 만든 것은 물리적 공간에서의 논의 과정과 성찰이었다. 사람들이 시간의 압박 없이 자리에 앉아 토론할 수 있다는 사실이 주효했다.[11]

바라시의 분석에 의하면 깊이 생각하고 충분히 논의하기 위해서는 그것을 배양할 공간(고독 그리고/또는 명확한 맥락)뿐 아니라 시간도 필요하다는 것이 분명해진다. 나는 여러 경험으로 이러한 문제가 활동가뿐 아니라 다른 사람과 의사소통하려는 개인, 또는 그저 논리적인 생각의 흐름을 유지하려는 개인에게도 적용된다는 사실을 산 알고 있다. 내가 대화를 나누고자 하는 대상이 나 자신이든, 친구든, 나와 같은 대의에 헌신하는 집단이든, 대화에는 명확한 전제 조건이 있다. 시간과 공간이 없다면 대화는 애초에 이 세상에 나타나지 않을 것이다.

지금까지 관심경제 안에서 어떻게 시간적·공간적 맥락이 사라지는지 살펴보았다. 작은 조각으로 항목화된 정보와 선정적인 헤드라인(각각은 피드 맨 위에 새로운 항목이 뜨면 사라진다)을 볼 때 우리는 그 정보에 시간적·공간적으로 인접했던 것을 놓쳐버린다. 이러한 상실은 더 전반적인 차원에서도 나타난다. 관심경제는 우리를 끔찍한 현재에 붙들어놓는 데서 이윤을 얻기 때문에, 우리는 주변의 물리적 현실에 관심을 기울일 기회를 박탈당하는 동시에 역사적 맥락을 보지 못하게 될 위험에 처한다.

나는 이러한 현실이 맥락을 찾는 우리의 성향, 또는 맥락을 이해하는 능력 자체에 장기적으로 어떤 영향을 미칠지 우려된다. 우리가 직면한 모든 문제가 복잡한 관계와 미묘한 차이를 이해하는 능력을 요구한다는 점을 고려하면 맥락을 찾고 이해하는 능력은 다름 아닌 집단의 생존 기술일 것이다. 현실의 문제와 과거에 성공을 거둔 행동을 동시에 살펴보면 우리에게는 새로운 종류의 연대가 필요하며, 더 나아가 이 새로운 연대를 위해서는 고독과 연결, 치열한 의사소통이 모두 필요하다는 것을 알 수 있다. 우리에게는 여전히 연결과 표현을 위한 플랫폼이 필요하다. 그러나 우리의 관심을 딴 데로 돌리고 맥락을 약화시키는 플랫폼이 지배하고 있는 상황에서 새로운 종류의 연대는 쉽지 않다.

나는 종종 시공간에서 사물을 배우도록 진화한 동물인 인간 경험의 시공간적 특성을 고려하는 온라인 네트워크가 어떤 모습일지 생각한다. 그리고 메이로위츠의 사고실험을 거꾸로 돌려 무너진 벽을 다시 세운다. 시공간에 완전히 뿌리를 박고, 사용하려면 그곳으로 직접 가야하며, 느린 속도로 작동하는 소셜 네트워크를 사용하는 경험은 과연 어떤 것일지 궁금하다.

실제로 우리 지역의 역사가 그러한 네트워크의 사례를 보여준다. 1972년, 세계 최초의 공공 전자게시판BBS이 (버클리에 있는 레오폴드 레코드점 계단 꼭대기에) 동전투입식 키오스크의 형태로 등장했다. 이름은 커뮤니티 메모리Community Memory였는데, 110보baud 모뎀을 통해 샌프란시스코에 있는 길이 7미터 이상의 XDS-940 시분할 컴퓨터로 연결되는 텔레타이프 기기가 들어 있었다. 이 모뎀은 샌프란시스코의 컴퓨터와 매일 여러 번 전화를 주고받으며 텔레타이프 기기 앞에 있는 사용자에게 메시지를 인쇄했다. 커뮤니티 메모리를 설치한 사람은 UC 버클리 대학을 중퇴한 세 명의 컴퓨터 과학자였다. 이들은 게시판의 원래 목표를 더 효과적으로 달성할 수 있기를 바라며 레코드점의 실제 게시판 아래 이 장치를 설치했다.

소셜 미디어 피로, 페이스북과 혐오 발언에 관한 헤드라인, 트럼프의 트위터 사용을 막아야 한다는 주장이 새로운 일상이 된 지금 커뮤니티 메모리의 1972년 전단을 읽으면 마음이 무너진다.

> 커뮤니티 메모리는 우리가 이 실험적 정보 서비스에 붙인 이름입니다. 이 서비스는 커뮤니티를 위해 컴퓨터의 힘을 활용하고자 하는 시도입니다. 이를 위해 우리는 사람들이 다양한 종류의 글을 올리고 다른 사람이 올린 글을 빠르게 확인할 수 있는 특별한 게시판을 제공합니다.[12]

커뮤니티 메모리를 만든 단체 리소스원Resource One은 '사람을 위한 기술'을 모토로 내건 기업답게 컴퓨터 네트워크의 미래에 관해 공동체 지향적인 진지한 낙관주의를 드러낸다.

> 우리의 의도는 커뮤니티 메모리를 이 지역의 이웃과 커뮤니티에 소개해 이들이 일상에서 커뮤니티 메모리를 사용하고, 즐기고, 발전시킬 수 있게 하는 것입니다. 사람들이 컴퓨터 같은 과학기술 도구를 이용해 건전하고 자유로운 방식으로 자신의 삶과 커뮤니티를 형성하는 과정을 돕는 것이 우리의 목표입니다. 컴퓨터는 커뮤니티의 모든 구성원이 접근할 수 있는 공동의 기억장치를 만들어 줍니다. 이를 통해 커뮤니티에 필요한 정보와 서비스, 기술, 교육, 경제적 힘을 제공할 수 있습니다. 우리에게는 마음껏 이용할 수 있는

강력한 도구(지니)가 있습니다. 문제는 우리가 이 도구를 삶에 결합하고, 지지하고, 이용해 자신의 삶과 생존 역량을 개선할 수 있는가 하는 점입니다. 여러분의 참여와 제안을 기다립니다.

커뮤니티 메모리의 '인터페이스'(드롭시티의 회전 작품을 감상했던 버클리 미술관 전시에서 이 인터페이스도 직접 관람했다)는 극도로 사용자 친화적이었다. 텔레타이프 기기의 소리가 워낙 시끄러워 플라스틱으로 키오스크를 감쌌고, 두 손을 넣어 타이핑 할 수 있는 구멍 두 개와 프린트된 내용을 볼 수 있는 구멍 한 개, 동전 넣는 곳이 있었다. 동전 넣는 곳 위에는 '읽기: 무료', 아래에는 '쓰기: 25센트'라고 쓰여 있었다. 밝은 색으로 칠한 패널을 여러 개 붙여 키보드의 중요 버튼을 강조해두었기 때문에 이용자가 헷갈리지 않을 수 있었다. 그러나 당시에는 컴퓨터를 한 번도 써본 적 없는 사람이 많았기 때문에 키오스크 옆에 앉아 계단을 올라오는 사람들을 환영하는 직원도 한 명 고용했다.

자폐증과 신경다양성을 탐구한 책 『뉴로트라이브』에서 스티브 실버먼Steve Silberman이 말한 것처럼(커뮤니티 메모리의 제작자 중 한 명인 리 펠젠스타인Lee Felsenstein은 1990년대에 아스퍼거증후군 진단을 받았다) 커뮤니티 메모리는 예상치 못한 다양한 방식으로 활용되었다. 처음에 사람들은 아날로그 게시판에 첨단 기술을 도입한 이 시스템을 이용해 물건을 사고팔았고, 음악하는 사람들은 다른 음악가들을 찾았다. 그러나 실버먼은 얼마 지나지 않아 다른 일들이 벌어지기 시작했다고 말한다.

> 한 시인이 자신이 쓴 시를 올렸고, 어떤 사람들은 로스앤젤레스까지 차를 태워줄 사람을 찾았다. 한번은 누비안 염소가 매물로 올라왔다. 어떤 사용자는 기호와 문자를 이용해 그림을 그렸고, 어떤 사람은 수십 년간 베이 지역 주민들을 괴롭힌 질문을 올렸다. "맛있는 베이글은 어디서 살 수 있나요?" (한 제빵사가 그에 대한 답변으로 무료로 참여할 수 있는 베이글 만들기 수업을 알려주었다.) 어떤 이들은 베트남전쟁과 동성애자 해방, 에너지 위기에 대한 자기 생각을 늘어놓았다. 펠젠스타인의 말에 의하면, 이 네트워크는 그저 단순히 컴퓨터화된 게시판에 머물지 않고 순식간에 '커뮤니티 전체의 스냅사진'이 되었다.[13]

1990년대에 처음 만들어진 이후 지금까지 유지되고 있는 커뮤니티 메모리에 관한 웹사이트는 이 네트워크가 '최초의 온라인 유명인사'를 목격했다고 자랑스럽게 설명한다. 자신을 벤웨이Benway라 칭한 이 인물은 트롤의 긍정적인 전신이라 할 수 있다. 윌리엄 S. 버로스William S. Burroughs의 소설 속 마약에 중독된 외과의사의 이름을 딴 벤웨이는 '키보드를 관능적으로 두드리지 마시오'나 '인터존 파티의 웅장한 비밀회의: 자세한 사항은 받은편지함에서 확인하시오' 같은 알 수 없는 메시지를 남겼다. 커뮤니티 메모리의 모든 사용자가 익명으로 남은 만큼 벤웨이의 정체 역시 알려지지 않았다.

버클리 홀 어스 액세스 스토어와 샌프란시스코의 미션 브랜치 도서관에도 키오스크가 추가로 설치됐다. 키오스크들을 서로 통합하지 않았기 때문에 각각의 기기에서 이루어지는 대화는 조금씩 성격이 달랐다. 이러한 차이를 오늘날의 상황과 비교해보는 것도 흥미롭다. 이제는 모두 자신의 휴대폰으로 페이스북을 들여다본다. 그러나 오늘날의 사람들이 보는 정보도 완전히 통합된 것은 아닌데, 페이스북의 알고리즘이 어떤 내용을 당신에게는 보여주지만 나에게는 보여주지 않기 때문이다(그 반대도 마찬가지다). 이러한 개인 맞춤형 서비스의 동기는 광고와 우리의 참여도를 늘리고자 하는 욕망에서 나온다. 반면 커뮤니티 메모리 키오스크 간의 차이는 전적으로 지리적 위치에서 비롯되었다. 카페와 술집, 동네가 그러하듯이, 각 지역의 장면은 서로 다를 수밖에 없다. 그러나 키오스크에는 일관성이 있었다. 바로 모든 정보가 지리적 맥락에 둘러싸여 있으며, 장소와 관계를 맺고 있다는 점이었다.

오늘날 누군가 '커뮤니티 네트워크'를 정의해보라고 한다면 몇몇 사람들은 2011년에 설립된 지역 기반 소셜 네트워크 서비스 넥스트도어Nextdoor를 떠올릴 것이다. 넥스트도어는 적어도 몇 가지 기준은 만족시킨다. 넥스트도어의 커뮤니티는 물리적 지역에 한정되며, 어쩌면 못 만났을 이웃과 만남 방법을 제시하고, 이웃 간의 친목을 도모한다. 넥스트도어의 명랑한 소개 영상에서는 만화로 그린 사람들이 잃어버린 개를 찾고, 배관공을 추천하고, 파티를 여는 모습을 보여준다. 넥스트도어에 관한《뉴욕타임스》기사에서 로버트 J. 샘프슨Robert J. Sampson은 이렇게 말한다. "흔히 기술이 필연적으로 지역공동체의 쇠퇴를 불러온다고 오해한다. 나는 그렇게 생각하지 않는다. 기술은 지역 내 상호작용을 용이하게 하는 데 이용될 수 있다."[14] 언뜻 보면 넥스트도어가 이러한 사례처럼 보인다. 커뮤니티 메모리 키오스크와 마찬가지로 넥스트도어에 로그인하면 동네에 무슨 일이 일어나고 있는지를 파악할 수 있다.

내 남자 친구 조 베익스Joe Veix는 인터넷 현상에 관해 자주 글을 쓰고 나보다 넥스트도어에서 더 많은 시간을 보낸다. 넥스트도어와 커뮤니티 메모리의 차이가 뭐라고 생각하느냐는 나의 질문에 조가 처음 한 대답은 넥스트도어는 '거만한 집주인들의 공동체'로 느껴진다는 것이었다. 어느 정도는 농담이었겠지만 내가 넥스트도어의 소개 페이지에서 확인한 일곱 가지 제안 중 처음 두 가지는 "강도가 침입했을 때 빠르게 정보를 퍼뜨리세요"와 "지역 수비대를 꾸리세요"였다. 이들의 매니페스토는 "지역사회의 강력한 유대감은 부동산 가치를 높일 뿐 아니라 우리 모두의 삶을 향상시킵니다"라고 말한다.

그러나 조의 가장 큰 불만은, 이는 조가 거의 모든 온라인 플랫폼에 갖는 불만이기도 한데, 광고나 규모와 관련이 있다. 2017년 12월에 넥스트도어의 가치는 15억 달러

였으며 넥스트도어는 다른 모든 실리콘밸리 스타트업과 마찬가지로 성장과 벤처캐피털 투자에 전념한다. 2017년에는 자신들의 네트워크에 광고를 걸 기업을 모집했다. 현재 넥스트도어가 하루 한 번 보내는 광고 이메일은 기업의 스폰서 게시물로 시작하며, 그 뒤로는 부동산 목록이 이어진다. 사업체에 '지역 커뮤니티와 곧장 연결되세요'라고 권하는 넥스트도어의 광고 페이지에서는 커뮤니티 네트워크의 언어(신뢰, 지역 연관성, 입소문)와 똑같지만 브랜드를 겨냥한 말들을 볼 수 있다.

· 검증된 신원
신원 확인을 거쳐 브랜드의 평판을 해치지 않는 안전한 환경을 조성합니다.
· 지역을 통한 확장
개인 맞춤식 메시지 전달로 소비자와 브랜드 사이에 진정성 있고 유의미한 연결을 유도합니다.
· 브랜드 지지자
믿을 수 있는 정보원이 퍼뜨린 입소문은 가장 효과적인 광고 형태입니다.[15]

스타트업의 어법에서 'at scale'은 소프트웨어나 서비스를 점점 큰 맥락으로 확장하는 것을 의미한다. 예를 들면 지역 내에서 시작한 프로토타입을 더 광범위하게 사용되는 상품으로 개발하는 경우다. 이 뜻에 따르면 오로지 전국 규모 기업이나 다국적기업이 여러 타깃 지역에 동시에 광고를 사는 행위를 통해서만 '지역을 통한 확장'이라는 모순어법을 설명할 수 있다.

커뮤니티에 지리적 제한이 있다 하더라도, 여러 측면에서 넥스트도어는 기본적으로 페이스북, 트위터와 같은 종류의 기술이다. 여기서도 우리의 상호작용은 회사에서 수집하는 데이터가 되며, 사용자를 끌어들이는 목적은 광고다. 기술을 지역 내 상호작용을 용이하게 하는 데 이용하는 것이 아니라, 지역 내 상호작용을 이윤을 내는 데 이용하고 있는 것이다. 사용자 참여의 규칙은 협상이 불가능하고, 소프트웨어는 내부 알고리즘을 알 수 없는 블랙박스이며, 모든 것이 기업 소유의 중앙 서버에 의지하고, 이 서버의 서비스 조건은 장소와 상관없이 모두에게 똑같이 적용된다. 이 '커먼즈commons'는 그저 하나의 공유 자원으로 느껴질 뿐이다(커먼즈에는 모두가 사용할 수 있는 공유 자원이라는 뜻 외에도 구성원이 자율적으로 그 자원을 관리·운영하는 시스템이라는 뜻이 있다–옮긴이). 올리버 라이스터Oliver Leistert가 「아무도 이 혁명을 좋아하지 않을 것이다」라는 글에서 말했듯, 소셜미디어 기업에게 있어서 "20세기에 역사가 시작된 공공 영역은 이제 자신들이 모방함으로써 이윤 추구에 활용할 수 있는 것"이다.[16]

생긴지 얼마 안 된 탈중앙적 네트워크 스커틀벗Scuttlebutt을 다룬 《애틀랜틱》 사설에서, 이언 보고스트Ian Bogost는 이 터무니없는 상황에 대한 이미지를 하나 제시한다. "페이스북과 트위터가 잡담을 나눌 수 있는 휴게실이라면, 전 세계 모든 직장에 잡담을 나눌 수 있는 단 하나의 거대한 휴게실이 있는 것과 같다."[17] 이 표준 규격 휴게실에 대한 불만이 탈중앙화 웹으로 향하는 움직임을 일으켰다. 탈중앙화 웹은 사기업과 사설 서버 대신 피어투피어 네트워크peer-to-peer network와 오픈소스 소프트웨어를 이용한다. 그 목표는 사용자가 자기 데이터를 직접 소유하게 하고 그 데이터와 소프트웨어를 사용 지점에 더 가깝게 이동시키는 것이다. 예를 들면 마스토돈Mastodon은 여러 '인스턴스instance'들로 이루어진 연합 소셜 네트워크로, 각각의 인스턴스는 커뮤니티에서 직접 운영하는 서버 위에서 무료 소프트웨어를 사용하며, 그렇더라도 사용자는 다른 인스턴스의 사용자들과 소통할 수 있다. 마스토돈의 개발자가 지적하듯이 마스토돈은 절대로 파산하거나 팔리거나 정부가 차단할 수 없는데, 오로지 오픈소스 소프트웨어로만 이루어져 있기 때문이다.

탈중앙화 네트워크의 분산적 연결이 다시 건강한 맥락을 도입할 수 있으리라는 걸 어렵지 않게 상상할 수 있다. 예를 들면 마스토돈에서는 누구나 인스턴스를 만들고 참여 규칙을 직접 정할 수 있다. (이러한 이유로 LGBT와 논바이너리non-binary를 비롯해 그동안 종종 괴롭힘의 대상이 된 커뮤니티들이 마스토돈에 모여들었다.) 이를 통해 사용자는 자신이 원하는 청중을 미세하게 제어할 수 있다. 예를 들면 마스토돈에 글을 올릴 때 자신의 콘텐츠를 한 명의 특정인이나 팔로워, 또는 자신이 속한 인스턴스 전체에 노출될 수 있으며, 전체 공개도 가능하다. 그러나 마스토돈의 인스턴스들이 맥락을 다시 도입하기 시작했어도 그 맥락이 물리적 공간과 연결되는 것은 아니며, 그러려는 의도도 없다. 뉴욕 시적연산학교School for Poetic Computation의 공동 설립자인 나의 친구 최태윤에게 '장소에 귀 기울일 수 있게 하는' 네트워크에 관해 묻자 태윤은 오클랜드의 피플스 오픈 네트워크Peoples Open Network 같은 지역 내 메시 네트워크Mesh Network를 제시했다. 지원자들이 메시 네트워크를 개발하는 비영리단체 수도룸Sudo Room은 피플스 오픈 네트워크를 중앙화된 기업 서버를 대체할, 사람이 직접 움직이는 '자유로운 대안'으로 묘사한다. "자신의 집에 있는 와이파이 라우터가 이웃집에 있는 와이파이 라우터와 연결되고, 다시 이웃집의 이웃집과 연결되어 도시 전체에 걸쳐 대규모 무료 무선 네트워크를 형성한다면 어떨지 상상해보라. 그것이 바로 메시 네트워크, 또는 메시 네트워크의 가능성이다."[18]

지원자들은 메시 네트워크가 특히 자연재해나 국가 검열에 강하다고 덧붙인다. 이들은 '자신만의 인터넷을 건설'하는 방법을 설명하고 NYC 메시NYC Mesh, 필리 메시Philly Mesh, 캔자스시티 자유 네트워크Kansas City Freedom Network 같은 다른 공동체 네트워크의 디렉토리를 제공한다. 피플스 오픈 네트워크의 강령은 커뮤니티 메모리의 강령과 공명하는 듯 보인다.

우리는 지역 인터넷과 지역 관련 애플리케이션의 창

출, 자율성과 풀뿌리 공동체 협력을 위한 공동체 소유의 통신 네트워크 구축을 추구합니다. 그리고 궁극적으로는, 우리의 소통에 사용하는 생산 수단의 소유를 추구합니다.[19]

그러나 지역에 특화되지 않은 네트워크의 경우 '장소에 귀 기울이게' 하는 네트워크는 그저 상시 사용을 요구하지 않는 네트워크일지 모른다. 태윤은 이메일로 내게 메시 네트워크를 설명한 후 다음과 같이 덧붙였다.

나한테 장소에 귀 기울인다는 것은 곧 만남의 순서를 알아내는 거야. 방금 프로스펙트 공원에서 뛰고 왔는데, 공원에 있는 많은 새와 식물이 내가 장소에 귀 기울일 수 있게 도와줬어. 뛸 때는 휴대폰 같은 기기를 안 들고 가. 나는 이 지역 내에서 아이디어를 개발하고, 비축해 두었다가, 더 많은 만남을 가질 준비가 되면 그때 공유해.

태윤의 전략은 사회운동의 배양 시간에 관한 바라시의 연구 결과와 일치한다. 사회운동에 전략적인 개방과 폐쇄가 필요하듯 아이디어를 형성하려면 프라이버시와 공유의 결합이 필요하다. 그러나 상업적인 소셜미디어에서는 이러한 통제가 쉽지 않다. 플랫폼의 설득적 디자인이 우리의 생각을 지금 바로 공유해야 한다고 단정함으로써, 더 나아가 우리의 생각을 공개적인 자리에서 정리해야 한다고 단절함으로써 사고 과정 속의 맥락을 무너뜨리기 때문이다. 어떤 사람들은 자신의 사고 과정을 즐거이 공유한다는 것을 알지만, 예술가로서 나에게 그건 금기나 마찬가지다. 페이스북과 트위터를 사용할 땐 무엇을 말할 것인지('지금 무슨 생각하세요?')뿐만 아니라 언제 말할 것인지, 혹은 애초에 말을 할지 말지조차 나의 소관이 아닌 듯하다.

그 반례는 스커틀벗이 사용하는 소셜 네트워킹 플랫폼 패치워크Patchwork의 성긴 UX(User Experience, 사용자 경험–옮긴이)일 것이다. 스커틀벗은 서버와 ISP(Internet Service Provider, 개인이나 회사에게 인터넷 접속 서비스를 제공하는 회사–옮긴이), 심지어 인터넷 연결이 없어도 USB가 있으면 접속할 수 있는 일종의 국제 메시 네트워크다. 이것이 가능한 이유는 스커틀벗이 지역 메시 네트워크와 유사하게 각 사용자의 컴퓨터를 서버로 활용하며, 스커틀벗이 직접 구동하는 소셜미디어 플랫폼의 사용자 '계정'이 단순히 자기 컴퓨터에 보관되는 암호화된 데이터 블록이기 때문이다.

패치워크와 스커틀벗의 흥미로운 점은 내게 있는 줄도 몰랐던 선택지를 되돌려준다는 것이다. 패치워크 사용자들은 더 빠르고 많은 연결을 위해 공용 서버 '펍pub'에 연결할 수 있지만, 이 경우를 제외하면 패치워크상의 상호작용이 이루어지기 위해서는 같은 지역 네트워크에 있는 두 사람이 필요하다. 보고스트의 말처럼 스커틀벗의 기본 모델에서는 지역 네트워크나 USB를 통해 친구들끼리 생각을 공유하고, '말은 느리고 신중하게 퍼진다'.

뉴욕 시적연산학교에 있는 조너선 다한Jonathan Dahan에게 패치워크를 이용해 신도시에 있는 카페까지 굴러가서 그 지역의 소문을 아는 것이 가능하냐고 묻자, 조너선은 자신이 정확히 똑같은 경험을 했고 무척 즐거웠다고 대답했다. 그러나 조너선은 곧 공용 서버에 접속해 네트워크를 확장하기로 했다.

> 난 원래 정보와 업데이트를 게걸스럽게 확인하는 편이었어. '인스타그램과 트위터를 확인하면 언제나 새로운 게 있는' 전형적인 사용자였지. 그런데 패치워크를 사용해보니 수백 명과 친구가 되거나 공용 서버에 접속하지 않는 한 그런 도파민 자극을 주진 않더라. 패치워크는 여러 면에서 느린 네트워크이고, 내가 습관적으로 피드에 중독돼 있다는 사실을 깨닫게 해줬어.

나의 패치워크 경험도 비슷했다. 패치워크에는 설득적 디자인이랄 것이 없다. 그 점이 놀라울 만큼 낯설었다. 나에게 제안하는 것이 아무것도 없는 한산한 인터페이스에 혼자 남았을 때 나는 마침내 무슨 말을 언제 누구에게 할지 결정하는 것이 나의 몫이라는 사실을 깨달았다. 이미 맥락이 시작된 것이다. 조너선처럼 나도 공용 서버에 접속하고 싶은 반사적 충동을 느꼈는데, 그것이 나에게 익숙했기 때문이다. 그 뒤에야 나는 왜 소셜미디어가 월스트리트의 증권거래소처럼 느껴지는 것이 당연하다고 생각해왔는지 자문했다.

스커틀벗에 관한 글에서 보고스트는 "고립과 단절이 실제로 컴퓨터 네트워크의 바람직한 조건이라면?"이라고 묻는다. 그의 이 질문은 스커틀벗을 만든 도미닉 타르 Dominic Tarr가 주로 뉴질랜드의 요트 위에서 오프라인 상태로 지낸다는 맥락에서 나온다. 그러나 나는 이 질문을 보고 어릴 적 우리 집에 있던 유선 전화기를 떠올렸다. 내가 더 나이가 들어 가능성과 두려움으로 가득 찬 검은색 직사각형 기기를 들고 다니기 전에는 이런 식이었다. 전화 통화할 일이 있으면 전화기 앞으로 가서 전화를 건 다음 다시 돌아온다. 할 말이 더 있다고 판단하면 나중에 다시 전화를 걸었다. 그뿐 아니라 내가 접촉하려는 단 한 명과 상호작용을 했다. 목적 없이 수다를 떨려고 전화를 걸 때조차 현재 내가 사용하는 여러 소통 방식보다는 목적성이 더 뚜렷했다.

도서관에서도 비슷한 기분을 느낀다. 도서관도 정보를 찾을 목적으로 방문하는 장소다. 이 책을 쓰며 도서관에서 정보를 탐색하는 경험이 내가 온라인에서 주로 정보를 만나는 방식과 정반대라는 사실을 깨달았다. 어떤 주제를 탐색할 때 우리는 내가 찾고자 하는 정보가 무엇인지를 비롯한 일련의 중요한 결정을 내리며, 즉시 모습을 드러내지 않는 정보를 찾는 데 시간을 쏟는다. 다양한 출처를 구하며 이 출처가 여러 가지 이유로 편파적일 수 있다는 것을 이해한다. 2장에서 종종 폐쇄될 위기에 처하는 비상업적이고 비생산적인 공간의 사례로 제시한 도서관의 구조는 탐색하며 면밀한 관심을 기울일 수 있게 한다. 뉴스피드와 이보다 더 다를 수 없을 정도다. 뉴스피드에서 정보의 양상(출처와 신뢰성, 또는 도대체 무엇에 관한 것인지 알 수 없는 내용)은 내적 일관성이 없고 내가 판단할 수 있는 대상도 아니다. 정보는 특별한 순서 없이 내게 돌진해오며 영상을 자동으로 재생하고 헤드라인으로 내 관심을 붙잡으려 한다. 그리고 화면 뒤에서 실제로 탐색되고 있는 것은 바로 나다.

맥락이 붕괴된 군중이 받아들일 만한 말들을 생각하느라, 그리고 그들의 반응을 확인하느라 우리가 얼마나 많은 시간과 에너지를 쓰고 있는지 종종 생각해본다. 이 또한 나름대로 '탐색'이지만 그때마다 나는 이것이 애처로운 에너지 낭비로 느껴진다.

그 에너지를 적절한 때에 적절한 사람들(또는 한 명의 사람)에게 적절한 말을 하는 데 사용하면 어떨까? 허공에 대고 외치고 다른 사람들의 외침에 휩쓸리는 일에 지금보다 적은 시간을 쓴다면? 그 대신 방 안에서 우리가 말하고 싶은 사람들에게 말하는 일에 더 많은 시간을 쓴다면? 그것이 진짜 방이든 메시지 앱 시그널Signal의 그룹 채팅방이든, 나는 맥락의 회복을, 맥락 붕괴에 대항하는 맥락의 수거를 보고 싶다. 우리가 가진 관심과 지구상에서 보낼 수 있는 시간이 한정되어 있다면, 우리의 관심과 의사소통에 마땅한 목적을 다시 부여하는 것에 관해 생각해봐야 하지 않을까?

바라시가 인터뷰한 활동가들이 소셜미디어에는 아이디어를 정교하게 다듬거나 진정한 토론을 벌일 공간이 없다고 불평한 것을 떠올려보자. 나는 활동가들이 소셜미디어에서 찾지 못한 것, 결국 잡지 같은 느린 미디어나 물리적 모임에서 찾은 바로 그것이 해나 아렌트가 말한 '현상의 공간'이라고 생각한다. 아렌트에게 현상의 공간은 민주주의의 씨앗이었고, 함께 유의미하게 말하고 행동하는 사람들의 모임으로 정의되었다. 현상의 공간은 비록 깨지기는 쉽지만 근접성이나 규모 같은 조건들만 충족되면 언제든 나타날 수 있다. 권력은 한 개인의 소유물이 아니라 다수의 사람들이 함께 행위할 때 발생하는 공동의 힘이라고 정의한 아렌트는 이렇게 말한다. "권력이 나타나는 데 있어서 유일한 필수 조건은 사람들의 공생이다. 인간이 서로 가까이 살아서 행동의 가능성이 늘 있는 곳에서만 인간은 권력을 가질 수 있다."[20]

기본적으로 현상의 공간은 행위자의 다원성이 붕괴되지 않을 만큼의 작고 집중된 만남이다. 다수의 만남에 있는 역동성이 권력의 가능성을 담보하며, 우리는 두 주장의 상호작용이 새로운 것을 낳는 대화의 형식을 통해 이 사실을 직관적으로 이해한다. 나는 아렌트가 권력을 묘사한 단락을 읽으며 오드리 로드가 백인 페미니스트들에게 다름이 권력을 낳는다는 점을 상기시킨 일을 떠올린다.

(권력의) 유일한 한계는 타인의 존재다. 이 한계는 우

연이 아니다. 인간의 권력은 애초에 다원성이라는 조건에서 나온 것이기 때문이다. 같은 이유로 권력은 분리되면서도 줄어들지 않을 수 있으며, 심지어 견제와 균형을 통한 권력의 상호작용은 그것이 활발하고 교착상태에 빠지지 않는 한 오히려 더 큰 권력을 낳을 수 있다.[21]

현상의 공간은 '나-그것'의 관계로 붕괴되려는 유혹에 저항하는 집단적 '나-너'의 관계와 같다. '나-그것'의 관계에서는 집단의 모든 부분이 명백해 보이고, 명령할 권리가 있는 사람이 있고 그 명령에 반드시 복종해야 하는 사람이 있다. 현상의 공간은 나와 똑같이 그 공간에 투자한 다른 사람들과 내가 서로 바라보고 목소리를 들을 권한을 부여받은 공간이다. 현상의 공간은 나에게 반응하고, 도전하고, 나를 이해하는 공간이다. 내가 말하고 듣는 것에 모두가 아는 맥락이 제공된다는 점에서, 이곳에는 트위터 속 관념적인 대중과 다른 '이상적인 청중'이 있다. 이러한 형태의 만남에서는 맥락을 두고 언쟁을 벌이거나 공통분모가 전혀 없는 여론에 맞춰 자신의 메시지를 포장하는 데 시간과 에너지를 낭비할 필요가 없다. 우리는 한자리에 모이고, 말하고자 하는 바를 말하며 행동에 나선다.

이 책을 위해 성공적인 저항 사례를 찾아보면서 현상의 공간이 계속 되풀이되는 것을 목격했다. 그 과정에서 한 가지의 공동선을 발전했다. 물론 다른 의사소통 방식의 도움을 받긴 하지만, 현상의 공간은 대개 물리적 공간이라는 사실이다. 예술운동에서 정치운동에 이르는 다양한 집단행동의 역사는 대체로 가정집과 무단 점거한 건물, 교회, 술집, 카페, 공원을 배경으로 한 대면 모임의 역사다. 연대를 기반으로 하는 현상의 공간에서 발발한 토론과 의견 불일치는 논의를 차단하는 계기가 아니었다. 오히려 집단적 숙고에 반드시 필요한 것이었으며, 상호 간의 존중과 책임을 바탕으로 벌어졌다. 그 결과 집단에서 집단으로 연대가 이어졌다. 학생비폭력조정위원회Student Nonviolent Coordinating Committee나 연이은 다층적 노동조합운동에서처럼 연대가 국가 전체로 퍼져 나갔다. 이 집단 간의 협력 상태에서는 권력의 분리가 권력의 약화로 이어지지 않았고, 다수의 상호작용이 오히려 권력을 강화시켰다. 이들의 협력은 조직화된 행동뿐 아니라 새로운 아이디어(마틴 루서 킹이 말한 '창의적 저항')의 측면에서도 최선의 결과를 이끌어냈다. 새로운 아이디어는 오로지 다양한 사람들이 모이는 현상의 공간에서만 나타날 수 있다.

나보다 훨씬 '연결된' 환경에서 성장한 마조리 스톤먼 더글러스 고등학교 총기난사 사건의 생존자들도 2018년에 총기 규제 캠페인을 벌일 때 대면 모임이 중요한 역할을 했음을 인정했다. #NeverAgain 캠페인을 주도한 데이비드 호그David Hogg는 "분노는 어떤 일을 시작할 수 있게 하지만 계속 나아가게 해주진 못한다"라고 말한다. 총기난사라는 비극적인 사건 이후 며칠간 거침없이 발언하긴 했지만, 분노라는 동력만으로는 자신들이 몇 주 만에 지쳤을 것이라고 말한다. "진짜 움직임은 사건 이틀 후 캐머런 캐스키의 집에서 시작됐다." 캐스키는 자기 집에서 모임을 열었고, 두 사람의 친구였던 에마 곤살레스가 호그를 모임에 초대했다. 호그는 학생들이 첫날부터 병적으로 몰입했고 종종 캐스키의 집에서 밤을 지새웠다고 말하며 과거 정치 활동의 창발적 전략을 떠올리게 하는 장면을 묘사한다. "효과가 있을 것 같으면 그냥 했다. 어떤 친구는 인터뷰를 아주 많이 했고, 어떤 친구는 트위터 활동에 뛰어났다. 집단을 조직하고 조정하는 데 집중한 친구도 있었다."[22] 몽고메리 버스 보이콧을 조직한 사람들이 닫힌 문 뒤에서 열었던 모임처럼, 학생들은 이곳에 함께 모여 자신들의 요구 사항을 정리하고 그것을 대중에게 어떻게 전달할 것인지 결정했다. 트위터와 미디어를 이용하긴 했지만, 이들에게 현상의 공간을 제공해준 것은 바로 캐스키의 집과 그 공간에서 등장한 집단역동이었다.

이 책을 구매한 독자 중 실제로 아무것도 하고 싶지 않은 사람이 있을 거라고는 생각하지 않는다. 극도의 허무주의자나 극도로 냉담한 사람만이 해야 할 일이 없다고 느낀다. 내가 관심경제 앞에서 느끼는 압도적 불안과 괴로움은 관심경제의 역학이나 영향력과도 관련이 있지만, 관심경제에 연료를 제공하는 지극히 현실적인 사회적·환경적 불의와도 관련이 있다. 그러나 나의 책임감은 좌절된다. 우리가 함께 만나 이러한 문제를 논하는 바로 그 플랫폼이 우리의 논리적 사고를 방해하는 맥락의 붕괴에서 이윤을 얻는다는 사실은 잔인한 아이러니다.

나는 '아무것도 하지 않는다'라는 생각이 가장 도움이 될 수 있는 지점이 바로 여기라고 생각한다. 내게 아무것도 하지 않는다는 것은 곧 스스로 생각할 시간을 주고 다른 체제에서 다른 무언가를 도모하기 위해 현재의 체제(관심경제)에서 빠져나오는 것을 의미한다.

내가 상상하는 건전한 소셜 네트워크는 현상의 공간이다. 이곳은 오랜 시간 친구와 함께한 산책, 전화 통화, 비밀 채팅방에서의 대화, 동네 주민 모임 등 매개체를 경유한 만남과 대면 만남이 결합한 공간이다. 이러한 공간은 사람들과 함께하는 진정한 즐거움을 느끼게 할 것이다. 우리에게 필요한 감정적 자양분을 제공해주는 식사 자리와 모임, 행사에서 우리는 직접 얼굴을 마주 보고 "여러분과 함께 싸우러 이 자리에 왔습니다"라고 말할 것이다. 기업이 운영하지 않는 탈중앙적 네트워킹 기술을 이용해 대면 교류가 힘든 사람을 포함시키고, 한곳에 머무는 것이 점점 경제적 특권이 되어가는 이 시기에 여러 도시에서 지지의 교차점을 만들어낼 것이다.

이러한 소셜 네트워크는 우리가 '로그오프'하지 못하게 막을 이유가 없을 것이다. 우리가 물리적 공간에 존재하는 신체를 가진 인간이며 여전히 물리적 공간에서 서로와 만나야 한다는 사실과 더불어 고독의 필요성도 존중할 것이다. 또한 그동안 우리가 잃어버린 맥락을 다시 쌓아

줄 것이다. 무엇보다 이러한 소셜 네트워크는 우리의 일상적인 의식에서 시간과 장소의 역할을 되찾아줄 것이다. 지금 우리가 있는 곳을 공감과 책임, 정치 혁신을 배양하는 공간으로 제시할 것이며, 이렇게 얻은 것들은 지금 이곳뿐 아니라 다른 모든 곳에서 도움이 될 것이다.

장소감을 기르는 것은 관심의 존속을 가능하게 하는 동시에 관심을 필요로 한다. 즉 서로를 돌보는 방법을 다시 배우고 싶다면 장소를 돌보는 방법 또한 배워야 한다는 뜻이다. 이러한 종류의 돌봄은 키머러가 『향모를 땋으며』에서 보여준 책임감 있는 관심에서 나온다. 관심은 우리가 보는 것을 결정함으로써 우리에게 영향을 미칠 뿐 아니라 우리의 시선이 향하는 대상에 실질적 영향을 미친다.

나는 이 책에 담을 생각을 정리하면서 베이 지역에 있는 공원에서 수많은 시간을 보냈다. 장미 정원 외에 푸리시마 크릭 레드우드 보호구역, 와킨 밀러 공원, 샘 맥도널드 카운티 공원, 피어슨-아라스트라데로 보호구역, 헨리 W. 코 주립공원, 헨리 코웰 레드우드 주립공원, 잭슨 시범 국유림, 니신 마크스 주립공원 숲에도 방문했다. 이 장소들이 없었다면 이 책은 존재하지 못했을 것이다. 나는 생산성의 풍경에서 벗어나기 위해서, 나아가 이렇게 하지 않으면 존재하지 않았을 여러 아이디어를 모으고 관찰하기 위해서 공원에 갔다. 만약 이 책을 재미있게 읽었다면 어떤 면에서는 이 장소들까지 즐긴 것이나 다름없다.

무슨 까닭인지 나는 공원이 그냥 '남겨진' 공간이라고 생각하며 자랐으나, 모든 공원과 보호구역의 역사는 '연이은 재앙의 작은 틈 속에서 버틴 구원'의 이야기임을 알게 되었다. 너무나도 많은 공원이 사유와 민간 개발의 끊임없는 공격에서 적극적으로 보호되었고, 많은 곳이 그 장소를 지키기 위해 싸운 진취적 개인의 이름을 따왔다. 예를 들면 내가 샌프란시스코에 살 때 자주 방문했던 글렌캐니언 공원의 트레일은 '검트리 걸스Gum Tree Girls'의 이름을 따왔는데, 이 세 여성은 샌프란시스코에서 이슬레이스강이 유일하게 자연 상태로 땅 위를 흐르는 글렌캐니언에 고속도로가 건설되는 것을 막았다. 공원은 우리에게 '아무것도 하지 않을' 공간과 다양한 규모의 관심 속에 머무를 시간을 제공한다. 나아가 공원의 존재는, 특히 도시나 과거 자원을 추출했던 곳의 한가운데에 있는 공원은, 그 자체로 저항을 상징한다.

물론 공원은 우리가 중요시하고 보호해야 할 공공장소의 한 종류일 뿐이다. 그러나 공원은 공간과 저항, 관심경제의 관련성을 보여주는 유용한 사례를 제공한다. 내가 주장한 것처럼 특정 종류의 생각을 하는 데 특정 종류의 공간이 필요하다면, '맥락 수거'를 위해서는 온라인의 맥락 붕괴를 막는 데서 나아가 공공장소와 열린 공간, 더 나아가 사라질 위기에 처한 문화와 공동체에 중요한 모임장소까지 지켜야 할 것이다. 인류세(인간의 활동으로 지구환경이 돌이킬 수 없이 변한 지질시대)라 일컬어지는 이 시대에, 나는 이 시기를 지칭하는 도나 J. 해러웨이의 용어가 훨씬 더 유용하다고 생각한다. 해러웨이는 이 시기를 툴루세Chthulucene라고 칭하는데, '지구가 인간과 비인간 난민으로 가득하지만 피난처는 없는' 시기를 뜻한다. 『트러블과 함께하기』에서 해러웨이는 "툴루세를 살다가 언젠가는 반드시 죽게 될 생명으로서 잘 살고 잘 죽을 수 있는 한 가지 방법은 모두와 협력해 피난처를 복원하고, 불완전하지만 굳건한 생물학적·문화적·정치적·기술적 회복과 재구성을 이뤄내는 것이다. 이 과정에는 돌이킬 수 없는 상실에 대한 애도가 반드시 포함되어야 한다"라고 말한다.[23] 이를 염두에 두면 나는 자본주의적 생산성의 논리가 멸종 위기에 처한 삶과 아이디어를 위협하는 이 시기에, 전통적인 의미의 서식지 복원과 인간의 사고를 위한 서식지 복원이 그리 다르지 않다고 본다.

이미 알아차렸을지도 모르지만, 자연 속에서 '홀로' (사실은 혼자가 아니지만) 시간을 보내기 위해 근처 산에 있는 오두막집으로 떠나 며칠씩 사라지는 것이 이제 나의 습관이 됐다. 가장 최근에는 엘크혼슬라우 국가하구관리 보호구역에서 새를 관찰하려고 산타크루즈 남쪽의 작은 마을 코랄리토스의 아주 작은 오두막집에 묵었다. 해안에 있는 이 지역에서 바닷물은 뱀처럼 구불구불한 만으로 밀려들었다가 빠져나가며 뒤에 갯벌을 남긴다. 영어에서 '슬라우slough'(늪이나 수렁을 뜻하는 단어-옮긴이)는 '진전이나 활동이 부족한 상황'을 의미한다. 나는 언제나 이 뜻이 이상하다고 생각했는데, 엘크혼슬라우 같은 장소는 지구에서 가장 다양성이 높고 생물학적으로 생산적인 서식지이기 때문이다.

그 누구와도 대화를 나누지 않았던 여행 셋째 날, 차에 올라타 보호구역으로 향했다. 라디오를 켰다. KZSC 산타크루즈 채널에서 취한 것 같은 목소리의 레게 음악 DJ가《워싱턴포스트》기사의 헤드라인을 읽고 있었다. DJ가 말했다. “밤사이에 사이클론 활동으로 해수면이 크게 높아진 것으로 보이네요. 우리는 하와이를 생각하고 있습니다. 우리는 홍콩을, 오스트레일리아를, 캐롤라이나를 생각하고 있습니다.” DJ가 말을 멈췄고, 레게 음악이 계속 흘러나왔다. “여기 산타크루즈에 있는 우리는 운이 좋습니다. 지금 창문 밖을 보고 있는데… 아무 이상이 없습니다.” DJ의 말이 맞았다. 20℃ 정도의 화창한 날이었고 남실바람이 몬터레이 소나무 사이로 살랑살랑 불었다. 바다는 잠잠했다.

한 번도 엘크혼슬라우에 와본 적이 없었기 때문에 길이 생소했다. 1번 고속도로에서 빠져나와 참나무와 구불구불한 언덕 사이를 지나는 길로 접어들었다. 풍경이 아름다웠지만 아침에 들은 뉴스 때문에 은근한 두려움에 사로잡혀 있었다. 방향을 꺾자 갑자기 눈앞에 늪이 나타났다. 그 뜻밖의 눈부신 푸른빛 속에서 나는 보았다. 수백 마리, 어쩌면 수천 마리의 새들이 얕은 곳에서 거대한 무리를 이루어 하늘로 날아오르고, 방향을 바꿀 때마다 검은색에서 은빛으로 변하며 반짝이는 모습을.

갑자기 눈물이 흐르기 시작했다. 이 장소는 분명 '자연'으로 분류될 테지만 내게는 기적과 다름없어 보였고, 나나 이 세상은 이 기적을 누릴 자격이 없는 것 같았다. 이 예상 밖의 장관 속에서 늪은 위협받는 장소들, 사라지지 않으려고 버티고 있거나 이미 사라져버린 모든 장소를 대변하는 것처럼 보였다. 내가 이러한 공간을 필요로 하고, 오로지 인간뿐인 공동체에서는 진정으로 편안함을 느끼지 못하는 한, 이 장소를 보존하고 싶은 나의 바람은 자기 보호 본능이기도 하나는 사실을 처음으로 깨달았다. 나는 이러한 접촉이 없으면 힘을 잃는다. 다른 생명체와 함께하지 않는 삶은 살아갈 가치가 없다고 느낀다. 이 장소와 그 안에 있는 모든 것이 위험에 처했음을 인정하는 것은 나 또한 위험에 처했음을 인정하는 것이다. 야생동물 보호구역은 곧 나의 보호구역이었다.

이건 사랑에 빠지는 것과 약간 비슷하다. 나의 운명이 다른 사람의 운명과 연결되어 있으며 나는 더 이상 나만의 것이 아니라는 그 무서운 깨달음. 하지만 어쨌거나 그게 사실에 가깝지 않나? 우리의 운명은 서로와, 우리가 있는 장소와, 그 안에 사는 모든 것들과 연결되어 있다. 이런 식으로 생각하면 나의 책임을 얼마나 더 실감하게 되는지! 이는 지구온난화로 우리의 생존이 위협받고 있다는 추상적 이해나, 머릿속으로 다른 생명체와 시스템에 감사하는 것 이상의 자각이다. 이는 나의 감정적·신체적 생존이 지금뿐만 아니라 평생 동안 이 '낯선 생명들'과 연결되어 있다는 긴급하고도 개인적인 인식이다.

무섭지만, 이 인식을 바꾸고 싶지는 않다. 풍요로운 장소와 연결된 관계들 덕분에 나는 그 풍요를 누리며 새떼처럼 모습을 바꾸고, 내륙으로 흘러들었다 다시 바다로 흘러나오고, 오르내리고 숨 쉴 수 있다. 이 관계는 한 인간인 내가 이러한 복잡성의 계승자임을, 나는 제작된 것이 아니라 이 세상에 태어난 것임을 상기시킨다. 그렇기 때문에 하구의 다양성을 걱정할 때 나는 나 자신의 다양성을, 나의 가장 선하고 활기 있는 부분이 무자비한 사용의 논리에 뒤덮여버리는 상황을 걱정하는 것이다. 새에 대해 걱정할 때는 나의 모든 자아가 멸종될까 봐 걱정하는 것이다. 그리고 아무도 이 탁한 강물의 가치를 알아봐주지 않을까 봐 걱정할 때는 언젠가 나의 쓸모없는 부분과 내가 가진 미스터리, 나의 깊이를 빼앗길까 봐 걱정하는 것이기도 하다.

요즘은 휴대폰을 덜 들여다본다. 값비싼 디지털 디톡스 휴가를 떠나서도 아니고, 휴대폰에서 앱을 지워서도 아니다. 내가 휴대폰을 들여다보지 않는 이유는 다른 무언가를, 무척 흥미진진해서 눈을 뗄 수 없는 것을 바라보고 있기 때문이다. 이 역시 사랑에 빠질 때 일어나는 일 중 하나다. 친구들은 내가 정신이 딴 데 가 있다거나 공상에 빠져 있다고 불평한다. 관심경제를 이용하는 회사들도 내게 똑같이 말할지 모른다. 내가 나무에, 새들에, 심지어 길가에 자라나는 잡초에 정신이 팔려 있다고 말이다.

2017년과 비교해서 지금 내가 관심경제에 느끼는 기분을 이미지로 설명해야 한다면, 기술 콘퍼런스가 떠오른다. 다른 많은 콘퍼런스와 마찬가지로 이 콘퍼런스도 다른 도시에서, 어쩌면 다른 주에서 열린다. 콘퍼런스의 주제는 설득적 디자인이고, '잘 쓴 시간' 프로젝트의 주창자 같은 사람들이 나와서 관심경제가 얼마나 끔찍한 것이며 어떻게 하면 디자인을 통해 관심경제를 우회하고 우리의 삶을 최적화해 더 나은 일들을 할 수 있는지에 대해 강연한다. 처음에 나는 이 강연이 무척 흥미롭다고 생각하고, 페이스북과 트위터가 나를 조종하는 방식에 대해 많은 것들을 알게 된다. 나는 충격받고 분노한다. 온종일 이 문제를 고민한다.

그러나 둘째 날이나 셋째 날쯤 당신은 내가 자리에서 일어나 맑은 공기를 마시러 밖으로 나가는 모습을 보게 된다. 나는 조금 더 멀리, 근처에 있는 공원까지 걸어간다. 그때 (내가 이 상황을 아는 건 실제로 내게 종종 일어나는 일이기 때문이다) 새소리가 들려와 새를 찾아 나선다. 새를 찾으면 나는 그 새에 대해 알고 싶어 할 것이고, 나중에 찾아보려면 새의 생김새뿐 아니라 새의 행동, 새가 내는 소리, 날아가는 모습까지 알아야 한다. 또 그 새가 어떤 나무에 있었는지도 관찰해야 한다.

나는 그곳에 있는 모든 나무와 식물을 관찰하고 패턴을 알아내려 노력한다. 그 공원에 누가 있고 없는지를 관찰한다. 이 패턴을 설명해내고 싶어 한다. 이 도시가 있기 전 누가 처음 이곳에 살았는지, 그 후엔 누가 이곳에 살다가 쫓겨났는지 궁금하다. 이 공원이 무엇으로 바뀔 뻔했고, 누가 그걸 저지했는지, 내가 누구에게 감사를 표해야 할지 묻는다. 나는 이 땅의 형태를 감지하려고 한다. 내가 위치한 곳 근처에 언덕과 물은 어디에 있는가? 사실 이것들은 전부 같은 질문의 다른 형태다. 이 질문들은 이렇게 묻는다. 나는 언제, 어디에 있고, 나는 그 사실을 어떻게 아는가?

콘퍼런스는 곧 끝이 나고 나는 대부분의 내용을 놓쳤다. 중요하고 유용한 내용이 많았을 것이다. 나는 '잘 쓴 시간'에 대해 보여줄 만한 것이 별로 없다. 트위터에 올릴 간결한 문장도, 새로 생긴 인맥도, 새 팔로워도 없다. 아마 나는 한두 명의 사람에게만 내가 관찰하고 배운 내용을 들려줄 것이다. 또 운이 좋으면 언젠가 싹틀지 모를 씨앗처럼 비축해둘 것이다.

발전과 생산적인 시간의 관점에서 보면 나의 이러한 행동은 비행으로 보일 것이다. 나는 중도 이탈자다. 그러나 장소의 관점에서 보면 나는 마침내 관심을 기울인 사람이다. 그리고 나 자신의 관점에서 보면 나는 나의 삶을 실제로 경험하고 있었던 사람이며, 나는 죽을 때 결국 이 사람에게 대답할 것이다. 나는 내가 그날 지구에서 시간을 보냈다는 것을 안다. 이런 순간이 오면 관심경제에 대한 질문 자체도 사라져버린다. 누군가가 내게 대답을 요구한다면, 나는 아마 땅에서 자라고 기어다니는 것들에서 눈을 떼지 않은 채로 이렇게 말할 것이다. "그러지 않는 편이 좋겠습니다."

나오며

명백한 해체

나는 내 랜턴을 던져버렸고, 이제 어둠을 볼 수 있다.
— 웬델 베리Wendell Berry, 『오래된 언덕A Native Hill』[1]

지금 있는 장소의 건강(문화적인 것이든 생물학적인 것이든 두 가지 전부든)에 관심이 생겼다면, 경고할 것이 하나 있다. 당신은 진전보다는 파괴를 더 많이 목격하게 될 것이다. 환경운동가 알도 레오폴드는 이렇게 말한다.

> 생태학 교육이 주는 불이익 중 하나는 상처 입은 세상에서 홀로 살아가게 된다는 것이다. 땅이 입은 피해는 대부분 비전문가의 눈에는 보이지 않는다. 생태학자는 자신의 껍데기를 더 단단히 두르고 과학이 일으킨 결과는 자신과 상관없는 일이라 믿는 척 하거나, 스스로에 대한 확신으로 다른 말은 들으려 하지 않는 공동체 안에서 죽음의 흔적을 보는 의사가 되어야 한다.[2]

지난주, 인기 팟캐스트 〈이스트베이 예스터데이East Bay Yesterday〉를 진행하는 활동가이자 역사가인 내 친구리엄 오노니휴Liam O'Donoghue가 이끄는 오클랜드 시내 도보 투어에 참여했다. 이 투어는 '오래전에 잃어버린 오클랜드' 지도 제작에 기여한 사람들을 위한 보답이었는데, 지도에는 오론 인디언의 매장터와 멸종한 종, 이제는 사라진 역사적 건물, 1909년에 오클랜드 시내에서 띄운 무모한 대형 가스 풍선 등이 담겨 있다. 리엄은 잭런던 나무 옆에서 투어 내용을 소개하며, 맨 처음 오클랜드를 세운 수많은 사람과 단체가 쫓겨나고 없는 이 상황에서 오클랜드의 역사를 배우는 것이 새로 이사 온 사람들에게 어떤 의미일지 되돌아보았다. 단일 문화가 생물학적 생태계뿐 아니라 동네와 문화, 담론까지 위협하는 시기에는 역사가 또한 '공동체 안에서 죽음의 흔적을 보는' 위치에 있다.

브로드웨이와 13번가가 만나는 모퉁이에서 리엄은 잠시 시간을 내어 '오래전에 잃어버린 오클랜드' 지도의 그림을 그린 T. L. 사이먼스T. L. Simons의 성명을 읽었다. 사이먼스는 수백 시간 동안 손으로 직접 지도를 그리며 느낀 사랑과 비통한 마음을 표현했다. 그는 이 지도를 제작하며 파괴된 것들에 대해, 오론 부족의 매장터, 고속도로로 대체된 대중교통 수단 키 시스템Key System, 세계경제의 요구에 따라 형태가 바뀐 습지와 하구의 해안선에 대해 깊이 생각해볼 수밖에 없었다고 말한다. "즉, 이 도시의 변화의 역사는 언제나 인간과 생태계 파괴의 역사였습니다." 그러나 그가 이 지도의 제작에 전념한 것은 절망 때문이 아니었다.

나는 이 지도에 우리 공통의 역사를 규정하는 끔찍한 참사를 묘사하는 대신 나를 둘러싼 도시에서 목격하는 회복력과 신비한 힘을 반영하기로 했습니다. 이 지도는 아무리 나쁜 일이 생기더라도 언제나 변화가 일어난다는 사실을 상기켜줍니다. '오래전에 잃어버린 오클랜드' 지도가 사람들을 자신이 서 있는 곳에 붙들어두고, 지금과 다른 미래를 위해 고군분투할 사람들의 상상력을 자극하길 바랍니다.[3]

슬픔과 매혹, 무엇보다 미래의 이름으로 과거를 돌보고 싶은 바람에서 나온 사이먼스의 태도는 과거를 회고한 또 다른 인물을 떠올리게 한다. 제2차 세계대전이 한창일 때 독일의 유대인 철학자 발터 베냐민은 파울 클레Paul Klee의 모노프린트 〈새로운 천사Angelus Novus〉에 대한 유명한 해석을 쓴다. 〈새로운 천사〉는 가장자리에 어두운 얼룩이 번진 화면 한가운데에 추상적인 모습의 천사가 그려진 작품이다.「역사의 개념에 대하여」라는 글에서 베냐민은 다음과 같이 말한다.

역사의 천사도 정확히 이렇게 보일 것이다. 천사의 얼굴은 과거를 향해 있다. 우리가 일련의 사건을 바라보는 곳에서 천사는 단 하나의 참사를 본다. 이 참사는 천사의 발아래에 끝없이 박살 난 파편들을 퍼붓는다. 천사는 잠시 이 상황을 멈추고 죽은 자들을 깨워 부서진 것들을 다시 이어 붙이고 싶다. 그러나 천국에서

> 너무나도 강력한 폭풍이 불어오고 있어서 천사는 날개를 접을 수 없다. 폭풍은 천사가 등 돌리고 있는 미래를 향해 저항할 수 없는 힘으로 천사를 떠밀고, 천사 앞의 파편 더미는 하늘을 찌를 듯이 쌓여간다. 이 폭풍이 바로 우리가 진보라 부르는 것이다.[4]

진보 자체가 얼마나 자주 신격화되는지를 고려하면 진보를 막고 싶어 하는 천사의 이미지는 더욱 놀랍다. 존 개스트John Gast가 명백한 운명Manifest Destiny(미국이 북미 전역을 개발하고 지배할 운명이라는 주장–옮긴이) 개념을 표현한 1872년 작품 〈미국의 진보American Progress〉는 진보가 신격화된 사례 중 하나다. 이 작품에서는 흰색 드레스를 입은 금발 여성이 통제하기 어려운 깜깜한 풍경을 향해 서쪽으로 걸어가고, 그 뒤로 서구 문명의 모든 특징이 뒤따르는 모습을 볼 수 있다. 이 이미지에서 문화적 지배는 기술적 진보와 불가분의 관계를 맺고 있다. 왼쪽에는 도망치는 원주민과 들소, 포효하는 곰, 먹구름, 광대한 산맥이 보인다. 마차와 가축을 이끄는 농부, 조랑말을 이용한 속달우편, 역마차, 철도의 선로, 배, 교각이 그 뒤를 바짝 뒤따른다. 진보의 여신은 두꺼운 책을 한 손에 들고 전선을 서쪽에 이으려 하는 중이다.

이 그림에 대한 짧은 분석에서 역사가 마사 A. 샌드와이스Martha A. Sandweiss는 자신이 이 그림을 보여주자 학생들이 이 그림을 거대하고 웅장한 유화로 상상했다고 말한다. 그러나 실제로 이 그림은 가로 42센티미터 세로 32

센티미터에 지나지 않는다. 서구 여행 가이드북을 발행한 출판업자 조지 A. 크로풋George A. Crofutt이 책 속에 끼워 넣는 페이지로 주문 제작한 것이었기 때문이다.[5] 그러니까 이 그림은 일종의 광고 페이지였다. 크로풋이 발행한 가이드북을 산 사람들은 새로운 장소뿐 아니라 신성한 진보가 펼쳐지는 모습을 목격하게 될 것이었다.

크로풋이 이 그림을 주문하고 1년 후에 출간한 가이드북의 서문에서 나는 '몇 년 전만 해도 백인 인종이 전혀 몰랐고, 탐험하지도 않았던 지역'에 대한 크로풋의 숨 가쁜 묘사를 발견했다.

> 그러나 퍼시픽 철도가 완성된 후 이 지역은 세상에서 가장 모험심이 강하고 적극적이며 정직하고 진보적인 50만 명 이상의 백인에게 점령되었다. 이들은 마술처럼 도시와 시내, 마을을 건설한다. 이 대륙에 있는 엄청난 보물을 찾아 헤매고, 발견하고, 개발한다. 우리의 위대한 철도 시스템을 방대한 네트워크처럼 전 지역으로 확장한다. 고갈되지 않는 땅을 경작해, 말 그대로 황야를 '장미처럼 피어나게' 한다.[6]

물론 이제 우리는 땅이 실제로 고갈될 수 있다는 것을, 개발이란 (나이 많은 생존자를 제외한 오클랜드의 모든 노령 나무에게 그랬듯) 빠른 속도로 파괴한다는 뜻임을 안다. '마술처럼'이라는 표현은 19세기에 원주민을 휩쓴 집단 학살의 물결을 오싹하게 지워버린다. 오론 부족의 소새무지의 '오래전에 잃어버린 오클랜드' 지도 속 멸종된 종이 19세기에 어떻게 사라졌는지를 생각하면 〈미국의 진보〉 속 흰 드레스를 입은 여성을 문화와 생태계 파괴의 전령으로 이해할 수밖에 없다. 자그마한 존재들이 저 아래에서 자기 삶을 꾸려가는 동안, 이 여성은 이들이 아닌 저 먼 곳의 무언가를 향해 기이하고 자애로운 표정을 짓고 있다. 그 무언가는 바로 진보의 상상 속 목표물이다. 이 목표물에 시선이 고정되어 있기에, 여성은 창백한 미소를 지우지 않고 수백 가지 종과 수천 년간 쌓인 지혜를 짓밟을 수 있다.

명백한 운명의 반대는 무엇일까? 나는 그것이 역사의 천사와 비슷할 거라고 생각한다. 이 개념을 나는 명백한 해체Manifest Dismantling라고 부른다. 그리고 또 다른 그림을 상상한다. 그 그림 속에서 명백한 운명의 뒤를 쫓는 것은 기차와 배가 아닌 명백한 해체다. 명백한 해체는 명백한 운명이 초래한 모든 피해를 복구하고 난장판을 정리하느라 바쁜, 검은 드레스를 입은 여성이다.

2015년에 명백한 해체는 캘리포니아 역사상 가장 규모가 큰 댐 해체 작업을 실시하느라 열심이었다. 1921년, 몬터레이반도에 있는 한 부동산 회사가 내가 있는 곳에서 남쪽으로 겨우 몇 시간 거리에 있는 카멀강에 콘크리트로 된 샌 클레멘테 댐을 건설했다. 점점 늘어나는 몬터레이 주민들에게 물을 공급해야 했기 때문이다. 그러나 1940년대가 되자 댐 안에 침전물이 너무 많이 쌓여서 상류에 더 커다란 댐을 세웠다. 1990년대에 샌 클레멘테 댐은 쓸모없을 뿐만 아니라 단층선과 가까워서 지진에 안전하지 않다는 진단을 받았다. 지진이 일어나면 물 외에도 어마어마한 침전물이 하류에 있는 마을로 쏟아질 수 있었다.

댐은 인간에게만 해를 끼치는 것이 아니었다. 바다에 살지만 매년 알을 낳으러 강 상류로 올라와야 하는 무지개송어는 댐에 설치된 물고기 사다리를 넘지 못했다. 사다리를 넘는다고 해도 바다로 돌아가는 과정은 곧 죽을 위험을 감수하고 수십 미터 높이에서 뛰어내려야 한다는 뜻이었다. 이 지역의 한 어부는 댐을 "침실 문을 닫아버린 것"에 비유했다.[7] 그리고 그 영향이 하류까지 확대되었다. 송어는 (상류로 헤엄쳐 올라갈 때 휴식을 취하거나 바다로 향하기 전인 생후 몇 년간 살아남기 위해) 작은 웅덩이와 보이지 않는 공간이 필요한데, 이것들의 재료가 되는 퇴적물이 댐 안에 갇혔다. 즉, 강의 복잡성 상실이 무지개송어의 죽음을 불러온 것이다. 한때는 수천 마리에 달했던 송어가 2013년에는 249마리까지 줄어들었다.[8]

가장 돈이 덜 드는 선택지는 임시방편에 불과한 해결책이었다. 지진을 대비해 콘크리트를 덧발라 댐을 안정화하는 4,900만 달러 규모의 계획이었다. 그러나 댐을 소유한 캘리포니아 아메리칸 워터는 여러 주와 연방 정부 기관과 제휴를 맺어 댐을 해체하고 송어와 또 다른 멸종 위기종인 캘리포니아 붉은발개구리의 서식지를 복원하는 8,400만 달러 규모의 계획을 실시하기로 했다. 댐 안에 토사가 하도 많이 쌓여서 댐을 해체하기 전에 부지 주위로 강의 흐름을 바꿔야 했고, 댐은 침전물 저장소로 사용하기로 했다. 그러니까 이 프로젝트는 건축물을 허무는 것에 더해 강바닥을 처음부터 다시 만드는 작업이었다. 새로 생긴 강바닥을 드론으로 촬영한 영상은 초현실적이다. 이 프로젝트에 참여한 엔지니어들은 송어가 살기에 적합하도록 계단처럼 이어진 여러 개의 못을 만들었다. 아직 주위에 아무 식물도 자라지 않은 인공 제방의 모습은 마치 게임 〈마인크래프트〉의 한 장면처럼 보인다.

한편, 댐의 극적인 폭파를 기대한 사람들은 실망했다. 강의 흐름이 성공적으로 바뀌자 굴착기 여섯 대와 육중한 공압식 해머 두 대가 도착해, 느리지만 끈기 있게 콘크리트 구조물을 부수며 조금씩 흙으로 만들어나갔다. 《샌프란시스코 크로니클》에 실린 댐 해체 기사에서 스티븐 루벤스타인Steven Rubenstein은 철거 회사 대표의 말을 인용한다. "건물을 부수는 것은 재미있는 일입니다. (…) 저는 건물들을 바라보며 많은 시간을 보냅니다. 저 건물을 없애는 가장 좋은 방법이 무엇일지 생각하면서요." 대표는 이렇게 덧붙인다. "무언가를 부수지 않으면 그 자리에 다른 것을 만들 수 없습니다." 그러나 루벤스타인은 이번 경우 "프로젝트의 목표는 댐을 그 어느 것으로도 대체하지 않는 것"이라고 말한다.[9]

따라서 이 프로젝트는 앞으로 나아가면서도 뒤로 돌아가는 것 같은 이상한 느낌이 있다. 프로젝트의 진행 과정을 담은 타임랩스 영상을 보면 개미처럼 성실하게 일하는 사람들 뒤로 대단한 공공사업 프로젝트에 깔릴 만한 웅장한 음악이 나온다. 그러나 이번 경우에 건축물은 나타나는 것이 아니라 사라진다. 이 영상의 앞부분에는 1921년에 (똑같이 성실하게) 댐을 짓는 과정을 찍은 기록용 사진이 나온다. (원래는 건설공사와 인간의 지배력을 보여주려 했던) 이미지들 위로 어떤 목소리가 댐 철거 배경에 대해 설명한다. "한때 댐 건설은 자연을 통제하는 인간 능력의 승리였습니다. 사회가 발전하면서 이제 우리는 환경과의 관계에서 통제보다는 균형을 찾는 방법을 배우고 있습니다."[10]

우리의 진보 개념은 이 세상에 새로운 것을 만들어낸다는 생각과 밀접하게 엮여 있다. 따라서 진보를 파괴와 해체, 복원과 동일시하는 것이 직관에 반하는 것처럼 느껴질 수 있다. 겉으로 보이는 이 모순은 사실 더 본질적인 모순을 시사한다. 바로 (예를 들면 생태계의) 파괴를 (예를 들면 댐의) 건설로 간주하는 모순이다. 19세기의 진보와 생산, 혁신 개념은 빈 서판과 같은 땅의 이미지에서 나왔다. 그러한 땅에 이미 존재하던 시스템과 거주민은 미국 잔디가 되어야 할 곳에 핀 수많은 잡초나 다름없었다. 그러나 우리가 문화적으로나 생태학적으로 이미 이곳에 있는 모든 것을 진심으로 인식한다면, 건설로 간주되는 것이 사실은 파괴라는 사실을 이해하게 된다.

나는 복원과 밀접하게 관련된 합목적성의 형식으로서의 명백한 해체에 관심이 있다. 명백한 해체는 진보가 맹목적으로 앞을 바라볼 수밖에 없다는 생각을 버리길 요구한다. 또한 우리의 노동 윤리에 새로운 방향을 제공한다. 복원에도 똑같은 양의 노동이 필요하다. 이 프로젝트의 경우 짓는 데 3년이 걸린 댐을 해체하는 데 거의 비슷한 시간이 소요되었다. 샌 클레멘테 댐 해체를 다룬 기사에는 '혁신'이라는 단어가 무척 많이 등장한다. 이 프로젝트에 상당한 공학기술뿐 아니라 엔지니어와 과학자, 변호사, 지역단체, 주 정부 기관, 비영리단체, 오론 에셀렌 부족의 전례 없는 협력과 협의가 필요했기 때문이다. 명백한 해체의 렌즈를 통해 보면 댐 철거는 원래 상태로 되돌려놓으면서도 이 세상에 새로운 것을 내어놓는, 실지로 창의적인 행위다.

명백한 해체는 우리의 앞뒤 개념을 혼란스럽게 만들 뿐 아니라 인간이 만물의 중심이 아니라는 코페르니쿠스적 생각의 전환을 요구한다. 레오폴드가 말했듯이, 우리는 '토지 공동체의 정복자에서 평범한 구성원이자 시민으로' 변화해야만 한다.[11]

2002년, 작가이자 환경운동가인 웬델 베리는 『짚 한 오라기의 혁명』 1978년판의 서문을 썼다. 이 책의 저자인 일본의 농부 후쿠오카 마사노부는 '무위 농법'을 개발했을 때 이 코페르니쿠스적 전환을 경험했다. 풀과 잡초로 가득한 버려진 땅의 생산성을 보고 영감을 얻은 후쿠오카는 땅과의 기존 관계를 이용한 농법을 깨우쳤다. 논에 물을 채우고 봄에 볍씨를 파종하는 대신 후쿠오카는 가을에 씨가 자연스럽게 떨어지듯 땅에 직접 씨를 뿌렸다. 비료를 주는 대신 클로버를 기르고, 추수한 뒤 남은 볏짚을 다시 땅 위에 뿌렸다.

후쿠오카의 방법은 노동량이 적었고 기계도, 화학약품도 필요하지 않았다. 그러나 이 방법을 완벽하게 다듬는 데 수십 년이 걸렸고, 극도로 섬세한 관심을 기울여야 했다. 모든 것을 제때 정확히 실시하면 수확량은 틀림없이 확보되었다. 후쿠오카의 농장은 이웃 농장보다 더 생산량이 많고 지속 가능할 뿐 아니라 몇 번의 계절이 지나면서 메마른 땅이 복원되어 바위투성이 암반 지대와 그 밖의 살기 힘든 지역에 경작 가능한 토지가 생겨났다.

이 책에서 후쿠오카는 "이 세상은 맹렬한 에너지로 나와 반대 방향을 향해 움직이고 있어서 내가 시대에 뒤떨어진 것처럼 보일 수 있다"라고 말한다. 실제로 우리는 혁신을 새로운 것의 생산과 연결해 생각하듯 개발자를 새로운 디자인의 창출과 연결한다. 그러나 후쿠오카의 '디자인'은 디자인을 완전히 없애는 것에 가까웠다. 이는 명백한 해체의 이상한 특성과 연결된다. 후쿠오카는 말한다. "원시적이고 퇴보하는 것처럼 보이던 일이 이제는 현대 과학을 훨씬 앞서는 것으로 여겨진다. 이 방법은 처음에는 이상해 보일 수 있지만 나에게는 전혀 이상하지 않았다."[12]

후쿠오카는 '아무것도 없다'라는 제목의 장에서 자신을 무위 농법으로 이끈 깨달음에 대해 설명한다. 20대 때 그는 요코하마 세관 식물검사과에서 일하며 훌륭한 연구원 밑에서 식물병리학을 연구했다. 그의 삶은 기본적으로 치열한 공부와 파티를 섞어놓은 것이었는데, 언젠가부터 몸이 약해진 그는 종종 실신했고 결국 급성폐렴으로 입원

사시 하게 되었다. 그는 병실에서 죽음의 공포에 직면했으며, 퇴원 후에도 계속해서 삶과 죽음의 본질에 대한 고뇌에 사로잡혔다. 그 이후 일어난 일에 대한 후쿠오카의 이야기를 읽으며 나처럼 그도 해오라기와의 만남에서 깨달음을 얻었다는 사실을 알고 깜짝 놀랐다.

> 그날 밤 나는 떠돌다가 항구가 내려다보이는 언덕 위에 쓰러져 커다란 나무 둥치에 기대 까무룩 잠이 들었다. 그렇게 잠든 것도 아니고 깬 것도 아닌 상태로 새벽까지 그곳에 앉아 있었다. 그날이 5월 15일 아침이었다는 것이 지금도 기억난다. 멍한 상태로 항구가 점점 밝아오는 광경을 바라보았다. 일출을 바라보면서도 어째서인지 보고 있지 않았다. 언덕 아래에서 바람이 불어오자 아침 안개가 갑자기 사라졌다. 바로 그때 해오라기 한 마리가 나타나 날카롭게 울고는 멀리 날아갔다. 날개를 퍼덕이는 소리가 들렸다. 순간 모든 의구심과 음울한 안개 같던 혼란이 사라졌다. 내가 굳게 믿었던 모든 것, 내가 평소에 의지했던 모든 것이 바람에 휩쓸려갔다. 그때 무언가 깨달은 느낌이 들었다. 생각해보기도 전에 말이 입에서 먼저 튀어나왔다. "이 세상에는 아무것도 없다…" 무無를 깨달은 기분이었다.[13]

후쿠오카는 이 깨달음을 궁극의 겸허로 요약하며 장자를 떠올리게 하는 말을 남겼다. "인간은 아무것도 모른다. 그 무엇에도 내재적 가치가 없으며, 모든 행동이 무용하고 무의미한 노력이다." 후쿠오카가 무위 농법이라는 새로운 기술에 이를 수 있었던 것은 바로 이러한 겸허함 덕분이었다. 땅에 자연의 지혜가 작동하고 있으므로 농부가 할 수 있는 가장 지혜로운 일은 가능한 한 간섭하지 않는 것임을 인식한 것이다. 물론 그렇다고 해서 전혀 간섭하지 않은 것은 아니다. 후쿠오카는 가지치기 없이 과일나무를 기르려 했던 시도를 회상한다. 나무의 가지는 서로 뒤엉켜버렸고 과일은 곤충의 습격을 받았다. 그는 "이건 유기지, 자연농법이 아니다"라고 말한다. 후쿠오카는 끈기 있게 귀 기울이고 관찰하면서 지나친 조작과 유기 사이의 적절한 지점을 발견했다. 후쿠오카의 기술은 자신이 돌보는 생태계의 고요하고 인내심 있는 협력자가 되는 것이었다.

제데디아 퍼디Jedediah Purdy는 저서 『자연 이후After Nature』에서 유사 이래 다양한 자연관이 가치와 주체성에 관한 일련의 정치적 믿음과 결합해 위계적 사회질서와 인종차별주의, 산업 생산성에 대한 집착 등을 정당화하는 데 이용되었음을 보여준다. 모든 사례에서 사람들과 정부는 자연을 ('자연 자본' 개념이든 '깨끗한 배낭여행족의 자연' 개념이든) 인간 세계와 완전히 동떨어진 것으로 이해했다.

퍼디는 자연과 문화의 구분을 해체하며 인류세의 시기에는 자연을 분리된 것이 아니라 협력해야 할 파트너로 이해해야 한다고 말한다. 깨달음을 얻은 후의 후쿠오카처럼, 인간은 '계속 살아가기 위해 필요한 일'을 함께하는 자연의 법칙에 따른다는 이치를 겸허히 받아들여야 한다.

> 현대생태학은 세상을 변화시키는 생산적 행위라 여겨지는 산업뿐 아니라 매년 매 세대 삶을 새로이 만드는 재생산까지 '노동'에 해당한다는 사실을 깨닫게 한다. 이러한 관점에서 자연의 일을 바라보면 환경정치는 페미니즘의 핵심적인 통찰과 같은 입장을 취하게 된다. 사회적으로 반드시 필요한 노동이 뒤늦게 덧붙여진 젠더화된 개념인 '돌봄'으로 무시되거나 평가절하되고 있지만, 현실에서 돌봄 없이는 그 어떤 삶도 없다는 통찰이다.[14]

퍼디의 권고는 '유지 예술 선언문'에서 미얼 래더맨 유켈리스가 한 주장을 떠올리게 한다. "나의 노동이 곧 작품이다." 이 말을 가슴에 새긴다면 우리는 착취와 파괴의 구조뿐 아니라 우리가 진보를 이해하는 언어 자체까지 해체하게 된다. 이 주장은 우리에게 멈춰서 돌아선 뒤 다시 일에 착수할 것을 요구한다.

의지만 있다면 명백한 해체의 사례를 찾는 것은 어렵지 않다. 현대 생태지역주의의 창시자인 피터 버그는 1980년대에 샌프란시스코에 있는 자기 집 앞에서 '약간의 명백한 해체'를 실행했다. 후쿠오카처럼 버그도 잡초에서 영감을 얻었다. 포장된 인도의 틈 속에서 자라난 잡초였다. 버그는 시의 허가를 얻어 콘크리트를 벗겨내고 토착종을 심었다. 그는 방문객들을 안내하며 이 식물들의 씨앗이 다른 보도의 틈 사이로 날아가 유럽의 침입종 대신 토착종을 온 데에 퍼뜨려주리라 믿으며 남 몰래 즐거워하고 있다고 말했다.[15]

좀 더 최근 사례들도 있다. 소살강의 복원을 위해 1996년에 설립된 오클랜드의 지역단체 '소살강의 친구들Friends of Sausal Creek, FOSC'은 콘크리트 수로 밑을 흐르던 강의 일부를 땅 위로 복원하고 주변에 다시 토착종을 심었다. UC 버클리 대학교의 한 수업에서는 어번릴리프Urban Releaf와 협력해 해안에 자생하는 참나무 일흔두 그루를 키워 오클랜드 서부와 동부에 있는 지역에 기증하기로 했다. 물수리들이 리치먼드의 전 해군 부지였던 곳에서 다시 둥지를 틀기 시작했다. 이 지역의 탁월한 역사가이자 『나우토피아』의 저자 크리스 칼슨Chris Carlsson은 샌프란시스코의 생태계 및 노동의 역사를 소개하는 자전거 투어를 진행했다. 오클랜드 메시 네트워크를 책임지는 단체 수도 메시Sudo Mesh는 기부받은 노트북을 고쳐서 컴퓨터를 살 여유가 없는 청년들과 활동가에게 제공한다. 스탠퍼드 대학교는 가톨릭 신부 후니페로 세라Junípero Serra가 19세기 캘리포니아에서 원주민 부족을 노예로 삼고 집단 학살을 자행한 사실을 언급하며 학교 캠퍼스에 있는 건물에서 그의 이름을 뺐다.

내가 제시할 수 있는 명백한 해체의 가장 좋은 사례는 '웨스트 버클리의 조개무지와 마을 부지를 보호하라Save

West Berkeley Shellmound and Village Site'라는 이름의 오론 부족 단체다. 2017년 나는 마캄함mak-'amham이라는 단체가 개최한 행사에 방문했다. 오론 부족 사람들이 전통 음식을 나누는 행사였다. 우리는 예르나 부에나 차를 마시고 도토리로 만든 플랫브레드(내가 처음으로 먹어본 참나무 열매 요리였다)와 함께 샹트렐 버섯 요리를 먹었다. 식사 중간중간에 무웨크마 오론 부족 위원회의 대표인 빈센트 메디나Vincent Medina가 현재 웨스트 버클리에 있는 오론 조개무지 자리에 콘도를 세우는 계획이 추진되고 있다고 이야기했다. 조개무지는 베이 지역 곳곳에 있는 신성시되는 매장터로, 한때는 조개껍데기가 쌓여 거대한 무더기를 이루었다. 현재 조개무지는 다 허물어졌으나 매장터 밑에는 여전히 시신이 묻혀 있다. 콘도를 세우겠다는 부지에는 이 지역에 처음 등장한 부락의 것일 수도 있는 수천 년 된 매장터가 있으며, 현재는 생선 요리 레스토랑의 주차장으로 쓰이고 있다. (사실 나는 이곳에서 남쪽으로 조금 더 내려가면 나오는, 사람들이 오로지 이케아에 갈 때만 사용하는 조개무지 도로가 20세기에 다른 건물로 개발된 또 다른 오론 조개무지 터에서 이름을 따왔다는 사실을 알고 무척 당황스러웠다. 당시 이 개발 프로젝트에 참여한 노동자들은 수십 개의 매장터를 건드렸고, 그중에는 아기와 함께 있거나 팔다리가 뒤얽힌 성인의 시신이 단체로 묻혀 있는 곳도 있었다.[16]) 웨스트 버클리에 콘도를 지으려면 지상 주차장과 상점의 터를 닦기 위해 조개무지 밑을 파내야 한다.

여기서 '아무것도 하지 않음'(또는 웨스트 버클리에 아무것도 짓지 않음)의 정치적 성격이 명백히 드러난다. 그러나 개발에 반대한다는 점을 제외하면 오론 부족이 제안하는 내용은 아무것도 하지 않음을 넘어선다. 2017년, 오론 부족의 여성 족장인 루스 오르타Ruth Orta와 코리나 굴드Corrina Gould는 버클리의 한 조경 전문가와 협업해 이 부지에 새로운 미래상을 그렸다. 바로 캘리포니아 양귀비 꽃으로 뒤덮인, 조개무지의 본래 형태를 반영한 12미터 높이의 인딕을 쌓는 것이었다. 이 계획에는 다른 토착 식물을 심고, 오론 부족이 의례를 치를 때 사용할 정자 무대를 짓고, 부지 아래에 흐르는 스트로베리강의 일부를 땅 위로 복원하는 내용도 포함되었다. 이 살아 있는 기념물은 오론 부족 원주민에게도 무척 중요한 의미겠지만, 나는 이 계획이 더욱 의식적으로 이곳에 머물고자 하는 다른 이스트베이 주민들에게도 믿기 힘들 만큼 너그러운 조치라고 생각한다. 굴드 또한 이 계획을 우리 모두가 "자신의 연민과 양심, 겸손함을 기억하고, 다시 함께 인간이 되는 방법을 배울" 기회로 묘사했다.[17]

앞으로 어떻게 살면 좋을지에 대한 단 하나의 방법을 제시하며 이 책을 마무리하고 싶은 유혹이 있지만 그러지 않으려 한다. 관심경제의 위험성은 로그오프하거나 설득적 디자인 기술의 영향력을 물리친다고 해서 피할 수 있는 것이 아니기 때문이다. 관심경제의 위험성은 공공장소와 환경

정치, 세금, 인종 문제가 교차하는 지점에서도 나타난다.

다음 두 가지 사실을 차례로 고려해보자. 첫째, 부유한 동네는 보통 언덕이나 물가에 있고, 부유한 동네의 주민은 거의 언제나 도시공원이나 정원에 더 쉽게 접근할 수 있다. FOSC 설립자 중 한 명인 마크 라우존Mark Rauzon은 내게 처음 단체를 만들었을 때 변호사와 건축가, 조경 설계사를 어렵지 않게 구할 수 있었던 것은 주변 지역이 부촌이었기 때문이라고 말했다. 이들은 모두 땅과 집을 소유한 전문직 종사자였다. 이와 달리 오클랜드 서부와 동부의 주민들은 동네의 유역을 관리하거나 심지어 관심을 기울일 여유조차 없이 근근이 살아간다. 그 결과 이러한 동네의 주민들에게는 휴식을 취하고 이웃들과 함께 시간을 보낼 물리적 공간이 훨씬 적으며, 그나마 있는 공간들도 아마 제대로 관리되지 않을 것이다.

둘째, 이제 레스토랑에 있는 거의 모든 아이가 유튜브의 알고리즘이 추천한 기이한 어린이 콘텐츠를 보고 있는 것과 달리,[18] 빌 게이츠와 스티브 잡스는 집에서 자녀들의 디지털 기기 사용을 엄격히 제한했다. 폴 루이스Paul Lewis가 《가디언》에 보도한 것처럼 '좋아요' 버튼을 만든 페이스북 엔지니어 저스틴 로즌스타인Justin Rosenstein은 자신이 휴대폰에 앱을 다운로드하지 못하도록 비서를 시켜 자기 휴대폰에 부모가 자녀의 휴대폰 사용을 통제하는 기능을 깔도록 했다. 트위터 피드의 '당겨서 새로고침' 기능을 개발한 엔지니어 로렌 브릭터Loren Brichter는 자신의 발명을 후회한다. "당겨서 새로고침은 중독적이다. 트위터는 중독적이다. 좋은 것이 아니다. 그 기능을 만들 때 나는 결과에 대해 숙고해볼 만큼 충분히 성숙하지 못했다."[19] 한편 브릭터는 뉴저지에 자신의 집을 짓는 데 집중하느라 디자인 작업을 뒤로 미루고 있다. 휴대폰 사용을 통제해줄 개인 비서가 없는 우리는 계속 당겨서 새로고침을 하고, 저글링을 하듯 일하면서 제정신을 유지해야 하는 과로한 편부모들은 아이들의 얼굴 앞에 아이패드를 붙여놓을 수밖에 없다.

이 두 가지 사실은 각자의 방식으로 내게 관심의 빗장 공동체gated community의 섬뜩한 가능성을 암시한다. 관심의 빗장 공동체는 (모두가 아닌) 소수만이 다양한 관심과 사색에서 나오는 결실을 누리는 특권적 장소다. 내가 이 책에서 말하고자 한 요점 중 하나(생각과 대화에는 물리적 시공간이 필요하다)는 곧 기술정치가 공공장소나 환경의 정치와 단단히 얽혀 있음을 의미한다. 관심경제의 영향뿐 아니라 이러한 영향이 다른 불평등의 현장에서 어떻게 펼쳐지는지까지 고려할 때에야 비로소 이 매듭을 풀어낼 수 있다.

같은 이유로 다양한 장소에서 명백한 해체를 실행할 수 있다. 우리가 있는 장소나 각자가 가진 특권과 상관없이 우리가 되돌릴 수 있는 것이 있을 것이다. 때로는 그저 관심을 철회함으로써 관심경제를 보이콧하는 것이 우리가 취할 수 있는 유일한 조치일 수 있다. 어떤 때에는 기술의 설득적 디자인뿐 아니라 환경정치, 노동권, 여성권, 원주민 권리, 인종차별 금지 계획, 공원과 열린 공간을 위한 대해, 서식지 복원 같은 것들에 영향을 미칠 방법을 적극적으로 찾아볼 수 있다. 이는 곧 통증이 신체의 한 부분이 아니라 전신의 불균형에서 비롯된다는 사실을 이해하는 것과 같다. 모든 생태계에서와 마찬가지로, 이러한 분야에서 우리가 들인 노력의 결실은 당연히 다른 쪽으로도 퍼져 나갈 것이다.

개인의 신체는 치유될 수 있고, 건강해질 수 있다. 그러나 최적화될 수는 없다고 본다. 어쨌거나 신체는 기계가 아니기 때문이다. 나는 사회적 몸도 마찬가지라고 생각한다. 인류는 (무엇에 대한 생산성인지 모를) 생산성의 1퍼센트만 발휘하고 있다는 『월든 투』 속 프레이저의 탄식을 떠올리면, 명백한 해체가 생산성이라는 북극성 대신 어떤 목표를 좇아야 하는지에 대한 의문이 생길 수 있다. 퍼디가 '계속 살아가는 것'이라 칭한 것의 모호한 순환성 너머에 목적 없는 목적론이 있을 수 있을까?

그 대답으로 나는 크리스 J. 쿠오모가 인간을 '절대적인 윤리적 대상'으로 상정하는 움직임에 이의를 제기한 『페미니즘과 생태 공동체』로 다시 돌아가고자 한다. 정체성과 공동체, 윤리의 생태학적 모델을 주장한 것 외에도 쿠오모는 목적론을 포기할 가능성을 암시한다. 내게 이 주장은 제멋대로이지만 제대로 기능하는 후쿠오카 마사노부의 농장과 비슷하게 다가온다.

> 윤리적 행위자는 미리 결정된 조화의 상태나 정적 평형, 또는 그 어떤 궁극적 상태에 다다를 희망 없이 세

> 상과 어떻게 협상할 것인지를 결정할 수 있다. 목적론의 포기는 우리의 결정과 행동이 완벽한 조화나 질서를 가져올 것이라는 희망의 포기를 수반한다. 이러한 비목적론적 윤리는 미리 정해진 목적을 실현하거나 주어진 역할을 연기하고자 하는 욕망에서 동기를 얻을 수 없다. 그러나 우리가 불가피하게 살게 된, 질서와 혼란이 공존하는 우주를 소중하게 여기는 것이 동기가 될 수 있다. 그리고 역시나 불가피해 보이는 주체적 선택을 통해 이 우주의 소중한 다른 구성원이 심각하게 파괴되지 않도록 막는 것이 가치 있는 일이라고 판단할 수 있다.[20]

이는 목적 없는 목표이자, 하나의 지점에서 끝나는 대신 끝없는 재협상 속에서 다시 처음으로 돌아오는 관점이다. 누군가에게는 목적 없는 목표나 목표 없는 계획 개념이 익숙하게 느껴질 수도 있다. 실제로 이 개념은 오로지 목격하고, 쉴 곳이 되어주고, 믿기 힘들 정도의 인내를 보인 것이 유일한 '성취'인 우리의 오랜 친구, 쓸모없는 나무의 이야기처럼 들린다.

역사를 돌아본 베냐민은 더 넓은 영토를 향한 가로행진이나 기술적 진보 개념과는 다른 움직임을 목격했다. 그가 목격한 것은 보상받지 못한 일련의 우발적 순간들이었고, 그 안에서 사람들은 거듭 지배계급과 싸웠다. 1914년에 베를린 자유학생연맹Free Student League 앞에서 한 연설에서 베냐민은 “궁극적 상태의 요소들은 진보라는 형상 없는 경향으로 나타나지 않는다. 그 대신 위태롭고 비난당하고 조롱받는 창조와 아이디어로서 현재의 모든 순간에 내재해 있다”라고 말했다.[21] 마치 두 개의 끝이 서로 만나려고 분투하듯이, 역사의 모든 순간에는 늘 무언가가 태동하고 있었다.

이런 맥락에서 보면 역사가의 일은 상상 속 진보의 과정에서 등을 돌리고 잔해 속에서 충동의 기록을 파내는 것, 과거를 현재 속에 살게 하는 것, 현상을 있는 그대로 보여주는 것이다. 명백한 해체도 이와 유사하다. 명백한 해체는 훼손dismembering의 반대인 재구성re-membering의 의미에서 우리에게 기억remember할 것을 요구한다. 역사의 천사가 무심하게 현상을 유지하는 데서 더 나아가 ‘죽은 자들을 깨워 부서진 것들을 다시 이어 붙이’려 한다는 사실을 상기하자. 비록 (절대로) 전과 똑같아지지는 않겠지만, 콘크리트를 부수고 고속도로를 철거하는 것은 공동체를 다시 이어 붙이는 작업의 시작점이다.

기술결정주의의 탄압과 역경에 맞서 ‘연이은 재앙 사이에 있는 작은 틈’들은 계속 자라나고 있다. 자연과 문화는 여전히 장자의 쓸모없는 나무처럼 착취에 저항하며 자기 품속의 삶을 보호하려 한다. 소살강을 따라 새로 심은 오리나무들이 지금도 계속 자라나고 있다. 오론 부족의 푸드 팝업스토어였던 마캄함은 올해 정식 카페를 열었고, 오픈 첫날 문밖에 긴 줄이 늘어섰다. 어쨌거나 지금은 철

새가 매해 다시 돌아오고, 나는 아직 알고리즘으로 축소되지 않았다.

두 개의 끝은 여전히 만나려고 애쓰고 있다. 훗날 베냐민은 이러한 움직임을 다음과 같이 묘사했다. "꽃들이 태양을 향하듯이, 과거도 은밀한 향일성(해를 쫓는 식물의 성질-옮긴이)을 지니고 역사의 하늘에 떠오르는 태양을 쫓으려고 분투한다."[22] 이 이미지는 나에게 시간이 멈춘 듯했던 어느 날의 장미 정원을 떠올리게 했다.

이 책의 대부분을 쓴 내 스튜디오는 오클랜드의 선적항 근처, 예전에는 공장으로 사용하던 건물에 있다. 오늘은 이곳으로 오는 길에 7번가를 요란하게 때려 부수는 트레일러트럭들의 만만찮은 공격을 뚫고 미들하버 해안공원에 갔다. 이 놀라운 공원은 열심히 움직이는 크레인과 샌프란시스코 베이 사이에 있는, 모래와 축축한 땅으로 이루어진 좁은 공간이다. 19세기에 이 부지는 서던 퍼시픽 철도의 서부 종점으로 사용되었고, 제2차 세계대전 때는 미 해군 태평양 함대의 보급기지였다. 결국 이 부지는 오클랜드항 소유가 되었고, 오클랜드항은 이곳을 오클랜드 서부에 있는 몇 안 되는 공원 중 하나로 탈바꿈시켰다.

샌프란시스코 베이에 면한 대부분의 땅과 마찬가지로 이곳도 한때는 습지 생태계였다. 그러나 항구를 짓는다는 건 배가 드나들기 위해 얕은 물을 준설한다는 뜻이었다. 2002년에 이 땅의 소유권을 얻은 오클랜드항은 물떼새 개

새 수를 늘리고자 퇴적물을 이용해 다시 서식지와 해변을 만들었다. 또한 오클랜드의 공동체 활동가이자 환경운동가였던 셰펠 R. 헤이스Chappell R. Hayes의 이름을 딴 전망탑도 지었다. 헤이스는 위기에 처한 청년들을 위한 프로그램을 운영하고, 고속도로를 오클랜드 서부에서 더 먼 곳으로 옮기는 데 일조하고, 사용이 끝난 핵연료봉을 근처 항구를 통해 옮기는 데 반대하는 시위를 열고, 자신이 속한 위원회와 협의회에서 환경 인종주의에 대한 인식을 고취한 인물이었다.

2004년에 열린 전망탑 개관식에서 전 시의회 의원이었던 낸시 나델Nancy Nadel은 작고한 남편 헤이스가 지역 청년들이 오클랜드 서부의 새집들에 울타리를 제공하는 목공 회사를 차릴 수 있도록 도운 일화를 이야기했다. 그리고 헤이스의 비영리단체가 나무에 정확히 수직으로 구멍을 내도록 돕는 도구인 '도웰링 지그doweling jig'에서 이름을 따왔다고 말하며, "스트레스를 받거나 중심을 잃은 사람이 있을 때 셰펠이 가장 많이 했던 말은 앞으로 고꾸라지지도, 뒤로 넘어지지도 말고 땅 위에 수직으로 꼿꼿이 서 있으라는 것"이었다고 회상했다.[23]

기억할지 모르겠지만 이 책은 오클랜드의 산맥에서 시작했다. 이 책의 끝은 이곳, 풍경과 소리가 산맥과 이보다 더 다를 수 없는 오클랜드의 서쪽 끝에서 맺고자 한다. 오늘 이곳은 트럭, 컨테이너를 제자리에 착착 놓는 크레인, 삐 소리를 내며 후진하는 산업 차량의 소음으로 가득하다. 그리고 사람들 몇 명이 점심시간을 이용해 산책이나 조깅을 하고 있다. 나는 쌍안경을 꺼내 형태가 약간 바뀐 해안으로 향한다.

일직선으로 뻗은 항구 가장자리와 오래된 페리 정박지 사이의 넓지 않은 진창 위에서 작은 것들이 움직이고 있다. 쌍안경으로 들여다보니 그것들은 뒷부리장다리물떼새와 세가락도요새, 큰도요새, 큰노랑발도요새, 쇠백로, 어미 대백로와 새끼 대백로, 서부갈매기, 흑꼬리도요새, 종달도요새, 마도요새다. 더 멀리 있는 암초 위에는 검은머리물떼새와 가마우지, 큰청왜가리가 있고, 심지어 헤이워드 지역의 자원봉사자들이 개체수 보호에 적극적으로 나서고 있는 멸종 위기종 제비갈매기도 있다. 이 중 어떤 새들은 엘크혼슬라우에서도 만날 수 있다. 그러나 이곳은 운영 중인 선적항이지, 야생동물 보호구역이 (공식적으로는) 아니다. 즉, 이 해변은 과거의 잔류물이라기보다는 미래에 대한 희망을 품은 술책이자 새들의 귀환을 요청하는 초대장이다. 그리고 실제로 새들은 돌아왔다.

이 모든 움직임 위로 가장 커다란 새들이 날아올랐다. 갈색펠리컨이다. 갈색펠리컨도 한때는 멸종 위기종이었으며, 어떤 면에서는 지금도 그렇다고 할 수 있다. 20세기 초에 갈색펠리컨은 사냥감이 되어 멸종 직전에 이르렀고, 1970년대에 농약 DDT가 금지되기 전까지 또 한 번 큰 시련을 겪었다. 2009년에 멸종 위기종 목록에서 빠지긴 했지만 서식지가 사라지면서 갈색펠리컨의 개체 수는 오르락내리락하고 있다. 그러나 올해 나는 전에는 본 적 없던 펠리컨을 목격했다는 말을 많이 들었다. 이 공원에 오기

작년에는 애호가 게일 와이드Gail Wight에게 몇 년간 몇 마리뿐이던 펠리컨이 자기 집 근처에 있는 해변에 거의 50마리나 찾아왔다는 내용의 이메일을 받았다. 수많은 펠리컨이 얼굴을 볼 수 있을 만큼 가까운 거리에서 날아가고 있고, 2미터 가까운 길이의 유쾌한 날개로 내게 인사를 건넨다.

그 뒤로 샌프란시스코의 스카이라인이 솟아 있다. 새로 지은 세일즈포스 타워와 고층 콘도도 보인다. 눈을 가늘게 뜨고 보면 내가 옛날에 일했던 회사의 건물도 찾아낼 수 있을 것 같다. 아마 그곳에서는 지금도 '브랜드의 기둥'에 대해 논의하고 있을지 모른다. 그때는 모든 것이 워낙 빠르게 움직여서 봄 1, 봄 2, 봄 3 카탈로그가 따로 있었다. 그러나 펠리컨은 이 모든 것들을 재미없는 농담으로 만들었다. 올리고세 시대의 화석을 보면 펠리컨의 구조는 3천만 년 동안 거의 바뀌지 않은 것으로 보인다. 아주 오랫동안 그랬듯이 펠리컨은 겨울이 되면 남쪽의 채널 제도나 멕시코로 날아가 역시나 구조가 거의 변하지 않은 둥지를 지을 것이다.

지금 이 나이 많은 생존자들은 나처럼 이곳, 과거에 전쟁 물자를 보급하던 장소에 자리를 잡았다. 오늘 갈색 펠리컨을 만날 줄은 몰랐지만 어쩌면 이것이 (받아들일 준비가 된 사람들에게) 명백한 해체의 가장 좋은 사례인지도 모른다. 콘크리트의 틈 사이를 비집고 열 때 우리는 생명 그 자체와 만난다. 그 이상도 이하도 아니며, 그밖에 다른 것은 없다.

앞으로 고꾸라지지도, 뒤로 넘어지지도 않고 땅 위에 꼿꼿이 서서, 나는 펠리컨들이 만드는 뜻밖의 장관 앞에서 내가 느끼는 감사를 어떻게 표현할 수 있을지 떠올리려 애쓰고 있었다. 그 답은 아무것도 하지 않는 것, 그저 바라보는 것이었다.

이 책이 나올 수 있었던 배경에 관해 가장 먼저 하고 싶은 말은 내가 무웨크마 오론 부족의 땅 위에서 살아가며 일한다는 것, 그리고 자신들의 문화를 다른 사람들과 함께 나눈 오론 부족의 친절이 언제나 많은 영감을 주었다는 점이다. 나 같은 예술가와 작가들이 베이 지역에 머물 수 있게 도와주는 공간 300 제퍼슨 스튜디오를 운영하는 데이비드 래티머와 에스터 애시바흐에게도 감사를 전한다. 예술가이자 한 명의 인간으로서, 장미 정원을 유지 관리해주는 공무원과 자원봉사자 그리고 내가 생각을 정리한 모든 열린 공간의 관리자분들에게 신세를 졌다. 남자 친구이자 동료 작가인 조 베익스는 함께 나눈 대화와 식사, 온기, 가끔 산속으로 떠나야 하는 나의 욕구에 대한 무조건적인 존중으로 이 책에 큰 도움을 주었다. 아이오 페스티벌의 조직자 데이브 슈뢰더, 제르 소르프, 웨스 그러브스, 케이틀린 레이 하거튼은 나를 무턱대고 믿고 '아무것도 하지 않는 법'이라는 제목의 강연을 맡겨줌으로써 이 책이 세상에 나올 수 있게 해준 점 외에도 참신하게 비판적이고 매우 인간적인 기술관을 지닌 공동체를 마련해주었다는 점에서도 마땅히 감사를 표해야 한다. 애덤 그린필드는 '아무것도 하지 않는 법' 강연이 책이 될 수 있다는 생각을 처음으로 내 머릿속에 심어주었고 출판하기까지의 과정에서 큰 도움을 주었다. 나를 멜빌 하우스와 연결해준 잉그리드 버링턴과 신진 작가에게 기회를 준 테일러 스페리를 비롯한 멜빌 하우스의 직원들, 믿고 의지할 수 있는 편집자가 되어주고 나의 사기를 높여준 라이언 해링턴에게도 한없는 감사를 전한다.

나의 부모님 두 분 모두 이 책에 등장한다. 너그러움의 대명사인 어머니는 그동안 내가 해온 거의 모든 일들에서 나를 도울 수 있는 기발한 방법을 찾아냈고, 아이들과 함께한 어머니의 작업은 돌봄과 유지를 강조한 이 책의 내용에 많은 영향을 미쳤다. 전기 기술자 일자리와 산꼭대기를 주기적으로 오가는 아버지는 내게 세상을 바라보는 특별한 방식을 심어주었다. 언젠가 증강현실이 뭔지 아느냐고 묻자 아버지는 이렇게 대답했다. “증강현실? 내가 지금 그 안에 살고 있잖아.”

마지막으로, 매일 아침 나의 발코니를 방문해주고, 자기보다 볼품없는 호모사피엔스를 향해 낯선 관심을 보여준 두 까마귀 크로우와 크로우선에게 감사를 전하고 싶다. 모두가 자신이 사는 동네에서 자기만의 뮤즈를 찾을 수 있기를 바란다.

해제

돌봄과 유지의 윤리

— 최태윤(예술가, 뉴욕 시적연산학교 공동 설립자)

나는 2017년 여름 미니애폴리스에서 열린 아이오 페스티벌에서 제니 오델을 처음 만났다. 제니는 페스티벌의 마지막 날 강가에 있는 넓은 부지에서 강연을 했다. 기술자와 디자이너, 예술가, 큐레이터 등 6백명이 넘는 청중이 모였다. 이 책의 첫 장이 된 제니의 강연은 개인적이면서도 정치적인 것이었다. 활기 넘치는 슬라이드 쇼를 곁들인 45분의 강연이 끝나자 청중들은 열정적으로 화답했다. 나 또한 아이오 페스티벌에서 예술에 대해, 예술가가 운영하는 학교에서 학생을 가르치는 일에 대해, 다양한 행동주의와 사회정의를 위한 활동에 참여하는 일에 대해 강연했다. 제니와 나의 세계는 비슷한 관심사와 사람들, 관계들로 포개져 있다. 미니애폴리스의 한 에티오피아 레스토랑에서 제니는 내게 'FUCK TRUMP'라고 쓰인 작고 귀여운 알록달록한 스티커를 주었다. 1년 후 나는 제니가 이 책을 쓰던 오클랜드의 300 제퍼슨 스튜디오를 찾았다. 그로부터 다시 1년 후, 제니의 책이 출간되어 큰 성공을 거둔 뒤 우리는 브루클린에 있는 프로스펙트 공원을 거닐며 새들을 관찰했다. 온화한 영혼과 유연한 시각을 지닌 제니와의 대화는 즐겁다. 그는 유머와 상상력이라는 도구로 세상을 바라보는 예리한 관찰자다. 우리의 섬세한 관심을 요구하는 매력적이고 도전적인 질문을 던지는 이 책이 한국에서 출간되어 무척 기쁘다. 이제부터는 제니가 사용한 비관습적인 용어 중 일부를 풀어보려 한다.

아무것도 하지 않는 법. 이 제목은 의도적으로 오해를 불러일으킨다. 소셜미디어(흔히 말하는 SNS)를 건강하게 사용하는 법에 대한 책을 읽고 싶은 사람은 어쩌면 실망할지도 모른다. 『아무것도 하지 않는 법』은 우리의 스크린 타임을 줄여주는 자기계발서가 아니다. 이 책은 지역을 중심으로 지속 가능한 정치·경제·문화 시스템의 철학을 만들어가는 생태지역주의를 통해 자연과 더욱 깊은 관계를 맺고 자신이 위치한 시공간에 더욱 충실하게 존재하려는 한 시각 예술가의 시도다. 어떤 독자들은 이 책의 문체를 따라가기가 어려울지도 모른다. 이 책은 철학과 예술, 기술, 사회정의 분야의 다양한 사례로 가득하다. 서두에서 제니는 이 책을 자신이 가르치는 학생들에게 헌정했는데, 여기서 이 사례들에 교육적 맥락이 있음을 알 수 있다. 제니는 때로는 뚜렷한 연결점 없는 사례들을 시적인 문체로 엮어나간다. 기성품이나 자신이 발견한 물건에 새로운 목적을 부여하는 과정 중심적인 제니의 예술 프로젝트처럼, 이 책 또한 그 자체로 하나의 과정이자 제니가 수집한 여러 디테

일을 쌓아 올린 비계飛階다. 결국 이 책을 쓰고 읽는 경험은 그 자체로 아무것도 하지 않으려는 시도다.

관심경제는 인간의 관심을 희소한 재화로 취급한다. 나와 비슷한 독자라면 하루에만 휴대폰을 3천번쯤 확인할지 모른다. 나는 아무것도 하지 않을 때마다 내가 가장 즐겨 사용하는 앱인 인스타그램과 트위터를 열고 타임라인을 훑는다. 이 타임라인은 알고리즘이 나를 위해 선별한 정보와 선정적 자극으로 넘쳐난다. 소셜미디어의 타임라인을 피드feed라고 부르는 것도 당연하다. 타임라인이 말 그대로 내 의식의 먹이가 되기 때문이다. 나는 소셜미디어에 복잡한 감정을 느낀다. 한편으로는 내게 기쁨과 길티 플레저를 안겨주는 콘텐츠에 푹 빠질 자유를 누리고 싶다. 또한 소셜미디어는 멀거나 가까운 곳의 친구들과 계속 연락할 수 있게 해준다. 그러나 다른 한편으로는 소셜미디어의 중독성과 종속성에서 멀어지고 싶은 마음도 존재한다. 소셜미디어가 마치 일처럼 여겨진다는 것, 내가 소셜미디어를 하면서 일을 한 것 같은 만족을 느낀다는 점도 걱정스럽다. 제니 역시 관심경제에 역동적 관점을 가지고 있다. 때로는 부정적이고("이 참여 여부냐 참여 방식이냐의 문제는 관심경제가 작동하는 배경인 절망을 대하는 유용한 태도를 제시한다"), 때로는 긍정적이다("평생 그냥 지나쳤던 식물들의 이름을 알아내려고 아이내추럴리스트 앱을 들여다보기도 했다. 그러자 나의 현실 속에 점점 더 많은 행위자가 나타났다"). 소셜미디어의 이 이중성, 소셜미디어에 대한 우리의 양가감정과 방어적 태도가 바로 관심경제의 화폐다.

새 알아차리기는 우리의 주변 환경에 더욱 관심을 기울이는 행위다. 새 알아차리기는 자연으로의 도피가 아니다. 새를 알아차림으로써 우리가 위치한 시간과 공간을 주의 깊게 관찰하게 되고, 이는 일종의 훈련 과정이다. 이 책을 읽은 독자들도 무언가를 알아차리기 시작할 수 있다. 알아차리는 생명체가 반드시 새를 비롯한 동물일 필요는 없다. 나는 이끼와 지의류에, 생물체와 무생물체 사이의 상호의존적 협력에 마음을 빼앗겼다. 새나 지의류, 또는 당신이 끌리는 다른 대상을 한번 알아차리기 시작하면 그들의 생태계와 그들이 놓인 시공간 속의 공생관계를 연이어 알아차리게 된다.

아무것도 하지 않는 것은 정말로 아무것도 하지 않는다는 뜻은 아니다. 아무것도 하지 않는 것은 생산성의 틀 안에 들어가야 한다는 압박을 넘어서겠다는 적극적 결정이다. 이 책은 특정 시공간, 더 정확히 말하면 미국의 전前 대통령 도널드 트럼프가 당선된 이후 이어진 지난한 시간의 결과물이다. 트럼프 정권과 친트럼프 성향의 '미국을 다시 위대하게 만들기 운동MAGA' 추종자들, '침묵하는 다수'는 정책뿐 아니라 끊임없는 소셜미디어 사용을 통해 잔혹 행위와 인종차별, 성차별을 정상화했다. 잔혹 행위는 오늘날까지도 계속되고 있다. 2020년 5월, 제니가 강연을 했던 미니애폴리스에서 무기를 소지하지 않은 흑인 남성이 백인 경찰에게 살해당했다. 그 남성의 이름은 조지 플로이드다. 그해 여름 내내 전국에서 '흑인의 목숨은 소중하다(Black Lives Matter)'와 '경찰 예산을 삭감하라(Defund the Police)'라는 구호를 중심으로 시위가 이어졌다. 2021년 3월, 한 백인 남성이 애틀랜타에 있는 스파에서 무고한 사람에게 총을 쐈고, 피해자의 대부분이 아시아 여성이었다. 이 사건은 많은 아시아인, 특히 여성과 서비스 산업 종사자들이 미국에서 겪는 끔찍한 인종차별과 성차별을 상기시킨다. 이렇게 긴 시간에 걸쳐 이어져온 제도적 인종차별이 엄중한 심판대에 오르면서 많은 사람이 자신이 충분히 행동에 나서지 않는다고 생각하거나, 혹은 자신이 너무 많은 일을 하려 한다고 생각하고 행동주의에 대한 피로감과 번아웃을 느끼게 되었다. 아무것도 하지 않는 것은 관조적인 예방책이자, 아침에 유의미한 싸움을 하기 위해 밤에 힘을 충전하는 행위다. 아무것도 하지 않는 것은 "그 자리에서의 저항"이며, 이는 곧 "스스로를 자본주의적 가치 체계에 쉽사리 이용당하지 않는 모습으로 만드는 것"이다.

코페르니쿠스적 전환, 또는 코페르니쿠스적 혁명은 세상을 이해하는 방식에서 나타나는 중대한 변화를 의미한다. 르네상스 시기의 폴란드 천문학자 니콜라우스 코페르니쿠스는 지구 중심 우주론과 그 당시의 보편적 믿음에 맞섰고 태양을 우주의 중심에 놓았다. 제니의 코페르니쿠스적 전환은 생산성이 아닌 유지와 회복, 돌봄을 우주의 중심에 놓는다. 성과 중심으로 돌아가는 사회에서 회복과 유지라는 중요한 작업은 실행되지 않는다. 일터에서는 과잉 생산성을, 인간관계에서는 수행성을 중시하는 문화 때문에 우리는 회복하거나 자신의 실수를 책임지려는 노력을 기울이지 않는다. 이는 우리가 사랑하는 사람들을 실망시키고 상처 입히는 결과로 이어진다. 유지와 돌봄을 중시하는 코페르니쿠스적 전환은 수치심과 후회를 내려놓고 진실하게 사과하는 데에서 시작된다. 우리의 우주가 '섬세한 관계망'의 보존을 필요로 한다는 것을 인식할 때, 우리는 절망의 순간을 활기 넘치는 회복의 순간으로 바꿀 수 있다. 회복은 복원에서 시작된다. 이것이 명백한 해체다.

나는 지금 브루클린의 더필드 스트리트에 있는 에어비앤비 아파트에서 이 글을 쓰고 있다. 1년 전에 한국으로 이사했고, 어제 서울에서 비행기를 타고 이곳으로 다시 왔다. 프러시안블루 색깔의 구름 낀 하늘을 배경으로 해가 질 무렵 이 글을 쓰기 시작했다. 1998년에 나온 트라이브 콜드 퀘스트의 명곡 〈Find a Way〉를 들었다. 몇 시간이 흘렀다. 이제 마젠타 오렌지빛 태양이 떠오르고 있다. 아파트 밖에 브루클린-퀸즈 익스프레스웨이 위로 많은 차들이 지나가고, 트럭이 내는 굉음이 이어진다. 지평선 저 멀리서 공공 주택단지의 불빛과 크라이슬러빌딩이 보인다. 지구가 태양 주위에서 또 한 번 자전을 했다.

들어가며 | 쓸모없음의 쓸모에 관하여

1. Richard Wolin, *Walter Benjamin: An Aesthetic of Redemption* (Berkeley: University of California Press, 1994), p.130.
2. Robert Louis Stevenson, "An Apology for Idlers" from *"Virginibus puerisque" and other papers* (Ann Arbor: University of Michigan, 1906), p.108.
3. Seneca, *Dialogues and Essays* (UK: Oxford University Press, 2007), p.142. (『세네카의 대화』, 김남우·이선주·임성진 옮김, 까치, 2016)
4. Cathrin Klingsöhr-Leroy and Uta Grosenick, *Surrealism* (Cologne, Germany: Taschen, 2004), p.34.
5. Zhuang Zhou, *The Complete Works of Zhuangzi*, trans. Burton Watson (New York: Columbia University Press, 2013), p.31.
6. Gordon and Larry Laverty, "Leona Heights Neighborhood News," *MacArthur Metro*, March 2011: https://macarthurmetro.files.wordpress.com/2017/06/met11-03.pdf

1장 | 아무것도 하지 않음에 대한 변론

1. Gilles Deleuze, *Negotiations* (New York: Columbia University Press, 1995), p.129.
2. John Steinbeck, *Cannery Row: Centennial Edition* (New York: Penguin, 2002), p.10. (『통조림공장 골목』, 정영목 옮김, 문학동네, 2008)
3. Tanya Zimbardo, "Receipt of Delivery: Windows by Eleanor Coppola," *Open Space*, January 25, 2013: https://openspace.sfmoma.org/2013/01/receipt-of-delivery29/
4. Pauline Oliveros, *The Roots of the Moment* (New York: Drogue Press, 1998), p.3.
5. Pauline Oliveros, *Deep Listening: A Composer's Sound Practice* (New York:

iUniverse, 2005), xxii.

6. Rebecca Solnit, *Wanderlust: A History of Walking* (New York: Penguin, 2001), p.69. (『걷기의 인문학』, 김정아 옮김, 반비, 2017)
7. John Muir, *The Writings of John Muir* (Boston, MA: Houghton Mifflin, 1916), p.236.
8. Linnie Marsh Wolfe, *Son of the Wilderness: The Life of John Muir* (New York: Alfred A. Knopf, 1946), pp.104-105.
9. John Cleese, "Creativity in Management," lecture, Video Arts, 1991: https://www.youtube.com/watch?v Pb5oIIPO62g
10. Martha Mockus, *Sounding Out: Pauline Oliveros and Lesbian Musicality* (Abingdon, UK: Routledge, 2011), p.76.
11. Roy Rosenzweig, *Eight Hours for What We Will: Workers and Leisure in an Industrial City, 1870-1920* (UK: Cambridge University Press, 1985), p.1.
12. Samuel Gompers, "What Does Labor Want? An address before the International Labor Congress, August 28, 1893," in *The Samuel Gompers Papers, Volume 3: Unrest and Depression*, 1891-94 ed. Stuart Kaufman and Peter Albert (Urbana: University of Illinois Press, 1989), p.393. 곰퍼스는 이렇게 덧붙인다. "노동자가 필요로 하고 열망하는 것은 지나치게 아름답거나 고결하거나 고상할 수 없다. 노동자가 요구하는 것은 다른 무엇보다 하루의 노동시간을 당장 여덟 시간으로 줄이는 것, 미래에는 그보다도 더 줄이는 것이다."
13. Eric Holding and Sarah Chaplin, "The post-urban: LA, Las Vegas, NY," in *The Hieroglyphics of Space: Reading and Experiencing the Modern Metropolis*, ed. Neil Leach (Abingdon, UK: Routledge, 2005), p.190.
14. Franco Berardi, *After the Future* (Oakland, CA: AK Press, 2011), p.66.
15. 위의 책, p.129.
16. 위의 책, p.35.
17. Jia Tolentino, "The Gig Economy Celebrates Working Yourself to Death," *New Yorker*, March 22, 2017: https://www.newyorker.com/culture/jia-tolentino/the-gig-economy-celebrates-working-yourself-to-death
18. Cali Ressler and Jody Thompson, *Why Work Sucks and How to Fix It: The Results-Only Revolution* (New York: Penguin, 2008), p.11.
19. Berardi, p.109.
20. David Abram, *Becoming Animal: An Earthly Cosmology* (New York: Vintage, 2011), pp.128-129.
21. David Abram, *The Spell of the Sensuous: Perception and Language in a More-Than-Human World* (New York: Vintage, 1997), x.
22. Marisa Meltzer, "Soak, Steam, Spritz: It's All Self Care," *The New York Times*, December 10, 2016: https://www.nytimes.com/2016/12/10/fashion/post-election-anxiety-self-care.html
23. Gordon Hempton, "Welcome to One Square Inch: A Sanctuary for Silence

at Olympia National Park". https://onesquareinch.org/
24. Berardi, p.68.
25. https://queensmuseum.org/2016/04/mierle-laderman-ukeles-maintenance-art, p.3.
26. 위의 웹사이트, p.1.
27. City of Oakland Parks and Recreation, "64th Annual Mother of the Year Award-Call for Nominations," 2017: http://www2.oaklandnet.com/oakca1/groups/opr/documents/image/oak063029.pdf
28. Donna J. Haraway, *Staying with the Trouble: Making Kin in the Chthulucene* (Durham, NC: Duke University Press, 2016), p.83. (『트러블과 함께하기』, 최유미 옮김, 마농지, 2021)
29. Abram, *Becoming Animal: An Earthly Cosmology*, p.69.
30. 앞의 웹사이트, p.1.

2장 | 단순한 세계의 유령들

1. Henry Martin, *Agnes Martin: Painter, Pioneer, Icon* (Tucson, AZ: Schaffner Press, 2018), p.294.
2. Michelle Magnan, "Levi Felix Interview," *AskMen*, March 4, 2014: https://www.askmen.com/entertainment/austin/levi-felix-interview.html
3. "RIP Levi Felix," *The Reaper*, January 17, 2017: http://thereaper.rip/rip-levi-felix/
4. Smiley Poswolsky, "The Man Who Gave Us All the Things: Celebrating the Legacy of Levi Felix, Camp Grounded Director and Digital Detox Visionary," *Medium*, January 12, 2017: https://medium.com/dear-levi/the-man-who-gave-us-all-the-things-e83ab612ce5c
5. Digital Detox, "Digital Detox Retreats": http://digitaldetox.org/retreats/
6. Poswolsky.
7. Sophie Morris, "Burning Man: From far out freak-fest to corporate schmoozing event," *The Independent*, September 1, 2015: https://www.independent.co.uk/arts-entertainment/music/festivals/burning-man-from-far-out-freak- fest-to-corporate-schmoozing-event-10481946.html
8. Digital Detox, "Corporate Offerings": http://digitaldetox.org/corporate-2/
9. Richard W. Hibler, *Happiness Through Tranquility: The School of Epicurus* (Lanham, MD: University Press of America, 1984), p.38.
10. Epicurus, "Principal Doctrines, XIV" in *The Epicurus Reader: Selected Writings and Testimonia*, trans. and ed. Brad Inwood and L. P. Gerson (Indianapolis, IN: Hackett, 1994), p.33.
11. Epicurus, "Vatican Sayings, LXXXI," *Epicurus: The Extant Remains*, trans.

Cyril Bailey (Oxford University Press, 1926), p.119.
12. Hibler, p.49.
13. Robert Houriet, *Getting Back Together* (New York: Coward, McCann & Geoghegan, 1971), xix.
14. 위의 책, xiii.
15. Peter Rabbit, *Drop City* (New York: Olympia, 1971), ii.
16. Houriet, xxxiv.
17. 위의 책, p.38.
18. Michael Weiss, *Living Together: A Year in the Life of a City Commune* (New York: McGraw Hill, 1974), p.94.
19. 위의 책.
20. Stephen Diamond, *What the Trees Said: Life on a New Age Farm* (New York: Delacorte Press, 1971), p.30.
21. Weiss, p.173.
22. Houriet, p.14.
23. 위의 책, xxxiv.
24. Weiss, p.9.
25. 위의 책.
26. Diamond, p.17.
27. 위의 책, p.18.
28. Hibler, p.40.
29. B. F. Skinner, *Walden Two* (New York: Macmillan, 1976), p.279. (『스키너의 월든 투』, 이장호 옮김, 현대문화센타, 2006)
30. 위의 책, p.24.
31. 위의 책, p.262.
32. 위의 책, p.274.
33. 위의 책, p.111.
34. 위의 책, p.301.
35. 위의 책, vii.
36. 위의 책, xvi.
37. Peter Thiel, "The Education of a Libertarian," *Cato Unbound*, April 13, 2009: https://www.cato-unbound.org/2009/04/13/peter-thiel/education-libertarian
38. Hannah Arendt, *The Human Condition* (Chicago: University of Chicago Press, 1998), p.222. (『인간의 조건』, 이진우 옮김, 한길사, 2019)
39. 위의 책, p.227.
40. 위의 책, p.222.
41. Houriet, p.11.
42. 위의 책, p.13.
43. 위의 책, p.24.

44. Mella Robinson, "An island nation that told a libertarian seasteading group it could build a oating city has pulled out of the deal," *Business Insider*, March 14, 2018: https://www.businessinsider.com/french-polynesia-ends-agreement-with-peter-thiel-seasteading-institute-2018-3
45. Maureen Dowd, "Peter Thiel, Trump's Tech Pal, Explains Himself," *The New York Times*, January 11, 2017: https://www.nytimes.com/2017/01/11/fashion/peter-thiel-donald-trump-silicon-valley-technology-gawker.html
46. Arendt, p.227.
47. Susan X Day, "Walden Two at Fifty," *Michigan Quarterly Review* XXXVIII (Spring 1999): http://hdl.handle.net/2027/spo.act2080.0038.211
48. B. F. Skinner, *The Shaping of a Behaviorist* (New York: Alfred A. Knopf, 1979), p.330(as cited in "Walden Two at Fifty").
49. Brian Dillon, "Poetry of Metal" *The Guardian*, July 24, 2009: https://www.theguardian.com/books/2009/jul/25/vladimir-tatlins-tower-st-petersburg
50. Hans-Joachim Müller, *Harald Szeemann: Exhibition Maker* (Berlin: Hatje Cantz, 2006), p.40.
51. 위의 책, p.83.
52. 위의 책, p.55.
53. Weiss, 앞의 책, p.176.
54. Ursula K. *Le Guin, The Dispossessed: An Ambiguous Utopia* (New York: Harper & Row, 1974), p.78. (『빼앗긴 자들』, 이수현 옮김, 황금가지, 2002)
55. Charles Kingsley, *The Hermits* (London: Macmillan, 1913), p.24.
56. Edward Rice, *The Man in the Sycamore Tree: The Good Times and Hard Life of Thomas Merton* (San Diego, CA: Harcourt, 1985), p.31.
57. 위의 책, p.48.
58. Robert Giroux, "Thomas Merton's Durable Mountain," *The New York Times*, October 11, 1998: https://archive.nytimes.com/www.nytimes.com/books/98/10/11/bookend/bookend.html?module=inline
59. Thomas Merton, *Conjectures of a Guilty Bystander* (Berkeley: University of California Press, 1968), p.156.
60. Thomas Merton, *Contemplation in a World of Action* (Berkeley: University of California Press, 1971), p.149.
61. William Deresiewicz, "Solitude and Leadership," *The American Scholar*, March 1, 2010: https://theamericanscholar.org/solitude-and-leadership/

3장 | 거부의 기술

1. Pump House Gallery, "Pilvi Takala-The Trainee": https://pumphousegallery.org.uk/posts/the-trainee

2. Christy Lange, "In Focus: Pilvi Takala," *Frieze*, May 1, 2012: https://frieze.com/article/focus-pilvi-takala
3. 위의 웹사이트.
4. Pump House Gallery, "Pilvi Takala-The Trainee."
5. Alan Duke, "New clues in planking origins mystery," *CNN*, July 14, 2011: http://www.cnn.com/2011/SHOWBIZ/celebrity.news.gossip/07/13/planking.roots/
6. Luis E. Navia, *Diogenes of Sinope: The Man in the Tub* (Westport, CT: Greenwood Press, 1998), p.122.
7. Thomas McEvilley, "Diogenes of Sinope (c. 410-c. 320 B.C.): Selected Performance Pieces," *Artforum 21*, March 1983, p.59.
8. Navia, p.61.
9. McEvilley, p.58.
10. Navia, p.48.
11. 위의 책, p.23.
12. McEvilley, pp.58-59.
13. Navia, p.110.
14. Anthony K. Jensen, "Nietzsche's Unpublished Fragments on Ancient Cynicism: The First Night of Diogenes," in *Nietzsche and Antiquity: His Reaction and Response to the Classical Tradition*, ed. Paul Bishop (Rochester, NY: Camden House, 2004), p.182.
15. *The Cynics: The Cynic Movement in Antiquity and Its Legacy*, ed. R. Bracht Branham and Marie-Odile Goulet-Cazé (Berkeley: University of California Press, 2000), vii.
16. Navia, p.65.
17. Herman Melville, "Bartleby, the Scrivener: A Tale of Wall Street," *Billy Budd, Sailor and Selected Tales* (UK: Oxford University Press, 2009), p.28. (『필경사 바틀비』, 공진호 옮김, 문학동네, 2011)
18. 위의 책, p.31.
19. Alexander Cooke, "Resistance, potentiality and the law: Deleuze and Agamben on Bartleby," in *Agamben and Law*, ed. Thanos Zartaloudis (Abingdon, UK: Routledge, 2016), p.319.
20. 위의 책, p.319.
21. Melville, p.23.
22. Margaret Y. Henry, "Cicero's Treatment of the Free Will Problem," *Transactions and Proceedings of the American Philological Association* 58 (1927), p.34.
23. 위의 책.
24. Navia, p.63.
25. Carol Becker, "Stilling the World," in *Out of Now : the Lifeworks of Tehching*

Hsieh, ed. Adrian Heathfield (Cambridge, MA: The MIT Press, 2015), p.367.

26. Mary Jane Jacobs and Jacquelyn Bass, *Tehching Hsieh*: An Interview, streaming video, 2012: https://www.kanopy.com/wayf/video/tehching-hsieh-interview
27. Becker, p. 367.
28. Henry David Thoreau, *Walden*, Volume 1 (Boston: Houghton Mifflin, 1897), p.143. (『월든』, 강승영 옮김, 은행나무, 2011)
29. Henry David Thoreau, *On the Duty of Civil Disobedience* (London: The Simple Life Press, 1903), p.19. (『시민 불복종』, 조애리 옮김, 민음사, 2020)
30. 위의 책, p.33.
31. 위의 책, p.12.
32. David F. Selvin, *A Terrible Anger: The 1934 Waterfront and General Strikes in San Francisco* (Detroit, MI: Wayne State University Press, 1996), p.39.
33. Mike Quin, *The Big Strike* (New York: International Publishers, 1979), p.39.
34. 위의 책, p.42.
35. Warren Hinckle, *The Big Strike: A Pictorial History of the 1943 San Francisco General Strike* (Virginia City, NV: Silver Dollar Books, 1985), p.41.
36. Quin, p.50.
37. 위의 책, p.48.
38. Selvin, p.15.
39. Tillie Olsen, "The Strike," *Writing Red: An Anthology of American Women Writers, 1930-1940*, ed. Charlotte Nekola and Paula Rabinowitz (New York City University of New York: The Feminist Press, 1987), p.250.
40. William T. Martin Riches, *The Civil Rights Movement: Struggle and Resistance* (New York: St. Martin's Press, 1997), p.43.
41. Jeanne Theoharis, *The Rebellious Life of Mrs. Rosa Parks* (Boston: Beacon Press, 2015), p.155.
42. Navia, p.23.
43. Eugene E. Pfa, Jr., Keep on Walkin', *Keep on Talkin': An Oral History of the Greensboro Civil Rights Movement* (Greensboro, NC: Tudor, 2011), p.178.
44. 위의 책, p.108.
45. Stu Schmill, "Policies, Principles and Protests," *MIT Admissions*, February 22, 2018: https://mitadmissions.org/blogs/entry/policies-principles-and-protests/
46. Selvin, p.21.
47. 위의 책, p.35.
48. Jacob S. Hacker, *The Great Risk Shift: The New Economic Insecurity and the Decline of the American Dream* (UK: Oxford University Press, 2008), p.66.
49. 위의 책, p.66.

50. Jacob S. Hacker, "Worked Over and Overworked," *The New York Times*, April 20, 2008: https://www.nytimes.com/2008/04/20/business/20work excerpt.html
51. Barbara Ehrenreich, *Nickel and Dimed: On (Not) Getting by in America* (New York: Henry Holt and Company, 2001), p.106. (『노동의 배신』, 최희봉 옮김, 부키, 2012)
52. Steven Greenhouse, *The Big Squeeze: Tough Times for the American Worker* (New York: Alfred A. Knopf, 2008), p.13.
53. Talia Jane, Twitter post, September 16, 2018: https://twitter.com/itsa_talia/status/1041112149446348802
54. Tiger Sun, "Duck Syndrome and a Culture of Misery," *Stanford Daily*, January 31, 2018: https://www.stanforddaily.com/2018/01/31/duck-syndrome-and-a-culture-of-misery/
55. Paris Martineau, "The Future of College Is Facebook Meme Groups," *New York Magazine*, July 10, 2017: https://nymag.com/intelligencer/2017/07/martin-shkreli-teens-and-college-facebook-meme-groups.html
56. Brandon Walker, "Non CS reaccs only," Facebook post in Stanford Memes for Edgy Trees, July 2, 2018: https://www.facebook.com/groups/StanfordMemes/permalink/2299623930064291/
57. Martin Altenburg, "Oldie but a goodie," Facebook post in Stanford Memes for Edgy Trees, August 28, 2018: https://www.facebook.com/groups/StanfordMemes/permalink/2405197476173602/
58. Julie Liu, "when you get your summer internship and celebrate committing yourself to being yet another cog in the vast capitalist machine," Facebook post in UC Berkeley Memes for Edgy Teens, June 16, 2018: https://www.facebook.com/groups/UCBMFET/permalink/213560510 3384176/
59. Malcolm Harris, *Kids These Days: Human Capital and the Making of Millennials* (New York: Little, Brown & Company, 2017), p.83. (『밀레니얼 선언』, 노정태 옮김, 생각정원, 2019)
60. 위의 책, p.86.
61. Laura Portwood-Stacer, "Media refusal and conspicuous non-consumption: The performative and political dimensions of the Facebook abstention," *New Media & Society* 15, no. 7 (December 2012): p.1054.
62. Grafton Tanner, "Digital Detox: Big Tech's Phony Crisis of Conscience" *Los Angeles Review of Books*, August, 9. 2018: https://lareviewofbooks.org/article/digital-detox-big-techs-phony-crisis-of-conscience/#!
63. Navia, p.141.
64. 위의 책, p.125. 나비아는 '환각의 바다'라는 말이 또 다른 티포스의 이미지인 '와인색 안개의 바다'라는 뜻으로도 해석된다고 말했다.

65. Jonathan Crary, *24/7: Late Capitalism and the Ends of Sleep* (London: Verso Books, 2013), p.17.
66. Jacobs and Bass, *Tehching Hsieh: An Interview*.

4장 | 관심 기울이기 연습

1. John Cage, "Four Statements on the Dance," in *Silence: Lectures and Writings by John Cage* (Middletown, CT: Wesleyan University Press, 2010), p.93. (『사일런스』, 나현영 옮김, 오픈하우스, 2014)
2. Lawrence Weschler, *True to Life: Twenty-Five Years of Conversations with David Hockney* (Berkeley: University of California Press, 2008), p.6.
3. 위의 책, p.10.
4. 위의 책.
5. David Hockney and Lawrence Weschler, *Cameraworks* (New York: Alfred Knopf, 1984), p.17.
6. Weschler, p.33.
7. David Hockney, *That's the Way I See It* (San Francisco: Chronicle Books, 1993), p.112.
8. David Hockney and Marco Livingstone, *David Hockney: My Yorkshire* (London: Enitharmon Editions, 2011), p.60.
9. Martin Buber, *I and Thou*, trans. Walter Kaufmann (New York: Touchstone, 1996), p.109. (『나와 너』, 김천배 옮김, 대한기독교서회, 2020)
10. 위의 책, p.58.
11. 위의 책, pp.58-59.
12. Emily Dickinson, "359 - A bird came down the walk," *The Poems of Emily Dickinson: Variorum Edition*, ed. R. W. Franklin (Cambridge, MA: Belknap Press, 1998), pp.383-384.
13. Arthur C. Danto, *Unnatural Wonders: Essays from the Gap Between Art and Life* (New York: Farrar, Straus, and Giroux, 2005), p.191.
14. "A neuroscientist has just developed an app that, after repeated use, makes you see farther. Absolutely astonishing and 100% real," *The New Reddit Journal of Science*, 2014: https://www.reddit.com/r/science/comments/1y9m6w/a_neuroscientist_has_just_developed_an_app_that/
15. Derisan, "The Dumbest," 앱스토어에서 ULTIMEYES 앱에 달린 리뷰, March 24, 2017.
16. Arien Mack and Irvin Rock, *Inattentional Blindness* (UK: Oxford University Press, 1998), p.66.
17. 위의 책, p.71.
18. Jessica Nordell, "Is This How Discrimination Ends?" *The Atlantic*, May 7,

2017: https://www.theatlantic.com/science/archive/2017/05/unconscious-bias-training/525405/

19. William James, *Psychology* (New York: Henry Holt and Company, 1890), p.227. (『심리학의 원리』, 정양은 옮김, 아카넷, 2005)
20. 위의 책, p.453.
21. Nordell, 앞의 글.
22. James Williams, "Why It's OK to Block Ads," *Practical Ethics*, October 16, 2015: http://blog.practicalethics.ox.ac.uk/2015/10/why-its-ok-to-block-ads/
23. Devangi Vivrekar, "Persuasive Design Techniques in the Attention Economy: User Awareness, Theory, and Ethics," master's thesis, Stanford University, 2018, p.17.
24. 위의 논문, p.68.
25. 위의 논문, p.10.
26. 위의 논문, p.48.
27. William James, *The Principles of Psychology*, Volume 1 (New York: Dover, 1918), p.403.
28. *The Biosphere and the Bioregion: Essential Writings of Peter Berg*, ed. Cheryll Glotfelty and Eve Quesnel (Abingdon, UK: Routledge, 2014), xx.

5장 | 낯선 이들의 생태계

1. Gary Snyder, *The Practice of the Wild* (Berkeley, CA: Counterpoint Press, 2010), p.17. (『야생의 실천』, 이상화 옮김, 문학동네, 2015)
2. David Foster Wallace, *This Is Water: Some Thoughts, Delivered on a Significant Occasion, about Living a Compassionate Life* (New York: Little, Brown and Company, 2009), p.79. (『이것은 물이다』, 김재희 옮김, 나무생각, 2012)
3. 위의 책, p.94.
4. Louis Althusser, *Philosophy of the Encounter-Later Writings*, 1978-1987, ed. François Matheron and Oliver Corpet, trans. G. M. Goshgarian (London: Verso Books, 2006), p.185.
5. Rebecca Solnit, *A Paradise Built in Hell: The Extraordinary Communities that Arise in Disaster* (New York: Penguin, 2010), p.155. (『이 폐허를 응시하라』, 정해영 옮김, 펜타그램, 2012)
6. 위의 책, p.32.
7. Sarah Schulman, *The Gentrification of the Mind: Witness to a Lost Imagination* (Berkeley: University of California Press, 2013), p.30.
8. Alan Watts, *Ego* (Millbrae, CA: Celestial Arts, 1975), p.15.
9. Michael Pollan, "My Adventures with the Trip Doctors," *The New York Times*, May 15, 2018: https://www.nytimes.com/interactive/2018/05/15/

magazine/health-issue-my-adventures-with-hallucinogenic-drugs-medicine.html

10. Francisco J. Varela, Evan Thompson, and Eleanor Rosch, *The Embodied Mind: Cognitive Science and Human Experience* (Cambridge, MA: The MIT Press, 1991), p.9. (『몸의 인지과학』, 석봉래 옮김, 김영사, 2013)
11. Robin Wall Kimmerer, *Braiding Sweetgrass: Indigenous Wisdom, Scientic Knowledge, and the Teachings of Plants* (Minneapolis, MN: Milkweed Editions, 2013), p.208. (『향모를 땋으며』, 노승영 옮김, 에이도스, 2020)
12. 위의 책, p.209.
13. Abram, p.71.
14. *Reinventing the Enemy's Language: Contemporary Native Women's Writings of North America*, ed. Gloria Bird and Joy Harjo (New York: W. W. Norton & Company, 1997), p.24.
15. Kimmerer, p.162.
16. Chris J. Cuomo, *Feminism and Ecological Communities: An Ethic of Flourishing* (London: Routledge, 1998), p.106.
17. Aldo Leopold, *A Sand County Almanac: Essays on Conservation from Round River* (New York: Ballantine Books, 1970), pp.189-190. (『모래 군의 열두달』, 송명규 옮김, 따님, 2000)
18. Audre Lorde, *Sister Outsider: Essays and Speeches by Audre Lorde* (Berkeley, CA: Crossing Press, 2007), p.120.
19. 위의 책, p.111.
20. Schulman, p.36.
21. 위의 책, p.33.

6장 | 생각의 토대 복원하기

1. Henry David Thoreau, "Walking," *The Atlantic*, June 1862: https://www.theatlantic.com/magazine/archive/1862/06/walking/304674/ (『산책』, 박윤정 옮김, 양문, 2005)
2. Virginia Morell, "Woodpeckers Partner with Fungi to Build Homes", *Science*, March 22, 2016: https://www.sciencemag.org/news/2016/03/woodpeckers-partner-fungi-build-homes
3. Oliveros, Deep Listening, xxv.
4. Alice E. Marwick and danah boyd, "I tweet honestly, I tweet passionately: Twitter users, context collapse, and the imagined audience," *New Media and Society* 13 (1).
5. Joshua Meyrowitz, *No Sense of Place: The Impact of Electronic Media on Social Behavior* (UK: Oxford University Press, 1985), p.17. (『장소감의 상실』,

죠슈아 메이로위츠, 커뮤니케이션북스, 2018)
6. 위의 책, p.18.
7. Martin Luther King, Jr., *Stride Toward Freedom: The Montgomery Story* (Boston: Beacon Press, 2010), pp.32-55.
8. David Kirkpatrick, *The Facebook Effect: The Inside Story of the Company That Is Connecting the World* (New York: Simon and Schuster, 2010), p.199.
9. Veronica Barassi, "Social Media, Immediacy, and the Time for Democracy," in *Critical Perspectives on Social Media and Protest: Between Control and Emancipation* (London: Rowman & Little eld, 2015), p.82.
10. 위의 책, p.83.
11. 위의 책, p.84.
12. Loving Grace Cybernetics, "From Community Memory!!!" 1972: https://people.well.com/user/szpak/cm/cmyer.html
13. Steve Silberman, *NeuroTribes: The Legacy of Autism and the Future of Neurodiversity* (New York: Avery Publishing, 2015), pp.258-259. (『뉴로트라이브』, 강병철 옮김, 알마, 2018)
14. Randall Stross, "Meet Your Neighbors, If Only Online," *The New York Times*, May 12, 2012: https://www.nytimes.com/2012/05/13/business/on-next- doorcom-social-networks-for-neighbors.html
15. Nextdoor, "Advertising on Nextdoor": https://ads.nextdoor.com/
16. Oliver Leistert, "The Revolution Will Not Be Liked: On the Systemic Constraints of Corporate Social Media Platforms for Protests," in *Critical Perspectives on Social Media and Protest: Between Control and Emancipation* (London: Rowman & Little eld, 2015), p.41.
17. Ian Bogost, "Meet the Nomad Who's Exploding the Internet Into Pieces," *The Atlantic*, May 22, 2017: https://www.theatlantic.com/technology/archive/2017/05/meet-the-counterantidisintermediationists/527553/
18. Sudo Room, "Sudo Mesh": https://sudoroom.org/wiki/Mesh
19. People's Open, "About": https://peoplesopen.net/about/
20. Hannah Arendt, *The Human Condition* (University of Chicago Press, 1998), p.201. (『인간의 조건』, 이진우 옮김, 한길사, 2019)
21. 위의 책.
22. David and Lauren Hogg, *#NeverAgain: A New Generation Draws the Line* (New York: Penguin Random House, 2018), p.70.
23. Donna J. Haraway, *Staying with the Trouble*, p.81.

나오며 | 명백한 해체

1. Wendell Berry, "A Native Hill," in *The Art of the Commonplace: The*

Agrarian Essays of Wendell Berry, ed. Norman Wirzba (Berkeley, CA: Counterpoint Press, 2002), p.27.

2. Leopold, *A Sand County Almanac*, p.197.
3. T. L. Simons, quoted in "Long Lost Oakland," Kickstarter, 2018: https://www.kickstarter.com/projects/eastbayyesterday/long-lost-oakland
4. Walter Benjamin, "Theses on the Philosophy of History," in *Illuminations*, ed. Hannah Arendt, trans. Harry Zohn (New York: Schocken, 2007), p.257.
5. Martha A. Sandweiss, "John Gast, American Progress, 1872," Picturing United States History: https://picturinghistory.gc.cuny.edu/john-gast-american-progress-1872/
6. George Crofutt, *Crofutt's Trans-Continental Tourist, Containing a Full and Authentic Description of Over Five Hundred Cities, Towns, Villages, Stations, Government Forts and Camps, Mountains, Lakes, Rivers; Sulphur Soda, and Hot Springs; Scenery, Watering Places, Summer Resorts* (New York: Geo. A. Crofutt, 1874), p.1.
7. Teresa L. Carey, "With San Clemente Dam gone, are steelhead trout about to make comeback on the Carmel River?" *The Mercury News*, July 7, 2017: https://www.mercurynews.com/2017/07/07/with-san-clemente-dam-gone-are-steelhead-trout-about-to-make-comeback-on-the-carmel-river/
8. Lindsey Hoshaw, "Biologists Watch Steelhead Return After Historic Dam Removal," *KQED*, September 7, 2017: https://www.kqed.org/science/1860284/biologists-watch-steelhead-return-after-historic-dam-removal
9. Steve Rubenstein, "How a dam's destruction is changing environmental landscape," *The San Francisco Chronicle*, August 6, 2015: https://www.sfchronicle.com/bayarea/article/How-a-dam-s-destruction-is-changing-6430111.php
10. California American Water, "San Clemente Dam Removal Update-Year 3," February 9, 2016: https://www.youtube.com/watch?v=hNANijh-7sU#t=26
11. Leopold, p.240.
12. Masanobu Fukuoka, *One Straw Revolution: An Introduction to Natural Farming* (New York: New York Review Books, 2009), p.19. (『짚 한오라기의 혁명』, 최성현 옮김, 녹색평론사, 2011)
13. 위의 책, p.8.
14. Jedediah Purdy, *After Nature: A Politics for the Anthropocene* (Cambridge, MA: Harvard University Press, 2015), p.200.
15. Peter Berg, "A San Francisco Native Plant Sidewalk Garden," in *The Essential Writings of Peter Berg*, ed. Cheryll Glotfelty and Eve Quesnel (London: Routledge, 2015), p.107.
16. Cecily Burt, "Film traces destruction of Emeryville shellmound," *East Bay*

Times, August 17, 2016: https://www.eastbaytimes.com/2005/06/03/film-traces-destruction-of-emeryville-shellmound/

17. Coalition to Save the West Berkeley Shellmound & Village Site, "An Ohlone Vision for the Land," Shellmound-Ohlone Heritage Site and Sacred Grounds: https://shellmound.org/learn-more/ohlone-vision/
18. James Bridle, "Something is wrong on the internet," *Medium*, November 6, 2017: https://medium.com/@jamesbridle/something-is-wrong-on-the-internet-c39c471271d2
19. Paul Lewis, "'Our minds can be hijacked': the tech insiders who fear a smartphone dystopia," *The Guardian*, October 6, 2017: https://www.theguardian.com/technology/2017/oct/05/smartphone-addiction-silicon-valley-dystopia
20. Cuomo, *Feminism and Ecological Communities*, p.109.
21. Wolin, *Walter Benjamin*, p.49.
22. Benjamin, p.255.
23. Nancy Nadel, Chappell R. Hayes에게 헌정하는 전망탑 개관식 연설, January 14, 2004: http://www.kimgerly.com/nancynadel/docs/chappell_011404.pdf

찾아보기

ㄷ

ㅂ

ㅇ

ㅊ

ㅋ

ㅎ

기타

옮긴이. 김하현

서강대학교 신문방송학과를 졸업하고 출판사에서 편집자로 일한 뒤 현재 전문 번역가로 활동하고 있다. 옮긴 책으로 『소크라테스 익스프레스』, 『도둑맞은 집중력』, 『식사에 대한 생각』, 『디컨슈머』, 『한 번 더 피아노 앞으로』, 『지구를 구할 여자들』, 『결혼 시장』, 『팩트의 감각』, 『미루기의 천재들』, 『분노와 애정』, 『여성 셰프 분투기』, 『뜨는 동네의 딜레마, 젠트리피케이션』 등이 있다.

아무것도 하지 않는 법

How to Do Nothing

2판 3쇄 발행 2024년 6월 20일

지은이 제니 오델
옮긴이 김하현
편집 김지선
교정·교열 최현미
디자인 포퓰러
제작 공간

발행처
필로우
등록번호 제2023-000006호
문의 pillow.seoul@gmail.com

ISBN 979-11-975596-5-5 (03330)